READING JAPANESE FINANCIAL NEWSPAPERS

READING JAPANESE FINANCIAL NEWSPAPERS

新聞の経済面を読む

Association for Japanese-Language Teaching

KODANSHA INTERNATIONAL
Tokyo • New York • London

Publication of this book has been assisted by a grant from the Japan Foundation.

Distributed in the United States by Kodansha America, Inc., 114 Fifth Avenue, New York, NY 10011. Distributed in the United Kingdom and continental Europe by Kodansha Europe, Ltd., Gillingham House, 38-44 Gillingham Street, London SW1V 1HU.
Published by Kodansha International Ltd., 17-14, Otowa 1-chome, Bunkyo-ku, Tokyo 112 and Kodansha America, Inc.

Printed in Japan.

ISBN 4-7700-1456-2 (Japan)
ISBN 0-87011-956-7 (U.S.)

First edition, 1991

91 92 93 94 95   10 9 8 7 6 5 4 3 2 1

Library of Congress Cataloging in Publication Data

Association for Japanese-Language Teaching
  Reading Japanese Financial Newspapers
  p.   cm.
  Includes index.
  1.Japanese language—Readers—Finance. 2.Japanese language—Textbooks for foreign speakers—English. 3.Japanese language—Business Japanese. 4.Finance—Japan.
PL539.15.F54R38 1990   495.6'86421'024332—dc20   90-41944

Table of Contents

III. List of Five Hundred Essential *Kanji* Characters 246

IV. Chronological Table 274

V. Glossary 278

Appendixes 369

Introduction

While there have been several texts supplemented with articles from Japanese newspapers, there has not, until now, been a comprehensive guide for reading financial articles.

It is commonly believed that students could only start reading such material after they had reached the advanced level, having acquired a vocabulary of thousands of words and attained mastery of the nearly 2,000 *jōyō kanji* (Chinese characters designated for daily use). Is this really necessary? For more than ten years AJALT (Association for Japanese-Language Teaching) has been teaching many businessmen whose main aim is to do business in Japanese and extract information from Japanese publications. These students were eager to reach the target level quickly and therefore we had to develop a short but effective program for them. Vocabulary appearing in financial articles is specialized and limited. In fact, technical terms and financial articles are easier for people in that particular field than colloquial words and everyday topics. Although businessmen need not necessarily know the *kanji* characters for a dog or a flower, they do need the essential *kanji* for financial terms.

What then are the indispensable *kanji* characters which frequently appear in financial compound words? From which stage of study should teaching materials be focused on the specific business area in question; from the very beginning or from the advanced level? AJALT developed a special program called "Eighteen Month Curriculum for Businessmen in Financial Institutions" and has been running it for seven years. Students with some knowledge of financial matters but no knowledge of Japanese at the outset have successfully achieved the goal in 18 months with 600~800 lesson hours. In this program, students study general and basic Japanese as a first step, and after this, they are given a more specific course using special materials prepared for their particular situation.

What about study materials for newspaper reading which have been published up until now? Some books provide word lists or expressions classified in alphabetical order or under subject headings such as politics or economics. In some books, newspaper articles are printed along with a glossary. This enables the student to read that particular article, but will it help them much in reading other similar articles? In spite of meticulous and commendable work on the part of the authors, these books do not seem to have been widely used. In short, the question is, "What is the most effective way of using this book?"

After seven years of experimenting, AJALT decided to publish the materials it has developed for business people, with directions on how to proceed step by step. It is designed with a variety of users in mind: people studying with teachers and others studying alone. Some will have daily access to newspapers while others will not.

TARGETED USERS

People who use this book should have attained competence in basic Japanese. They should also have a general understanding of economic and financial matters, either through study or business practice. Finally they must be prepared to work assiduously in order to reach the goal. These three points are the key.

Basic Japanese in this context means the basic sentence patterns used by Japanese people. This basic material is covered by most primary textbooks, up to the beginning of the intermediate level. Any textbook is adequate if it covers this much, but it is recommended to completely finish *Japanese for Busy People I,* which is the survival level, and *Japanese for Busy People II* which covers up to the beginning stage of the "*chūkyū*" or middle level. These texts introduce the basic structures, including various styles of communication, one of which is the elliptical way of expressing matters. Vocabulary and *kanji* characters are not as numerous as in other textbooks of the same level, but this is not a problem.

ARRANGEMENT OF THE BOOK

This book consists of the following sections.

I. Preparatory Stage

Even after learning basic Japanese, it is still difficult to read Japanese publications. These reading materials, which supply students with terms and *kanji* characters from the financial field, bridge the gap between general basic Japanese and specialized Japanese. They are written using basic sentence patterns and incorporate a glossary with exercises.

II. Reading Financial Articles in Japanese Publications

Expressions which appear frequently in this field are classified into 18 groups, and are listed with examples in *furigana* which indicate how to read them. There are some supplementary examples to assist the student.

III. List of Five Hundred Essential *Kanji* Characters

The 500 *kanji* characters most essential for reading financial articles are listed to be learned in the order given. Different readings of the characters are shown, together with the meanings in English. Over 1,500 financial terms derived from these 500 characters are also introduced.

IV. Chronological Table (January 1, 1987~January 8, 1989)

Items from newspapers during this two year period are compiled in this table, which will help both teachers and students remember the events which occurred during that time.

V. Glossary

Words which appear frequently in the financial field as well as technical terms are listed with English translations. This will aid both teachers and students to read not only the materials in this book, but also other publications later on.

Appendixes

The appendixes provide students and teachers with valuable supplementary terms and abbreviations useful for understanding financial newspapers. They also serve as quick reference material along with the Glossary in Chapter V.

Acknowledgments

Three AJALT teachers have written this textbook. They are Ms. Hiroko Masada, Ms. Masako Nagai and Ms. Sachiko Okaniwa. They were assisted by two other teachers, Ms. Shigeko Miyazaki and Ms. Chikako Ogura.

We would like to take this opportunity to thank "*Nihon Keizai Shimbun*" for their cooperation in consenting to the reproduction of articles from that newspaper in this textbook.

I. Preparatory Stage

■ INSTRUCTIONS

It is very important that students who are just about to start this book have finished learning basic Japanese. Are they sure that they can understand the meaning of a sentence even if the subject is absent? Can they recall vocabulary already learnt? And, can they read and write *hiragana* and *katakana* without difficulty? If not, they are advised to review a primary level textbook. Any textbook will do but we recommend the *Japanese for Busy People* series since it provides a good coverage of "basic Japanese."

The student will still find difficulty in reading financial articles written for a Japanese audience immediately upon completing such textbooks. So in this book we have prepared reading materials which will bridge the gap between general, basic Japanese and the specialist language of financial articles.

The text for the preparatory stage consists of thirteen lessons.

THE FIRST HALF

Read thoroughly from Lesson 1 to Lesson 6. Learn the meanings and pronunciations of the *kanji* compound words referring to the glossary, and do the quizzes for each lesson.

Comprehension of words and increasing one's vocabulary are the two most important aims at this stage. Read the material aloud and learn the financial terms, especially those marked with asterisks.

We advise the student to make word cards in the following manner:
Write a compound word neatly and precisely, with its reading in *hiragana* on the reverse side. If the word is used as a verb with *suru*, add it in parentheses as shown in the example. Write the English translation below. At this stage students are not likely to be able to write the *kanji* correctly. It is suggested that they ask their Japanese teachers or friends to do it for them, but ask them to write the *kanji* in "*kaisho*" or printed style. Make cards in this manner, at the same time memorize the characters' meaning, reading them aloud one by one. The student is not required to learn how to write the *kanji* characters which appear in these compounds.

reverse side

理 解	りかい（する） understanding (to understand)

In addition to the above mentioned exercise, writing and practising of *kanji* from the List of Five Hundred Essential *Kanji* Characters is recommended. *Kanji* No.1 to 200 are basic ones, and most of them are introduced in primary level textbooks. Review them together with the compound words listed, but this time, write them correctly and remember their meanings and readings. In this way, master all characters and words from No. 1 to 200 in the first half of the preparatory stage.

THE SECOND HALF

Study Lessons 7 to 13 in the same manner as the previous lessons, making word cards. (There are no quizzes in Lessons 8 to 13.)

Along with this, learn the rest of *kanji* -- No. 201 to 500. Students are advised not to hurry, because if they try to learn too many new *kanji* characters at once, they will easily forget them or get confused. Learn 15 to 20 characters a week (less than five at one time), and do a weekly review of characters learnt already.

As students progress down the *Kanji* List and become confident in writing the *kanji* in the correct stroke order, they are advised to make cards by themselves. But they should still get the *kanji* cards checked by a Japanese native speaker.

In Lesson 13, some sample articles of reports and commentaries with a glossary are introduced. Some examples of headlines are also introduced. Since headlines are short and verbs are usually omitted, whether the phrases state fact, conjecture or opinion is not clear unless one reads the articles through. In most cases, however, it is suggested by the endings on a noun (verbal noun) or by ending with particles へ or を , which often mean prospect or opinion, or other particles.

1. 面 積 と 人 口

国名	面積	人口	首都
アメリカ	9,373(千平方キロ)	241.60(百万人)	ワシントン
イタリア	301	57.22	ローマ
インド	3,065	766.14	ニューデリー
英国	244	56.76	ロンドン
オーストラリア	7,687	15.97	キャンベラ
カナダ	9,976	25.61	オタワ
韓国	98	41.57	ソウル
ソ連	22,402	280.14	モスクワ
中国	9,597	1,072.22	北京（ペキン）
(旧)西ドイツ	249	61.05	ボン
(旧)東ドイツ	108	16.62	東ベルリン
日本	378	120.75	東京
フランス	547	55.39	パリ
世界	135,837	4,917.00	

（アイウエオ順）　　　　　　　　　　面積：国連総計1983/4年版　人口：統計月報1987年10月号

日本の面積はおよそ378,000（37万8千）平方キロメートルで、あまり大きくありません。世界の総面積が135,837,000（1億3千5百83万7千）平方キロメートルで、そのほぼ360分の1の広さです。この面積は西と東のドイツを合わせたものと大体同じで、ソ連の約60分の1、アメリカの約25分の1に当たります。

　人口は約1億2千万人で、世界の総人口、4,837,000,000（48億3千7百万）人のほぼ40分の1を占めています。世界各国の人口と比べると、中国のほぼ9分の1、アメリカの半分で、西ドイツ（ドイツ連邦共和国）の大体2倍に当たります。日本の首都、東京は政治の中心で、また情報、経済の中心でもあります。このため、全人口の約10分の1が集中していて、土地の値段が非常に高くなりました。

語　彙

面積	めんせき	surface area; size （of land）
* 人口	じんこう	population
* 首都	しゅと	capital （city）; metropolis
* 百万人	ひゃくまんにん	a million people
英国	えいこく	England; the United Kingdom （of Great Britain and Northern Ireland）
韓国	かんこく	the Republic of Korea
ソ連	ソれん	the Soviet Union
（旧）西ドイツ	（きゅう）にしドイツ	（former） West Germany
（旧）東ドイツ	（きゅう）ひがしドイツ	（former） East Germany
* 世界	せかい	the world
国連	こくれん	the United Nations; UN
統計	とうけい	statistics
版	はん	printing; edition
月報	げっぽう	monthly report
号	ごう	number; issue
およそ		about; roughly; approximately
平方	へいほう	square （of a number）
総〜	そう〜	whole; all; general; gross
総面積	そうめんせき	the gross area
* 一億	いちおく	a hundred million
ほぼ		about; roughly; almost
* X分のY	Xぶんのy	Y／X; Y divided by X
広さ	ひろさ	extent; area
合わせる	あわせる	to put together; to combine; to sum up
大体	だいたい	roughly; more or less
約〜	やく〜	about; nearly; some
当たる	あたる	to correspond to; to be equivalent to
* 総人口	そうじんこう	the total population
占める	しめる	to occupy; to hold

* 各国	かっこく	every [each] country	
比べる	くらべる	to compare （A and B）	
連邦	れんぽう	federation of states	
共和国	きょうわこく	republic	
* 2倍	2ばい	two times; twice	
* 政治	せいじ	politics	
* 中心	ちゅうしん	the center	
* 情報	じょうほう	information	
* 経済	けいざい	economy	
* 文化	ぶんか	culture	
全～	ぜん～	whole; entire; total	
* 全人口	ぜんじんこう	the whole population	
～ため		because of ～	
* 集中する	しゅうちゅうする	to concentrate	
* 土地	とち	land; real estate	
値段	ねだん	price	
非常に	ひじょうに	extremely; very	

◎ 1課と2課では表（chart）を見ながら、数の言い方、～倍、～分の～や、比較（comparison）の言い方などを練習してください。よく言えるようになったら、ほかの表や統計表（statistical graph）などを使って練習してみてください。

練習問題

Ⅰ．表を見ながら、例にならって練習しなさい。

1) 例：中国はインドより人口が多いです。
　　　　インドは中国より人口が少ないです。

　　1．フランスは英国より人口が_____。
　　2．韓国はカナダより人口が_____。
　　3．西ドイツはイタリアより人口が_____。
　　4．アメリカはソ連より人口が_____。

2) 例：アメリカはオーストラリアより面積が広いです。
　　　　オーストラリアはアメリカより面積がせまいです。

　　1．西ドイツは英国より面積が_____。
　　2．イタリアは日本より面積が_____。
　　3．中国はカナダより面積が_____。
　　4．フランスはイタリアより面積が_____。

3) 例：人口はフランスよりイタリアのほうが多いです。

　　　面積はイタリアよりフランスのほうが広いです。

　　1．人口はフランスより西ドイツのほうが＿＿＿＿＿。

　　2．面積は西ドイツよりフランスのほうが＿＿＿＿＿。

　　3．人口はアメリカよりソ連のほうが＿＿＿＿＿＿。

　　4．面積はソ連よりアメリカのほうが＿＿＿＿＿＿。

　　5．面積はアメリカよりカナダのほうが＿＿＿＿＿＿。

4) 例：面積はカナダのほうが中国より広いです。

　　　面積は中国よりカナダのほうがせまいです。

　　1．面積はアメリカのほうがカナダより＿＿＿＿＿＿。

　　2．人口は英国よりフランスのほうが＿＿＿＿＿＿。

　　3．面積は西ドイツよりフランスのほうが＿＿＿＿＿。

　　4．面積は韓国より東ドイツのほうが＿＿＿＿＿＿。

　　5．人口は東ドイツより韓国のほうが＿＿＿＿＿＿。

5) 例：アメリカの人口は日本の人口の大体2倍です。

　　　日本の人口はアメリカの人口の大体2分の1です。

　　1．韓国の人口は日本の人口の大体＿＿＿＿＿＿＿＿＿。

　　2．日本の面積は西ドイツの面積の大体＿＿＿＿＿＿。

　　3．インドの面積はイタリアの面積の大体＿＿＿＿＿。

　　4．カナダの人口はソ連の人口の大体＿＿＿＿＿＿＿。

　　5．アメリカの面積は日本の面積の大体＿＿＿＿＿＿。

II．質問に答えなさい。

　1．あなたの国の面積はどのくらいですか。

　2．人口は何人ぐらいありますか。

　3．首都はどこですか。

　4．あなたの国と日本の面積と人口をくらべなさい。

　5．世界の国々とあなたの国の面積と人口をくらべなさい。

2. 国 土 と 気 候

　日本列島は北から北海道、本州、四国、九州の四つの主な島が並び、一番南に沖縄があります。全体に山が多く、国土の３分の２を占めています。これらの山のほとんどは火山活動でできたもので、各地に温泉が出ています。日本で一番高い富士山の高さは3,776メートルです。この富士山も火山活動によってできましたが、1707年を最後に活動を休んでいます。山地が日本列島の中央部を走っているため、大きい平野や長い川はあまりありません。

　一年には春、夏、秋、冬の四つの季節があって、四季の自然を楽しむことができます。気温の差はそれほど大きくはありません。東京の年間平均気温は摂氏15度です。しかし、８月には30度以上に、１月には０度以下になることもあります。６月の終わりから７月の中ごろまでは梅雨の季節で、毎日のように雨が降って、むしあつい日が続きます。また、８月、９月には台風が来ます。東京では雪が降る日はあまり多くないです。

　下記の表を見ると、日本で最も高い山、長い川も世界の中では規模が小さいものであることがよく分かります。

世界の高い山と日本の山の比較	
エベレスト（Everest, Himalayas）	8,848メートル
キリマンジャロ（Kilimanjaro, Tanzania）	5,895 〃
モンブラン（Mont Blanc, Alps）	4,807 〃
富士山（ふじさん、日本）	3,776 〃
世界の長い川と日本の川の比較	
ナイル（Nile, Africa）	6,680キロメートル
アマゾン（Amazon, Brazil）	6,300 〃
長江［楊子江］（ちょうこう［ようすこう］、中国）	6,300 〃
ミシシッピー（Mississippi, U.S.A）	6,210 〃
黄河（こうが、中国）	5,400 〃
ドナウ（Donau／Danube, Europe）	2,860 〃
ライン（Rhein／Rhine, Europe）	1,320 〃
信濃川（しなのがわ、日本）	367 〃
利根川（とねがわ、日本）	298 〃

語 彙

＊国土	こくど	country; territory; land
気候	きこう	climate
列島	れっとう	a chain［group］of islands

北海道	ほっかいどう	Hokkaidō
* 本州	ほんしゅう	Honshū (the main Japanese island)
四国	しこく	Shikoku
九州	きゅうしゅう	Kyūshū
* 主な	おもな	main
島	しま	island
並ぶ	ならぶ	to form a line; to line up
沖縄	おきなわ	Okinawa
* 全体に	ぜんたいに	generally; on the whole
火山	かざん	volcano
* 活動	かつどう	activity
* 各地	かくち	each [every] place
温泉	おんせん	hot spring
高さ	たかさ	height
～によって		by ～
* 最後	さいご	the last; the end
* 中央	ちゅうおう	the center; the middle
～部	～ぶ	part
走る	はしる	to run
平野	へいや	plains
春	はる	spring
夏	なつ	summer
秋	あき	autumn; fall
冬	ふゆ	winter
季節	きせつ	season
四季	しき	four seasons
自然	しぜん	nature
楽しむ	たのしむ	to take pleasure; to enjoy
気温	きおん	air temperature
* 差	さ	difference
* 年間	ねんかん	during the year
* 平均	へいきん	average
摂氏	せっし	centigrade
～度	～ど	～degree
* ～以上	～いじょう	at least; ～and more
* ～以下	～いか	at most; ～and less
梅雨	つゆ	the rainy season
～のように		just like ～; as if～
むしあつい		hot and humid
続く	つづく	to continue
台風	たいふう	typhoon
* 下記	かき	the following
* 表	ひょう	table; list; chart; diagram

＊最も	もっとも	the most
＊規模	きぼ	scale
比較	ひかく	comparison
長江	ちょうこう	the Chang Jiang [Kiang]; the Chang River
楊子江	ようすこう	the Yangtze Kiang; the Yangtze River
＊黄河	こうが	the Hwang Ho; the Yellow River

練習問題の語彙

＊都会	とかい	city; town; urban district
田舎	いなか	countryside; rural district
昼間	ひるま	the daytime
＊地方都市	ちほう とし	provincial city
地方	ちほう	locality; the province
都市	とし	city; town
値段	ねだん	price
地図	ちず	map
案内書	あんないしょ	guidebook
計画	けいかく	plan
予約	よやく	reservation; booking

練習問題

Ⅰ. 例にならって練習しなさい。

1) 例：気温の差は大きいです。(夏と冬)

　　　——夏と冬の気温の差は大きいです。

　　1. 気温の差は大きいです。(北と南)

　　2. 気温の差はあまり大きくないです。(春と夏)

　　3. 気温の差はあまり大きくないです。(秋と冬)

　　4. 人口の差は大きいです。(都会と田舎)

　　5. 人口の差は大きいです。(東京の昼間と夜)

　　6. 土地の値段の差は大きいです。(東京と地方都市)

2) 例：田中さんのうちは大きいです。(ホテル)

　　　——田中さんのうちはホテルのように大きいです。

　　1. 私の車は小さいです。(おもちゃ)

　　2. あの人はきれいです。(花)

　　3. 山の上は寒いです (冬)

　　4. きのうは暑かったです。(夏)

　　5. スミスさんは日本語がじょうずです。(日本人)

　　6. 日本のクリスマスはにぎやかです。(おまつり)

例：雨が降ります（毎日）

　　　——毎日のように雨が降ります。

　1．友達に手紙を書きます。（毎日）

　2．小鳥がにわに来ます。（毎朝）

　3．母と電話で話します。（毎晩）

　4．友達が来て、とまります。（毎週）

　5．テストの時、漢字をまちがえてしまいます。（毎回）

3）例：四つの島が並んで、一番南に沖縄があります。

　　　——四つの島が並び、一番南に沖縄がある。

　例：全体に山が多くて、国土の3分の2を占めています。

　　　——全体に山が多く、国土の3分の2を占めている。

　1．本屋へ行って、日本の地図を買いました。

　2．案内書を読んで、旅行の計画をしました。

　3．電話をかけて、ホテルの予約をしました。

　4．新幹線に乗って、京都へ行きました。

　5．町の中を見物して、たくさん写真をとりました。

　6．日本はアジアの東にあって、たくさんの島からできています。

　7．梅雨の季節には雨が降って、むしあつい日が続きます。

　8．1月と2月は寒くて、ときどき雪が降ります。

　9．東京は人口が多くて、土地の値段が高いです。

　10．日本は長い川がなくて、あまり高い山もありません。

II．質問に答えなさい。

　1．世界で一番高い山はどこですか。

　2．世界で一番長い川はどこですか。

　3．あなたの国で最も高い山は何という山ですか。

　4．あなたの国で最も長い川は何という川ですか。

　5．あなたの国の国土について説明しなさい。

　6．あなたの国で最も寒いのは何月ですか。また、最も暑いのは何月ですか。

　7．あなたの国で最も雨がたくさん降るのはいつですか。

　8．あなたの国で一番いい季節はいつですか。

　9．あなたの国と日本の国土を比較しなさい。

　10．あなたの国と日本の気候を比較しなさい。

3. 産　業

産業は大きく分けると、第一次産業、第二次産業、第三次産業の三つに分類される。

第一次産業　農業、林業、水産業、牧畜業をいう。

第二次産業　鉱業、製造工業、建築業などをいう。

第三次産業　第一次産業、第二次産業以外の産業をいう。具体的には運輸、通信、電気、ガス、水道、商業、金融、公務、そのほかすべてのサービス業がこれに含まれる。

しかし、この分類の方法は国によって多少違い、電気、ガス、水道を第二次産業に含めているところもある。

日本では、1950年には労働人口全体のうち、48.3%が第一次産業、21.9%が第二次産業、29.8%が第三次産業で働いていた。しかし1984年には、第一次産業で働く人が8.9%に減り、反対に第二次産業では34.3%、第三次産業では56.8%に増えた。つまり、35年の間に第一次産業で働く人は5分の1以下に減少し、第三次産業の労働人口は2倍近くに増加したのである。最近はとくに、商業、サービス業で働く人の割合が増えつづけている。失業率は1987年には、3%を超えたが、他の先進工業国と比較するとあまり高くはない。

日本は天然資源が少ないため、海外から輸入し、それを製品にして輸出する加工貿易を行っている。主な輸入品は石油、木材、石炭、鉄、食料品などで、輸出品には機械、電気機器、自動車、鉄鋼、精密機械、船舶、化学薬品、合成繊維などがある。

輸出入のバランスは1964年まで輸入が輸出を上回っていた。しかし、1965年からは輸出の方が多くなった。その後1973年と1978年の石油ショックなどの際、一時的に輸出が輸入を下回ることがあったがこれは例外的で、全体としては現在まで輸出超過が続いている。

最近、新興工業経済群（ＮＩＥＳ）、その他のアジア諸国の発展がめざましく、日本の産業構造が次第に変化していくことが予想される。これらの国々に進出して生産活動を行う日本企業の数も増えている。

語　彙

* 産業	さんぎょう	industry
* 第一次産業	だいいちじ　さんぎょう	primary industry
* 第二産業	だいにじ　さんぎょう	secondary industry
* 第三次産業	だいさんじ　さんぎょう	tertiary industry
分類する	ぶんるいする	to classify
* 農業	のうぎょう	agriculture
* 林業	りんぎょう	forestry
* 水産業	すいさんぎょう	fisheries industry
牧畜業	ぼくちくぎょう	stock-farming; cattle-breeding

* 鉱業	こうぎょう	mining industry
* 製造工業	せいぞう　こうぎょう	manufacturing industry
建築業	けんちくぎょう	building [construction] industry
～以外	～いがい	except ～; other than ～
具体的	ぐたいてき	concrete; definite
* 運輸	うんゆ	transportation
* 通信	つうしん	communication; correspondence
水道	すいどう	water supply; water system
* 商業	しょうぎょう	commerce; trade
* 金融	きんゆう	finance
公務	こうむ	public sector [service]
すべて		all; entirely
含まれる	ふくまれる	to be included
方法	ほうほう	method; way
～によって		according to; depending on
多少	たしょう	slightly; to some extent
含める	ふくめる	to include
* 労働人口	ろうどう　じんこう	working population
全体	ぜんたい	the whole
～のうち		in ～; among ～
* 減る	へる	to get fewer; to decrease
* 増える	ふえる	to increase
つまり		that is; in other words; in short
* 減少する	げんしょうする	to decrease
反対に	はんたいに	on the contrary
* 増加する	ぞうかする	to increase
最近	さいきん	recently; lately
とくに		especially
割合	わりあい	rate; percentage
～つづける		to continue to～; to go on～
* 失業率	しつぎょうりつ	unemployment rate
超える	こえる	to exceed; to be above
他の	たの	other
* 先進工業国	せんしん　こうぎょうこく	industrially advanced country
比較する	ひかくする	to compare
天然資源	てんねん　しげん	natural resources
* 海外	かいがい	overseas; foreign countries
* 原料	げんりょう	raw materials
* 輸入する	ゆにゅうする	to import
* 製品	せいひん	manufactured goods
* 輸出する	ゆしゅつする	to export
加工貿易	かこう　ぼうえき	processing trade

加工	かこう	processing
* 貿易	ぼうえき	foreign trade
行う	おこなう	to do
* 石油	せきゆ	petroleum
木材	もくざい	timber; wood
石炭	せきたん	coal
* 鉄	てつ	iron
* 食料品	しょくりょうひん	food; foodstuff
* 機械	きかい	machine; machinery
電気機器	でんき きき	electrical appliance [machinery]
鉄鋼	てっこう	steel
精密機械	せいみつ きかい	precision machine
船舶	せんぱく	ship; vessel
化学薬品	かがく やくひん	chemicals
* 化学	かがく	chemistry
* 薬品	やくひん	medicine; drug
合成繊維	ごうせい せんい	synthetic fibers
繊維	せんい	fiber; textile
* 上回る	うわまわる	to exceed; to be more than
際	さい	when; on the occasion of
一時的	いちじてき	temporary
* 下回る	したまわる	to fall below; to be less [lower] than
例外的	れいがいてき	exceptional
現在	げんざい	the present time
全体として	ぜんたいとして	as a whole
超過	ちょうか	excess
新興工業経済群	しんこう こうぎょう けいざいぐん	Newly Industrializing Economies
新興	しんこう	rising; new
～群	～ぐん	group; crowd; flock
その他	そのた	the other; the rest; and other(s)
諸国	しょこく	various [many] countries
発展	はってん	development; growth; expansion
めざましい		remarkable; outstanding
* 産業構造	さんぎょう こうぞう	industrial structure
次第に	しだいに	gradually; little by little
変化する	へんかする	to change
予想する	よそうする	to expect; to anticipate
これら		these
進出する	しんしゅつする	to advance
* 生産	せいさん	production
* 企業	きぎょう	enterprise; undertaking
数	かず	number

練習問題

I．例にならって練習しなさい。

　1）例：日本の首都は東京<u>です</u>。

　　　　　　──日本の首都は東京<u>である</u>。

　　　1．彼は中国人です。

　　　2．日本の人口は約1億2千万人です。

　　　3．東京は日本の政治、情報、経済の中心です。

　　　4．主な輸入品は石油、木材、石炭、鉄、食料品などです。

　　　5．主な輸出品は機械、電気機器、自動車、鉄鋼、精密機械などです。

　2）例：第三次産業の労働人口は2倍近くに増加した。

　　　　　　──第三次産業の労働人口は2倍近くに増加した<u>のである</u>。

　　　1．第一次産業で働く人は5分の1に減少した。

　　　2．日本の失業率はあまり高くはない。

　　　3．最近、第三次産業で働く人が増えている。

　　　4．日本は天然資源が少ない。

　　　5．産業構造が次第に変化していくことが予想される。

　3）例：（私達は）日本の産業構造が変化していくこと<u>を予想する</u>。

　　　　　　──日本の産業構造が変化していくこと<u>が予想される</u>。

　　　1．運輸、通信、商業、金融など<u>を</u>第三次産業に<u>含む</u>。

　　　2．外国から石油、木材、石炭、鉄、食料品など<u>を</u>輸入<u>する</u>。

　　　3．原料<u>を</u>製品に<u>加工</u>する。

　　　4．機械、電気機器、自動車など<u>を</u>海外に<u>輸出する</u>。

　　　5．製品<u>を</u>トラックによって地方都市に<u>運ぶ</u>。

　　　6．町に公園<u>をつくった</u>。

　　　7．大都市に高いビル<u>を</u>たくさん<u>建てた</u>。

　4）例：あれは<u>大きい</u>車です。（外国から輸入した）

　　　　　　──あれは<u>外国から輸入した大きい</u>車です。

　　　1．それは<u>経済の本</u>です。（図書館でかりた）

　　　2．これはかぜの薬です。（病院でもらった）

　　　3．これは<u>家族の写真</u>です。（私がとった）

　　　4．それは<u>古いつくえ</u>です。（父が使っていた）

　　　5．あれは<u>新しいビル</u>です。（去年建てられた）

　　　6．ここは<u>有名なホテル</u>です。（よく外国人がとまる）

　　　7．あそこは<u>便利な店</u>です。（24時間開いている）

5）例：<u>本</u>を読みました。（きのう図書館でかりた）

  ——きのう図書館でかりた<u>本</u>を読みました。

 1．<u>薬</u>を飲みました。（病院でもらった）

 2．<u>写真</u>を母に送りました。（京都でとった）

 3．<u>カメラ</u>を見せてください。（デパートで買った）

 4．<u>レコード</u>を聞きました。（私の誕生日に林さんがくれた）

 5．<u>友達</u>の家に招待されました。（先月結婚した）

 6．<u>タクシー</u>に乗りました。（駅前に止まっていた）

 7．<u>新幹線</u>が東京駅を出ていきました。（大阪へ行く）

II．「3．産業」の本文を読んで質問に答えなさい。

 1．第一次産業に含まれるのは、どんな産業ですか。

 2．第二次産業に含まれるのは、どんな産業ですか。

 3．第三次産業に含まれるのは、どんな産業ですか。

 4．1950年から1984年までに、第一次、第二次、第三次産業の労働人口はどのように

  変わりましたか。

 5．どうして日本は加工貿易を行っているのですか。

 6．日本の産業構造が変化していくことが予想されるのは、なぜですか。

 7．あなたの国の産業について説明しなさい。

▰▰▰ 4．金 融 機 関 ▰▰▰

日本銀行
にほんぎんこう

中央銀行ともいいます。お金（紙幣）を発行し、一般の銀行にお金を貸したり、銀行からお金を預かったりします。つまり、中央銀行は銀行の銀行とも言えます。

外国為替銀行
がいこくかわせぎんこう

外国通貨の売買や海外への送金、輸出入取引に関する金融業務などを行う銀行で、外国為替専門銀行は1行（東京銀行）です。外為は外国為替の略語です。

普通銀行
ふつうぎんこう

一般の人が会社・商店などからお金を預かったり、お金を貸したりします。つまり、預金・貸し出し・為替が普通銀行の主要業務です。都市銀行13行と地方銀行64行があり、このほか1988年現在、外国銀行が81行あります。

信託銀行
しんたくぎんこう

一般の人から預かった財産を管理、運用する仕事をしています。金銭信託と貸付信託が主な業務ですが、実際には普通銀行と同じ業務も行います。国内銀行が7行、外国銀行が9行あります。

長期信用銀行 ちょうきしんようぎんこう	企業などに、長い期間の貸し出しをする銀行です。日本興業銀行、日本長期信用銀行、日本債券信用銀行の３行があります。
相互銀行 そうごぎんこう	多くの人がお金を活用しあうことを目的に設立された中小企業金融機関のひとつです。業務はほとんど普通銀行と変わりませんが、一人の人に貸せる金額や業務の区域に制限があります。1989年８月には全国68行の相互銀行のうち、65行が普通銀行になりました。
中小企業金融機関 ちゅうしょうきぎょうきんゆうきかん	信用金庫、商工組合中央金庫、信用組合などのように、中小工場や商店などが利用する金融機関です。信用金庫は会員組織で、だれから預金を集めてもいいのですが、原則として会員だけにお金を貸します。一方、信用組合は組合制度で、預金も貸し出しも原則として組合員だけに制限されます。
保険会社 ほけんがいしゃ	本来は保険業法によって保険業務を行う会社ですが、金融機関の性格も持っています。つまり、保険の加入者から保険料を受け取り、これらの人に保険金を支払うまでの期間、受け入れたお金の一部を貸し付けたり、投資したりします。生命保険会社24社、損害保険会社23社があります。
証券会社 しょうけんがいしゃ	株式や債券など有価証券の売買に関係のある仕事をする会社で、1：ディーラー業務、2：ブローカー業務、3：アンダーライター業務、4：ディストリビューター業務の４つの仕事があります。1988年５月現在、国内に外国証券会社支店45社を含めて、265社があります。
政府金融機関 せいふきんゆうきかん	日本開発銀行、日本輸出入銀行、住宅金融公庫などのように、政府がお金を出して経営している金融機関です。日本開発銀行、日本輸出入銀行はおもに大企業を相手にしますが、住宅金融公庫、中小企業金融公庫などの公庫は中小企業、農業、住宅建設、個人への金融など、相手が非常に広いのが特徴です。このほか、忘れてはならないのが郵便貯金の存在です。

語　彙

＊ 金融機関	きんゆう　きかん	financial institution
＊ 日本銀行［日銀］	にほん　ぎんこう［にちぎん］	the Bank of Japan
紙幣	しへい	paper money; bank note
＊ 発行する	はっこうする	to issue
一般	いっぱん	general
＊ 貸す	かす	to lend
＊ 預かる	あずかる	be trusted; to keep; to look after
＊ 外国為替銀行	がいこくかわせ　ぎんこう	foreign exchange bank
＊ 外国為替	がいこく　かわせ	foreign exchange
＊ 為替	かわせ	exchange

* 通貨	つうか		currency
* 売買	ばいばい		buying and selling
送金	そうきん		remittance; sending money
* 輸出入	ゆ・しゅつにゅう		export and import
* 取引	とりひき		transaction; dealings; trade
～に関する	～に かんする		be related to; be concerned with
* 業務	ぎょうむ		business; work
* 外為	がいため		abbreviation for 外国為替（がいこくかわせ）
略語	りゃくご		abbreviation
* 普通銀行	ふつう ぎんこう		ordinary bank
* 都市銀行	とし ぎんこう		city bank
* 地方銀行	ちほう ぎんこう		regional [local] bank
商店	しょうてん		shop; store
* 預金	よきん		deposit
* 貸し出し	かしだし		lending
* 信託銀行	しんたく ぎんこう		trust bank
* 財産	ざいさん		property
管理	かんり		to administer; to manage; to take charge (of) ; to care for
運用	うんよう		to utilize; to use
金銭信託	きんせん しんたく		cash in trust; trust cash fund
貸付信託	かしつけ しんたく		loan fund
実際には	じっさいには		in reality; as a matter of fact
* 長期信用銀行	ちょうき しんよう ぎんこう		long-term credit bank
* 長期	ちょうき		long term
* 信用	しんよう		credit; reliance
* 期間	きかん		period
興業銀行	こうぎょう ぎんこう		industrial bank
* 債券	さいけん		bond
* 相互銀行	そうご ぎんこう		mutual financing bank
活用する	かつようする		to utilize; to make efficient use of
～しあう			to do something together [to each other]
* 目的	もくてき		purpose
設立する	せつりつする		to establish; to set up
* 中小企業	ちゅうしょう きぎょう		small and medium sized enterprises
ほとんど			almost; nearly
金額	きんがく		amount (of money)
区域	くいき		zone; area; district
制限	せいげん		limit
* 全国	ぜんこく		the whole country

* 中小企業金融機関	ちゅうしょうきぎょう　きんゆうきかん	small business finance corporations
信用金庫	しんよう　きんこ	credit association
金庫	きんこ	safe; vault; depository
商工組合中央金庫	しょうこうくみあい　ちゅうおうきんこ	central cooperative bank for commerce and industry
信用組合	しんよう　くみあい	credit union; cooperative bank; savings-and-loan association
利用する	りようする	to make use of
* 会員	かいいん	member; membership
組織	そしき	organization
原則として	げんそくとして	in principle; as a rule
* 組合員	くみあいいん	member of the association [union]
制度	せいど	system
* 保険会社	ほけん　がいしゃ	insurance company
本来	ほんらい	originally
性格	せいかく	character; personality
保険業法	ほけんぎょう　ほう	insurance business law
加入者	かにゅうしゃ	subscriber; member
* 保険料	ほけんりょう	premium; insurance fee
* 受け取る	うけとる	to receive
保険金	ほけんきん	insurance money
* 支払う	しはらう	to pay
* 貸し付ける	かしつける	to lend; to loan
* 投資する	とうしする	to invest
* 生命保険会社	せいめい　ほけん　がいしゃ	life insurance company
生命	せいめい	life
* 損害保険会社	そんがい　ほけん　がいしゃ	nonlife insurance company
* 損害	そんがい	damage; loss
* 証券会社	しょうけん　がいしゃ	securities company [firm]
* 株式	かぶしき	stocks; shares
* 有価証券	ゆうか　しょうけん	negotiable [marketable] securities
関係	かんけい	relationship; connection
* 政府金融機関	せいふ　きんゆうきかん	government financial institution
* 政府	せいふ	government
開発銀行	かいはつ　ぎんこう	development bank
輸出入銀行	ゆ・しゅつにゅう　ぎんこう	export-import bank
住宅金融公庫	じゅうたく　きんゆうこうこ	the housing loan corporation
* 住宅	じゅうたく	house; residence
金融公庫	きんゆう　こうこ	finance corporation
* 経営する	けいえいする	to manage
相手にする	あいてに　する	to deal with; to do with
住宅建設	じゅうたく　けんせつ	housing construction

個人	こじん	an individual
特徴	とくちょう	feature; characteristic
郵便貯金	ゆうびん　ちょきん	post-office savings
存在	そんざい	existence

練習問題

Ⅰ．例にならって練習しなさい。

1）　例：自動車というのは、何ですか。（車）
　　　　——自動車<u>というのは</u>、車<u>のこと</u>です。

　　1．中央というのは、何ですか。（まん中）
　　2．食料品というのは、何ですか。（食べ物）
　　3．四季というのは、何ですか。（春、夏、秋、冬）
　　4．「しょくどう」というのは、何ですか。（食事をする所）
　　5．「ちゅうしゃじょう」というのは、何ですか。（車を止めておく所）
　　6．「さかや」というのは、何ですか。（酒や、その他の飲み物を売る店）
　　7．「労働しゃ」というのは、何ですか。（会社や工場などで働く人）
　　8．「ほこうしゃ」というのは、何ですか。（歩いている人）

2）　例：労働というのは、<u>どういう意味</u>ですか。（働く）
　　　　——労働<u>というのは</u>、働く<u>こと</u>です。

　　1．建築というのは、どういう意味ですか。（建物を建てる）
　　2．変化というのは、どういう意味ですか。（変わる）
　　3．集中というのは、どういう意味ですか。（一つ所に集まる）
　　4．預金というのは、どういう意味ですか。（銀行などにお金を預ける）
　　5．買収というのは、どういう意味ですか。（企業を買う）
　　6．売買というのは、どういう意味ですか。（物を売ったり、買ったりする）
　　7．「じょうしゃ」というのは、どういう意味ですか。（電車や車に乗る）
　　8．「つうきん」というのは、どういう意味ですか。（毎日会社や工場に働きに行く）

3）　例：日本銀行<u>というのは</u>、<u>どんな仕事をする金融機関ですか。</u>
　　　　（一般の銀行にお金を貸したり、銀行からお金を預かったりする）
　　　　——日本銀行というのは、<u>一般の銀行にお金を貸したり、銀行からお金を預かったりする</u>
　　　　金融機関です。

　　1．外国為替銀行というのは、どんな仕事をする金融機関ですか。
　　　　（外国通貨の売買や海外への送金、輸出入に関する金融業務を行う）
　　2．普通銀行というのは、どんな仕事をする金融機関ですか。
　　　　（おもに預金・貸し出し・為替などの業務をする）

3．信託銀行というのは、どんな仕事をする金融機関ですか。

　　　（一般の人から預かった財産を管理、運用する仕事をする）

　　4．長期信用銀行というのは、どんな仕事をする金融機関ですか。

　　　（長い期間の貸し出しなどの業務をする）

　　5．証券会社というのは、どんな仕事をする会社ですか。

　　　（株式や債券など、有価証券の売買に関係のある仕事をする）

4）　例：相互銀行というのは、<u>どんな銀行</u>ですか。

　　　（多くの人がお金を活用しあうことを目的に設立された）

　　　<u>——多くの人がお金を活用しあうことを目的に設立された</u>銀行です。

　　1．中小企業金融機関というのは、どんな金融機関ですか。

　　　（中小工場や商店などが利用する）

　　2．保険会社というのは、どんな会社ですか。

　　　（保険業務がおもな仕事で、保険の加入者から受け入れたお金の一部で金融業務を行う）

　　3．政府金融機関というのは、どんな金融機関ですか。

　　　（政府がお金を出して経営している）

II．質問に答えなさい。

　1．あなたの勤めている会社はどんな仕事をする会社ですか。
　2．あなたの国の金融機関を、日本の金融機関と比較して、説明しなさい。

5．国民生活

　1945年8月15日、第二次世界大戦に敗北した日本人は、それ以来ただ一生懸命に働いて今日の経済発展をみることができた。現在、自分の生活程度を中流と考える人は全体のほぼ90％を占めている。言いかえれば、ほとんどの日本人が自分はそれほど金持ちではないが、貧乏ではないと考えているわけである。

　一方、住宅事情に満足していない人々が増えている。東京その他の大都市は、人口が集中して土地の値段が非常に高くなってしまった。このため、自分の家を持つためには1年間の収入の10倍ほどの資金が必要である。人々は少しでも土地の値段が安い所に家を持とうとして、都心から離れた町に移っていく。現在では通勤に1時間かかるのは普通で、自宅から会社まで2時間以上かかるという人も少なくない。このような所でも、庭付き、一戸建ての家を買うことは一般勤労者にとってはかなりの負担である。

　「働き中毒」といわれた日本人の労働時間は少しずつ減って、現在では1週間40時間勤務が普通で

ある。しかし、残業時間は反対に増える傾向がみられ、1987年の年間平均労働時間数は2,111時間に達した。有給休暇の日数も次第に増えて、従業員に夏の長い休暇をとるようにすすめる企業もでてきた。ただし、休暇を完全に使う人は全体の約半数しかないという。1989年2月から銀行や郵便局も完全週休二日制をとることになった。

1986年4月に男女雇用機会均等の法律ができ、女性の職場進出が増加した。労働人口に占める男女の比率はほぼ6対4となっている。しかし、実際には女性が管理職につける機会はまだ少なく、女子労働者の増加の大部分が中高年のパートタイムであることも問題である。

日本社会でのもうひとつの大きい問題は、出生率の低下と急速な人口の高齢化である。厚生省の調査によると、1986年には日本人の平均寿命は男性が72.5歳、女性が80.9歳となった。1985年には1人の高齢者の生活を9人の働き手が支えていたが、このままのスピードで高齢化が進むと、2000年には3.7人、2020年には、2.3人の働き手が1人の高齢者を支えなければならなくなる。これとともに、年金や健康保険など社会福祉に関係のある支出が増加して、財政が困難になることも予想される。また、最近は従業員の定年を55歳から60歳に延長する企業が増えている。定年退職した人の中で、もう一度新しい会社に入って働く人も多い。

語　彙

国民	こくみん	a people; a nation
＊生活	せいかつ	life; life-style; living
第二次世界大戦	だいにじ せかい たいせん	World War II
敗北する	はいぼくする	to be defeated
以来	いらい	since; since then
一生懸命に	いっしょうけんめいに	with all one's might; as hard as one can
～をみる		to see; to meet
＊程度	ていど	level; standard; degree; extent
＊中流	ちゅうりゅう	middle class
言いかえれば	いいかえれば	in other words
＊自分	じぶん	oneself
それほど～ない		not so～
金持ち	かねもち	rich
貧乏	びんぼう	poor
一方	いっぽう	on the other hand
＊事情	じじょう	circumstances; conditions; situation
満足する	まんぞくする	to be satisfied with
大都市	だいとし	big city
＊収入	しゅうにゅう	income; earnings
～ほど		about～
＊資金	しきん	funds; money
＊必要	ひつよう	necessary; needed; required
人々	ひとびと	people

* 都心	としん	the heart [center] of the city [Tokyo]
離れた	はなれた	distant
移る	うつる	to move (to a place)
* 通勤	つうきん	commuting
普通	ふつう	normal; usual
自宅	じたく	one's own house
少なくない	すくなくない	not a little; not a few
庭付き	にわつき	with a garden
一戸建て	いっこだて	detached house; single house (family house)
一般	いっぱん	general; average
* 勤労者	きんろうしゃ	worker
～にとって		to ～; for ～
かなり		quite; fairly; well enough
* 負担	ふたん	burden; expense
働き中毒	はたらき　ちゅうどく	workaholic
中毒	ちゅうどく	poisoning
* 労働時間	ろうどう　じかん	working hours
* 勤務	きんむ	service; duty; work
* 残業	ざんぎょう	overtime work
* 傾向	けいこう	tendency; trend
～に達する	～に　たっする	to reach; to arrive at
* 有給休暇	ゆうきゅう　きゅうか	vacation with (full) pay
休暇	きゅうか	vacation
* 日数	にっすう	(the number of) days
* 従業員	じゅうぎょういん	employee
すすめる		to advise; to encourage
完全に	かんぜんに	completely; fully; entirely
* 半数	はんすう	half the number
* 週休二日制	しゅうきゅう　ふつかせい	five-day-week system (two days off)
とる		to take; to adopt
* 雇用	こよう	employment
機会均等	きかい　きんとう	equal opportunity
* 機会	きかい	chance; opportunity
均等	きんとう	equality
* 法律	ほうりつ	law
職場	しょくば	one's workplace
* 6対4	6たい4	6 to 4
男女	だんじょ	male and female
実際に	じっさいに	actually; really
* 女性	じょせい	female; woman
管理職	かんりしょく	administrative position; management
～につく		to engage in; to take up

女子労働者	じょし　ろうどうしゃ	female worker
大部分	だいぶぶん	greater part; most
中高年	ちゅうこうねん	middle or advanced age
出生率	しゅっしょうりつ［しゅっせいりつ］	birthrate
＊低下	ていか	fall; decline; drop
急速な	きゅうそくな	rapid
高齢化	こうれいか	aging
厚生省	こうせいしょう	Ministry of Health and Welfare
＊調査	ちょうさ	investigation; research; survey
～によると		according to～
平均寿命	へいきん　じゅみょう	the average life-span
寿命	じゅみょう	life-span
＊男性	だんせい	male; man
働き手	はたらきて	worker who supports (a family); breadwinner
支える	ささえる	to support
進む	すすむ	to go forward; advance; proceed
～ために		in order to～; for the sake of～
～とともに		as ～; with ～
＊年金	ねんきん	pension; annuity
健康保険	けんこう　ほけん	health insurance
社会福祉	しゃかい　ふくし	social welfare
関係	かんけい	relationship; connection
＊支出	ししゅつ	expenditure; expenses
＊財政	ざいせい	public finance; finances
困難（な）	こんなん（な）	difficult; hard
定年	ていねん	retirement age
延長する	えんちょう	to extend; to lengthen
退職する	たいしょくする	to retire from work

練習問題

Ⅰ．例にならって練習しなさい。

　1）　～わけである

　　　「わけ」のもとの意味は「意味」であるが、例1は前文の「理由 (reason)」を示し、例2は「根拠 (ground)」を表わす。例1・2とも「～んです」と言いかえられる。ただし、例1は「どうして～」という質問に対する答えにはあまり使わないで、自分の方から理由を説明する時に使うことが多い。質問にはふつう「～んです」の方を使って答える。

　　　例1：日本語を習っています。（日本に住んでいますから）
　　　　　——日本に住んでいるので、日本語を習っているわけです。

　　1．電話しました。（土曜日にパーティーをしますから）

2．取りに来ました。（傘をおき忘れたのを思い出しましたから）

3．漢字を勉強しています。（日本語の新聞が読みたいですから）

4．会社を休みました。（かぜを引きましたから）

5．準備しています。（明日から旅行に行きますから）

6．加工貿易を行っています。（日本は天然資源が少ないですから）

7．定年退職してからも働いています。（まだ元気ですから）

例2：A—日本人のほとんどが自分を中流だと考えているそうです。（みんな生活に満足している）

B—そうですか、みんな生活に満足しているわけですね。

1．彼は日本語が上手になりましたよ。（よく勉強した）

2．東京では1月と2月に雪が降ることがあります。（かなり寒くなる）

3．きのうスミスさんに会いました。（彼は日本に来ている）

4．あしたすもうを見に行きます。（もう春場所が始まった）

5．朝の通勤電車には乗れないこともあるんです。（ずいぶんこんでいる）

6．日本では車が左側を走っています。（英国の交通規則を取り入れた）

7．東京には全人口の10分の1の人が住んでいます。（人口が集中している）

2）　〜という人（こと、時）もある

ある事実を説明するために、例をあげてとくに強調する時に使われる表現で「例えば、このような〜」の意味。

例：通勤に1時間かかるのは普通で、2時間以上かかる人もある。

——通勤に1時間かかるのは普通で、2時間以上かかるという人もある。

1．「仕事が忙しいから」と言って、休暇をぜんぜんとらない人もある。

2．「やせたい」と言って、1日に1回しか食事しない人もある。

3．東京は道がこんでいて、車で行くよりあるいた方がはやい時もある。

4．休日はつかれていて、1日中ねていることもある。

5．「飛行機はこわい」と言って、乗らない人もある。

6．最近は残業が多くて、1週間に1度も子供に会えないこともある。

7．生活のために、定年退職してから、また働く人もある。

8．子供の学校教育のために、家族を残して海外に単身赴任する人もある。

　　［単身赴任（たんしんふにん）する：to go to a new post without one's family］

3）　〜という

人に聞いたこと、本や新聞などで読んだことなどを伝える表現である。「〜そうです」と同じであるが、「〜という」は書きことばに使われる。

例：休暇を完全に使う人は全体の約半数しかありません。

——休暇を完全に使う人は全体の約半数しかないという。

1．日本の失業率はあまり高くはありません。

2．6月の終わりから7月の中ごろまでは雨が降り続き、むしあついです。

3．アジア諸国に進出して生産活動を行う企業の数が増えています。

4．自分の家を持つためには1年の収入の10倍ほどの資金がいります。

5．庭付き、一戸建ての家を買うことは一般労働者にとってかなりの負担です。

6．女性が管理職につける機会は少ないです。

7．最近、出生率の低下と人口の高齢化が大きい社会問題になっています。

II．「5．国民生活」の本文を読んで、質問に答えなさい。

1．自分の生活程度を中流と考えている日本人はどのぐらいありますか。

2．どうして通勤に2時間以上もかかる人がいるのですか。

3．現在日本の銀行や郵便局は完全週休二日制をとっていますか。

4．日本の労働人口に占める男女の割合はどのぐらいですか。

5．女性の職場進出が進んでいますが、まだ問題が残っています。それはどんなことですか。

6．出生率の低下と人口の高齢化がこのまま進むと、どんなことが予想されますか。

7．あなたの国の国民生活と、その問題点について説明しなさい。

6．復習―図表の読み方

問題：図表を見ながら、質問に答えなさい。

I．日本の年齢別の人口（1986年10月）

1．1986年に全人口の中に占める割合が一番大きいのは何歳から何歳までの人ですか。

2．1935年に一番多かったのは何歳から何歳までの人ですか。

3．1986年と1935年と比べて、減少したのはどの年齢の人ですか。

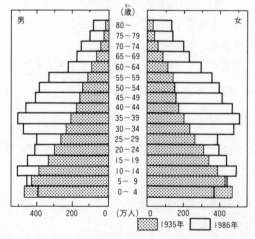

日本の年齢別の人口（1986年10月）

出典：『日本のすがた』(国勢社 1986年) P 31

II. 日本の産業別人口の割合

1. 1985年の第一次産業、第二次産業、第三次産業の中でどの産業の労働人口が一番多いですか。

2. 1985年の全労働人口に占める第三次産業の労働人口の比率は、1947年と比べて約何倍になりましたか。

3. 1960年と1985年とにおける全労働人口に占める第一次産業の労働人口比率を比べなさい。

産業分類別就業者の割合

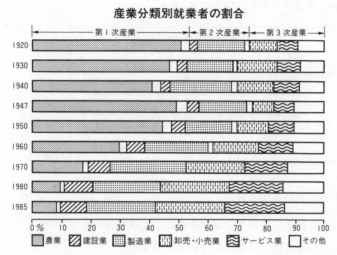

分類不能は第3次産業に含む。　　出典：『数字で見る日本の100年』（国勢社　1986年）P 56

III. 主な国の産業別人口の割合

1. 右の図にある国の中で、第一次産業の労働人口と第三次産業の労働人口との差が一番大きい国はどこですか。

2. 産業別労働人口の割合が1985年の日本によく似ている国を二つ言いなさい。

産業別人口の割合

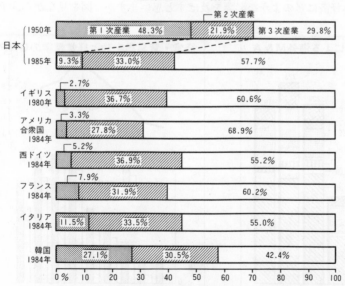

国連しらべ、日本は総務庁統計局しらべ。第1次産業は農林水産業、第2次産業は鉱業、
工業、建設業、第3次産業は商業、運輸通信業、サービス業など。
出典：『日本のすがた』（国勢社　1986年）P 32

地域別輸出動向

1．昭和62年に日本はどの地域に最も多く輸出していますか。

2．62年のアメリカへの輸出は、前年と比べて増えましたか、減りましたか。

3．ECへの輸出動向を61年と62年と比べなさい。

4．62年に日本からの輸出が前年より増加した地域はどこですか。

5．中国への輸出が一番多かった年は何年ですか。

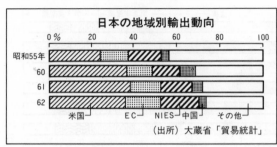

日本の地域別輸出動向

（出所）大蔵省「貿易統計」

（出典：日経新聞 1988年7月17日）

Ⅴ．日本企業による海外企業の合併・買収

1．1988年の1月から8月までの日本企業による合併・買収は何件ですか。

2．1985年と88年における合併・買収の総件数を比べなさい。

3．アジアNIESの企業を合併・買収した件数が一番多かった年は何年ですか。

Ⅵ．経常収支の黒字縮小

　　日本の経常収支は長い間黒字が続いていましたが、1990年1月、6年ぶりに赤字を記録しました。89年の経常黒字は対前年比で28.5％減少し、貿易黒字も18.8％減っています。これにはいろいろの理由が考えられます。日本企業が海外に進出して現地生産を増やす一方、内需拡大も進んできました。また、欧米市場でNIESなどの国々の競争力が強くなっていることも一つの要因です。この傾向は世界経済や日本経済にどのような影響を及ぼすと思いますか。図を見ながら、予想してみてください。

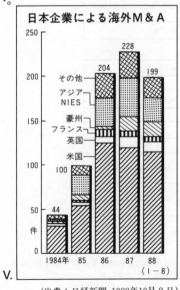

日本企業による海外M＆A

Ⅴ．

（出典：日経新聞 1988年10月9日）

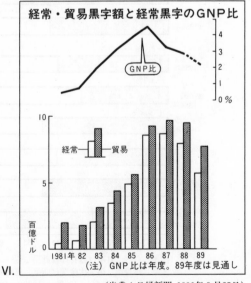

経常・貿易黒字額と経常黒字のGNP比

Ⅵ．

（注）GNP比は年度。89年度は見通し

（出典：日経新聞 1990年3月25日）

語彙

図表	ずひょう	chart; diagram; graph
年齢	ねんれい	age
～別	～べつ	classified by～
似ている	にている	to be [look] like; to resemble
* 動向	どうこう	trend; tendency
地域	ちいき	area; region
* 合併	がっぺい	merger; consolidation
* 買収	ばいしゅう	acquisition
件数	けんすう	the number of cases [items]
経常収支	けいじょう しゅうし	current account balance
* 黒字	くろじ	balance [figure] in the black
* 赤字	あかじ	balance [figure] in the red
記録する	きろくする	to record
対前年比	たい ぜんねんひ	(as) compared with the previous year
理由	りゆう	reason
現地生産	げんち せいさん	production at an overseas factory
一方	いっぽう	while
内需	ないじゅ	domestic demand
拡大	かくだい	expansion
欧米	おうべい	Europe and America; the West
* 市場	しじょう	market
競争力	きょうそうりょく	competitive power
要因	よういん	primary factor; main [chief] cause
* 影響を及ぼす	えいきょうを およぼす	to have an effect on

図表の語彙

就業者	しゅうぎょうしゃ	employee; worker
建設業	けんせつぎょう	construction industry
* 卸売	おろしうり	wholesale
* 小売	こうり	retail
その他	そのた	the others; the rest
総務庁	そうむちょう	the Management and Coordination Agency (of Prime Minister's Office)
統計局	とうけいきょく	Statistics Bureau

　新聞の記事には略語が多い。短い文章で、できるだけ多くの情報を伝えようとするため、国や団体の名前などはしばしば漢字１文字から数文字によって表される。多くのものはすでに、ひとつの語として定着している。そうでなくても、省略の仕方には一定の規則のようなものがあるので、慣れてしまえば外国人にとってもそれほど難しいものではない。

　たとえば「欧米」というのは欧州と米国の省略で、「ヨーロッパとアメリカ」の意味である。欧米の国々の名は、ふつう片かなで書かれるが、省略する時には漢字１字を使用することが多い。「英（イギリス）」、「独（ドイツ）」、「仏（フランス）」などがこれである。中にはソ連（ソヴィエト連邦）の「ソ」のように片かな１字を使うこともある。また、「日韓」、「米ソ」、「米中」などというように、二つの国を並べて両国の関係を表すことも新聞記事によく使われる方法である。

　国名を漢字で書く習慣は中国語の影響で、単に音を表すものであり、漢字の意味とは全く関係がない。たとえば、アメリカは「亜米利加」、イギリスは「英吉利」と書くが、使用する漢字は中国語とは多少異なるものもある。現在では上記のように、国名の１字をとって省略した「米」、「英」、「独」、「仏」とか、「伊」、「加」、「豪」、「印」、「比」などが使われているわけである。これら国名を表す文字と他の漢字を組み合わせると、種々の熟語ができる。日本の「日」を例にとると、「在日」、「来日」、「対日」、「親日」、「反日」、などとなる。この場合、組み合わせに使われる漢字の方はそれぞれ意味を表しているので、漢字１字ずつの持つ意味を知っていれば、すぐに理解できる。

　機関名や団体名を見ると、経団連（経済団体連合会）、日経連（日本経営者団体連合）、全学連（全日本学生自治会連合）などのように、略称の方が定着しているものもある。一方、公取委、税調などは、まだ新聞だけの用語、つまり読むための名称で、テレビやラジオなどでは、それぞれ公正取引委員会、税制調査会と正しく言っている。これら漢字の略語や略称は目で見ると、もとのことばが想像でき、意味も大体分かるものである。

語　彙

＊略語	りゃくご	abbreviation
記事	きじ	article; report
文章	ぶんしょう	sentence
伝える	つたえる	to tell; to report; to inform
＊団体	だんたい	body; party; group; corporation
しばしば		often
文字	もじ	letter; character
＊数〜	すう〜	several〜
表す	あらわす	to express
すでに		already
語	ご	word
定着する	ていちゃくする	to fix; to become established

省略	しょうりゃく	abbreviation; omission
仕方	しかた	method; way of doing
*一定	いってい	fixed; certain; regular
*規則	きそく	rule; regulation
慣れる	なれる	to get used (to); to become familiar (with)
たとえば		for instance; for example
*欧州 [ヨーロッパ]	おうしゅう	Europe
*米 (国) [アメリカ]	べい (こく)	America
上記	じょうき	the above-mentioned
独 [ドイツ]	どく	Germany
仏 [フランス]	ふつ	France
英 (国) [イギリス]	えい (こく)	England; United Kingdom
習慣	しゅうかん	custom; practice; habit
影響	えいきょう	influence; effect
単に	たんに	merely; only; simply
音	おん	sound
全く～ない	まったく～ない	(not) at all; (not) in the least
異なる	ことなる	to differ; to be different
伊 [イタリア]	い	Italy
加 [カナダ]	か	Canada
豪 (州) [オーストラリア]	ごう (しゅう)	Australia
印 (度) [インド]	いん (ど)	India
比 [フィリピン]	ひ	the Philippines
組み合わせる	くみあわせる	to combine
種々の	しゅじゅの	various
熟語	じゅくご	word composed of two or more kanji
例にとる	れいに　とる	to take as an example
*在日	ざいにち	(stationed) in Japan
*来日	らいにち	coming to Japan
対日	たいにち	to [toward, against] Japan
親日	しんにち	pro-Japanese
反日	はんにち	anti-Japanese
場合	ばあい	occasion; case
それぞれ		respectively
*理解	りかい	understanding
機関名	きかんめい	name of an organization
経団連	けいだんれん	Federation of Economic Organizations
連合会	れんごうかい	federation; union; confederation
日経連	にっけいれん	Japan Federation of Employers Associations
*経営者	けいえいしゃ	manager; executive
全日本	ぜんにほん	all-Japan

学生自治会	がくせい　じちかい	student's self-government association
略称	りゃくしょう	abbreviated name
＊用語	ようご	term; terminology
名称	めいしょう	name; title
＊公正取引委員会	こうせい　とりひき　いいんかい	Fair Trade Commission
公正	こうせい	fair
取引	とりひき	trade
委員会	いいんかい	commission; committee
＊税制調査会	ぜいせい　ちょうさかい	Tax Commission
税制	ぜいせい	taxation system
もとの		original
想像する	そうぞうする	to imagine; to suppose

練習問題

Ⅰ．例にならって練習しなさい。

1）　～ものだ

「もの」のもとの意味は英語の"thing"に当たるが、そのほかいろいろな使い方がある。"things"または"matter"という意味もある。下記の例は一般の常識（common sense）、あるいはふつう誰でも認める（admit）こと、というような意味になる。

例：目で見ると大体分かる。（漢字の略語の意味）
　　　——漢字の略語の意味は<u>目で見ると大体分かる</u>ものです。

1．大切にしなければならない。（ともだち）
2．何でも知りたがる。（子供）
3．人の心を楽しくする。（音楽）
4．気持ちも暗くなる。（雨降りの寒い日）
5．気持ちも体も元気にする。（休暇旅行）
6．時間がかかる。（外国語の勉強）
7．長く住んでいれば慣れる。（外国の習慣）

2）　～にとって

例：片かなで書かれたことばには分かりにくいものが多いです。（外国人）
　　　——<u>外国人にとって</u>、片かなで書かれたことばには分かりにくいものが多いです。

1．音楽は生活の一部です。（私）
2．仕事は趣味（しゅみ）のようなものです。（彼）
3．東京は第二のふるさとです。（山田さん）
4．管理職につくのは難しいことです。（女性）

5．遊ぶのは仕事のようなものです。（子供）

6．都心に自分の家を持つことはほとんど不可能です。（一般勤労者）

7．彼女は心の太陽です。（私）

　　　［ふるさと：one's native place　太陽（たいよう）：the sun　不可能な（ふかのうな）：impossible］

3）　～と、～

　　例：漢字の意味をよく知っていますね。

　　　　　　分からない字がある／辞書で調べている（かならず）

　　　　──ええ、分からない字があると、かならず　辞書で調べているんです。

1．タクシーがなかなか来ませんね。

　　　雨が降る／来ない（いつも）

2．いつも、元気ですね。

　　　朝起きる／ジョギングする（かならず）

3．このレストラン、ずいぶんこんでいますね。

　　　昼になる／サラリーマンが来る（いつも）

4．たくさん専門の本をもっていますね。

　　　新しい本が出る／買う（かならず）

5．彼女は日本の歌がじょうずですね。

　　　仕事が終る／カラオケバーで歌っている（毎晩）

6．漢字の略語がよく分かりますね。

　　　目で見る／分かる（たいてい）

　　　［専門（せんもん）：speciality］

4）　～ば、～

　　例：この記事の意味が分かりますか。（内容をよく読む）

　　　　──内容をよく読めば、分かります。

　　　　　［内容（ないよう）：contents］

　　　ここから、富士山が見えますか。（天気がいい）

　　　──天気がよければ、見えます。

1．日本の新聞が読めますか。（辞書を使う）

2．あの車を買いますか。（高くない）

3．病気がなおりますか。（薬をのむ）

4．あした出かけますか。（雨がやむ）

5．旅行に行きますか。（休暇が取れる）

6．あの会社に投資しますか。（業務内容がいい）

7．新聞の略語はむずかしくないですか。（慣れてしまう）

外国語にもUN、EC、OPECなど、多くの略語があることを考えれば、日本語に略語があるのは当然のことかもしれない。しかし、外国人にとって外来語、つまり片かなで書かれる略語には、とくに分かりにくいものが多い。これにはことばの省略とともに、いくつかの理由が考えられる。

まず、第一にあげられるのは発音の問題で、日本語にはない外国語の発音を片かなで正しく書き表すことはほとんど不可能である。したがって、busもbathもともに「バス」と書き、right, light, writeはすべて「ライト」と書くしか方法がない。

また、日本人は昔からいろいろな国のことばを取り入れてきたので、日常会話にもどの国のものかは全く考えずに、多くの外来語を使っている。その中には本来の意味とはかなり異なってしまっているものも少なくない。しかも、これらの外来語を省略して使うことが多いのである。学生がよく言う「バイト」がドイツ語のArbeitからきた「アルバイト」の略語であり、「学生として、本業の勉強を続けながら、お金を得るために働くこと」を意味するようになったのはそのひとつの例である。

すでに日本語として定着しているテレビ、アパート、デパートなどの略語の外に、最近はゼネスト、ハンスト、あるいはワープロ、パソコン、オフコン、エアコンなど、つぎつぎに新語が出てくる。中には「カラオケ（中がから、つまり歌が入っていないオーケストラだけの音楽）」のように日本語と外国語からできている略語もある。新聞の見出しにある「短プラ」が「短期プライム・レート」であるということは、その記事の内容を読むまでは、日本人にも想像しにくいものである。

新聞に使われる片かなの略語としては、国名や専門用語などのほかに、人名が多くみられる。たとえば、「ブ氏」はブッシュ氏、ブラウン氏、ブレジネフ氏など、いろいろな名前が考えられる。しかし、記事をよく読むと、省略する前にはかならず正しい名前が出ているので、問題はない。また、ブッシュ氏がアメリカの大統領のことであれば、ブッシュ米大統領と正式の名称を書くことになっている。たしかに、新聞の略語は分かりにくいことがあるが、以上の規則を頭において内容をよく読めば、その意味を理解することは決して不可能ではない。

語　彙

＊外来語	がいらいご	word of foreign origin; borrowed word
当然	とうぜん	natural; matter of course
＊理由	りゆう	reason
まず		first (of all) ; in the first place
あげる		to mention; to state; to cite
発音	はつおん	pronunciation
＊不可能（な）	ふかのう（な）	impossible
したがって		therefore; for that reason
ともに		both; together
～しか～ない		only; but; no more than; merely
昔	むかし	(in) the old days

取り入れる	とりいれる	to take in; to adopt; to accept
日常会話	にちじょう かいわ	daily conversation
～ずに		without ～ing
しかも		moreover; besides
本業	ほんぎょう	one's principal [main] occupation; one's regular business [work, job]
得る	える	to get; to obtain
意味する	いみする	to mean
～として		as ～; as for ～
ゼネスト	［ゼネラル・ストライキ］	general strike
ハンスト	［ハンガー・ストライキ］	hunger strike
あるいは		or
ワープロ	［ワード・プロセッサー］	word processor
パソコン	［パーソナル・コンピューター］	personal computer
オフコン	［オフィス・コンピューター］	office computer
エアコン	［エア・コンディショナー］	air-conditioner
＊新語	しんご	newly-coined word
から		empty
オケ	［オーケストラ］	orchestra
見出し	みだし	headline; head (ing)
短期	たんき	short term; short period
プライム・レート		prime rate
内容	ないよう	contents; details
＊国名	こくめい	the name of a country
＊専門用語	せんもん ようご	technical term
＊人名	じんめい	person's name
～氏	～し	Mr.～
かならず		without fail; by all means
大統領	だいとうりょう	the President
＊正式の［な］	せいしきの［な］	formal; official
たしかに		certainly; surely
以上の	いじょうの	the above (-mentioned)
頭におく	あたまに おく	to keep [have] in mind
決して～ない	けっして ～ない	never; not at all; by no means

練習問題の語彙

予約する	よやくする	to make a reservation; to book; to make an appointment
研修生	けんしゅうせい	trainee
外交官	がいこうかん	diplomat
来日する	らいにちする	to come to Japan; to visit Japan
美しい	うつくしい	beautiful; fine; picturesque

交通機関	こうつう　きかん	means of transportation
古代	こだい	ancient times
貝	かい	shellfish
趣味	しゅみ	hobby; interest
選ぶ	えらぶ	to choose; to select
祝日	しゅくじつ	national ［public］ holiday
雪国	ゆきぐに	snow(y) country
たしかな		reliable; definite; certain

練習問題

Ⅰ．例にならって練習しなさい。

1）　～ずに～

「～ないで」と同じ意味である。「～ず」は否定 (negative) の言い方で、書きことばであるが、「～ずに」は会話にもしばしば使われる。動詞の～ない形につく。例外 (exception) として、「～する」は「～せずに」となる。

例：どの国のことばか考えて外来語を使っているんですか。

　　——いいえ、考えずに使っているんです。

　　電話して行ったんですか。

　　——いいえ、電話せずに行ったんです。

1．電車に乗って行ったんですか。
2．辞書を使って読んだんですか。
3．学校に行って勉強したんですか。
4．先生にきいて書いたんですか。
5．ホテルを予約して行ったんですか。
6．かさを持ってでかけたんですか。
7．カタログを調べて買ったんですか。

2）　～として

例：私は今、日本語を勉強しています。（銀行の研修生）

　　——私は今、銀行の研修生として、日本語を勉強しています。

1．ブラウンさんは来日しました。（外交官）
2．京都はよく知られています。（古い歴史の町）
3．富士山があげられます。（日本の美しい山）
4．地下鉄は便利です。（都市の交通機関）
5．社長はりっぱな人です。（経営者）
6．日本は発展しました。（輸出貿易国）

7．私はピアノを<u>ならっています</u>。(趣味)

8．古代の人は<u>貝</u>を使っていました。(通貨)

II．（　　）の中の正しいことばを選びなさい。

1．土地の値段が高いので、都心に家を持てる人は（ほとんど・かなり）ない。

2．外来語というのは、（とくに・つまり）外国から来たことばのことである。

3．東京では冬でも温度が0度以下になる日は（それほど・とても）多くない。

4．今日は朝から雨が降っている。（しかも・しかし）風が強い。

5．中国では3,000年以上前から（まず・すでに）漢字が使われていた。

6．家を出る時、（かならず・たいてい）電気をけしてください。

7．5月5日は子どもの日で、祝日です。（したがって・けれども）学校は休みです。

III．下の文の外来語に当たる英語を（　　）の中に書きなさい。

1．バス（　　　　）で来ましたか。車で来ましたか。

2．バス（　　　　）つきの部屋がありますか。

3．ラケット（　　　　）を取ってきますから、テニス・コート（　　　　）のところでまって
　　いてください。

4．今日は寒いから、コート（　　　　）を着ていったほうがいいですよ。

5．「雪国」を書いた川端康成［かわばた・やすなり］は有名なライター（　　　　）です。

6．タバコ（　　　　）をすいたいんですが、ライター（　　　　）をかしてくださいませんか。

7．ゴルフ（　　　）のボール（　　　）が遠くにとんでいきました。

8．あのサラダ・ボール（　　　　）をとってください。

9．このソース（　　　　）はとてもおいしいですね。

10．これはたしかなソース（　　　　）から聞いた話です。

IV．「7．略語(1)」と「8．略語(2)」の本文を読んで、質問に答えなさい。

1．新聞の記事に略語が多いのはなぜですか。

2．二つの国が漢字の略語で書いてある時、難しい点は何だと思いますか。

3．機関名や団体名は、テレビやラジオでは略語を使いません。これはどうしてですか。

4．略語の中で、外国人にとって一番分かりにくいのはどんなことばですか。

5．片かなの略語が分かりにくい理由を三つ言いなさい。

6．あなたの国で新聞記事によく使われる略語にはどんなことばがありますか。略語とその正しい
　　言い方を五つ言いなさい。

9. 法　人

　人間は生まれた時から法律上の権利・義務をもって生活している。ところが、社会生活では個人だけでなく、個人が集まって組織された団体が活動を行うことが多い。このように、人と同じように権利・義務の主体となることを法律によって認められた集団を法人という。

　国、地方公共団体、公団、公庫なども法人で、公的な団体である。それ以外の法人は財団法人、社団法人に分けられる。

　財団法人というのは、一定の公益目的のために提供された財産を運営するために作られるもので、活動は設立者の決めた目的に従って行われる。一方、社団法人は共同の目的のために集まった人間の団体であり、活動は構成員の意志を総合して行われる。

　また、社団法人には公益法人、営利法人という分け方がある。公益法人というのは営利を目的としない法人で、慈善、学術などを目的とする。宗教法人、学校法人などが、これに属する。これに対し営利法人は会社などのように、営利を目的とする社団法人である。労働組合、共同組合など、公益法人、営利法人のどちらにも属さない法人は中間法人と呼ばれている。

語　彙

＊法人	ほうじん	legal entity; corporate body
＊人間	にんげん	human being
〜上	〜じょう	from the viewpoint of; in terms of
＊権利	けんり	right
＊義務	ぎむ	duty; obligation
生活する	せいかつする	to live; to make a living
ところが		however; but
組織する	そしきする	to organize
主体	しゅたい	the subject; the nucleus
認める	みとめる	to authorize; to acknowledge; to accept; to recognize
集団	しゅうだん	group; mass
＊地方公共団体	ちほう　こうきょう　だんたい	regional public body; regional government
公団	こうだん	public corporation
公庫	こうこ	the state [municipal] treasury
公的(な)	こうてき(な)	public; official
＊財団法人	ざいだん　ほうじん	(legal) foundation; legal entity
＊社団法人	しゃだん　ほうじん	corporate entity; incorporated body
分ける	わける	to divide; to classify
公益	こうえき	public benefit [interest]
＊目的	もくてき	purpose; aim
提供する	ていきょうする	to offer

運営する	うんえいする	to manage; to operate
設立者	せつりつしゃ	founder
決める	きめる	to decide
従う	したがう	to follow; to comply with
*共同	きょうどう	common
構成員	こうせいいん	a member (of a community)
*意志	いし	will; intention
総合する	そうごうする	to put together; to integrate
*公益法人	こうえき ほうじん	nonprofit foundation
*営利法人	えいり ほうじん	profit-making corporation
慈善	じぜん	charity; benevolence
*学術	がくじゅつ	science; learning
宗教法人	しゅうきょう ほうじん	religious corporation
*宗教	しゅうきょう	religion
属する	ぞくする	to belong
*労働組合	ろうどう くみあい	labor union
*共同組合	きょうどう くみあい	cooperative association [society]
*中間	ちゅうかん	middle; in-between
呼ぶ	よぶ	to call; to name; to term

10. 会 社

株式会社 多数の社員 (株主) によって構成される。株主は出資額の限度で会社の債務に責任を負う。たとえば、会社が破産しても出資金は返らないが、会社の負債を請求されることはない。機関は株主総会、取締役会、代表取締役、監査役などに分かれている。

合名会社 無限責任社員で構成される。つまり、会社の債務が会社の財産で返済できない時には、社員が出資額に応じて個人財産の中から返さなければならない。出資者が会社の事業を担当する家族的な企業に適している。

合資会社 無限責任社員と有限責任社員で構成される。合名会社に有限責任社員が資本を提供して加入し、利益の配当をもらう形をとっている。無限責任社員が業務を担当し、有限責任社員は業務に参加することはない。

有限会社 株式会社と同じように、出資額の限度で責任を負う社員で構成される。社員数は50名以下、資本総額は10万円以上とされている。株式会社と比べて、設立の手続きが簡単で、公告の義務もない。

注：ここでいう会社の社員は、会社に出資して構成員となっている人のことで、株式会社の株主、合名会社、合資会社、有限会社の社員である。会社に雇用されている人、いわゆるサラリー

マンは法律上の社員ではない。

　株式会社、有限会社は債務を会社の財産だけで返済するが、合名会社は社員が債務を返済する義務がある。合資会社は無限責任社員は債務返済の義務があり、有限責任社員は一定額までの責任しか持たない。

語　彙

*株式会社	かぶしき　がいしゃ	joint-stock company; joint-stock corporation
多数	たすう	many; a large number
*株主	かぶぬし	stockholder; shareholder
構成する	こうせいする	to compose; to constitute; to form
*出資額	しゅっしがく	amount of investment
*限度	げんど	limit; bounds
*債務	さいむ	debt
*責任	せきにん	responsibility
負う	おう	to bear; to owe
破産する	はさんする	to go bankrupt
*負債	ふさい	debt; liabilities
請求する	せいきゅうする	to claim; to ask for; to request
*株主総会	かぶぬし　そうかい	general meeting of stockholders
取締役会	とりしまりやくかい	board of directors' meeting
*代表	だいひょう	representative
監査役	かんさやく	auditor; inspector
*合名会社	ごうめい　がいしゃ	unlimited company
*無限責任	むげん　せきにん	unlimited liability
*返済する	へんさいする	to pay back
～に応じて	～に　おうじて	in proportion to; according to
担当する	たんとうする	to take charge (of) ; to be responsible (for)
家族的	かぞくてき	familial; family- ～
適する	てきする	to fit; to suit; to be suitable
*合資会社	ごうし　がいしゃ	limited partnership (company)
*有限責任	ゆうげん　せきにん	limited liabiliy
*加入する	かにゅうする	to join (an association) ; to become a member (of)
*利益	りえき	profit
*配当	はいとう	dividend
参加する	さんかする	to join; to participate
*有限会社	ゆうげん　がいしゃ	limited (responsibility) company
*資本	しほん	capital
*総額	そうがく	total amount
設立	せつりつ	establishment; foundation
手続き	てつづき	procedure; formalities

公告	こうこく	public announcement (notice)
注	ちゅう	notes
雇用する	こようする	to employ
いわゆる		so-called
一定額	いっていがく	a certain [fixed] amount of money

11. 日 本 の 政 治

　日本は第二次世界大戦後、1947年 5 月 3 日に制定された日本国憲法に基づいて、三権(立法、行政、司法) 分立の政治が行われています。

　立法機関は国会で、衆議院と参議院から成り、国のすべての法律が制定されます。衆議院は512名、参議院は252名の議員によって構成され、衆・参両院の国会議員は国民の選挙で選ばれます。選挙権があるのは20歳以上の男女です。

行政機関は内閣で、国会に対して連帯責任を負います。内閣は総理大臣その他の国務大臣によって組織され、12省から成っています。

　司法権は最高裁判所および下級裁判所（高等裁判所、地方裁判所、家庭裁判所、簡易裁判所）に属しています。裁判には民事裁判、刑事裁判、行政裁判の三種類があります。原告および被告が裁判の判決に不満な場合、原則として 3 回の裁判を求めることができますが、これは国民の権利を保護するためです。

語 彙

戦後	せんご	after the war
制定する	せいていする	to enact; to establish
* 憲法	けんぽう	constitution
～に基づいて	～に もとづいて	based on; in conformity with
* 三権分立	さんけん ぶんりつ	separation of the three powers
* 立法	りっぽう	legislation
* 行政	ぎょうせい	administration
* 司法	しほう	judiciary
衆議院	しゅうぎいん	House of Representatives
参議院	さんぎいん	House of Councillors
成る	なる	to consist of
* 議員	ぎいん	member of the Diet
* 国会	こっかい	the Diet

* 選挙	せんきょ	election
* 選ぶ	えらぶ	to elect; to choose; to select
* 選挙権	せんきょけん	the right to vote
* 内閣	ないかく	cabinet
〜に対して	〜に たいして	for; to; toward
連帯責任	れんたい せきにん	collective responsibility
* 総理大臣	そうり だいじん	Prime Minister
* 国務大臣	こくむ だいじん	minister of state
省	しょう	ministry; department
* 裁判所	さいばんしょ	court
最高裁判所	さいこう さいばんしょ	Supreme Court
下級裁判所	かきゅう ささいばんしょ	lower [inferior] court
高等裁判所	こうとう さいばんしょ	high court
地方裁判所	ちほう さいばんしょ	district court
家庭裁判所	かてい さいばんしょ	domestic relations court; family court
簡易裁判所	かんい さいばんしょ	summary court
* 裁判	さいばん	trial; hearing
民事裁判	みんじ さいばん	civil trial
刑事裁判	けいじ さいばん	criminal trial
行政裁判	ぎょうせい さいばん	administrative litigation
原告	げんこく	plaintiff; complainant
被告	ひこく	defendant; the accused
* 判決	はんけつ	judgment; decision of the court
* 不満	ふまん	dissatisfaction
* 場合	ばあい	case; occasion
求める	もとめる	to request; to demand; to claim
* 保護する	ほごする	to protect; to safeguard

12. 内閣の構造

総理府　内閣総理大臣を長として、恩給、統計などに関する事務のほか、各行政機関の総合的な調整を行います。

法務省　民事、刑事、人権擁護など法律に関する行政機関で、入国管理局もこの省に属しています。

外務省　外交政策、条約など対外関係の行政機関で、世界の各地域別の局のほか国際連合局、経済協力局などもあります。

大蔵省	国の財務、通貨、金融などに関する行政機関で、国家予算案の編成は中でも重要な仕事です。銀行局、証券局、国際金融局、関税局などの局から成ります。このほか国税庁、造幣局なども大蔵省に属しています。
文部省	学術、文化、教育、学校などに関する行政機関です。学術国際局という局もあります。1986年に文化の振興、普及、文化財保護、および、宗教などに関する仕事をする文化庁が外部局として設立されました。
厚生省	社会福祉、社会保険、公衆街生の向上、推進などを仕事とする行政機関です。外部局に社会保険庁があります。
農林水産省	農業、林業、牧畜業、水産業に関する行政機関です。食品流通局という局もあります。
通商産業省	ふつう通産省といいます。通商貿易、度量衡、資源などに関する行政機関です。特許庁、中小企業庁、資源エネルギー庁の外部局があります。
運輸省	水陸の運輸、港湾、船舶、鉄道、航空などに関する行政機関です。外部局に海上保安庁、海難審判庁、気象庁などがあります。運輸省の管轄下にあった国鉄は1987年に民営化され、ＪＲと呼ばれるようになりました。
郵政省	郵便、郵便貯金その他郵便為替、保険、年金事業、電気通信、放送などに関する行政機関です。最近、郵便局の貯金、年金が非常に大きくなりました。管轄下にあった日本電信電話公社は1985年に民営化され、日本電信電話株式会社（ＮＴＴ）として発足しました。
労働省	労働者の福祉、地位向上と職業の確保を目的とした行政機関です。この中にはとくに働く女性のための婦人局もあります。
建設省	国土計画、都市計画、水道、下水道、河川、道路、住宅などに関する行政機関です。
自治省	地方の行政、財政、税務などに関する行政機関です。外部局として、消防庁もこの省に属します。

　内閣には以上12の省のほか、経済企画庁、科学技術庁、環境庁、国土庁、北海道開発庁、沖縄開発庁、防衛庁、国家公安委員会などがあります、これらは内閣総理府に属する外部局で、その長は国務大臣です。また、宮内庁、公正取引委員会、公害等調整委員会なども総理府に含まれます。警察庁は国家公安委員会の管理の下におかれています。

語　彙

*構造	こうぞう	structure; formation; organization
*総理府	そうりふ	Prime Minister's Office
長	ちょう	the chief; the head

恩給	おんきゅう	(public official's) pension
～に関する	～に　かんする	regarding; connected with
総合的	そうごうてき	overall; all-round; synthetic
調整	ちょうせい	adjustment; coordination
* **法務省**	ほうむしょう	Ministry of Justice
* 人権	じんけん	human rights; civil liberties
擁護	ようご	protection; defense
* 入国管理局	にゅうこく　かんりきょく	Immigration Bureau
* **外務省**	がいむしょう	Ministry of Foreign Affairs
外交政策	がいこう　せいさく	foreign policy
* 外交	がいこう	diplomacy
* 政策	せいさく	(government) policy
* 条約	じょうやく	treaty; pact; agreement
* 対外	たいがい	toward foreign countries
局	きょく	bureau; department
* 国際連合	こくさい　れんごう	the United Nations
* 経済協力	けいざい　きょうりょく	economic cooperation
* **大蔵省**	おおくらしょう	Ministry of Finance
* 財務	ざいむ	financial affairs
国家	こっか	state; country; nation
予算案	よさんあん	draft budget; budgetary proposal
* 予算	よさん	budget; estimated cost
編成	へんせい	compilation; formation
* 関税	かんぜい	customs; tariff
国税庁	こくぜいちょう	National Tax Administration Agency
造幣局	ぞうへいきょく	Mint Bureau
印刷局	いんさつきょく	Printing Bureau
* **文部省**	もんぶしょう	Ministry of Education
振興	しんこう	promotion; advancement (of idea, product)
普及	ふきゅう	spread; diffusion; popularization
* 文化財	ぶんかざい	cultural assets [properties]
文化庁	ぶんかちょう	Agency for Cultural Affairs
外部局	がいぶきょく	external bureau
* **厚生省**	こうせいしょう	Ministry of Health and Welfare
* 保障	ほしょう	security
公衆衛生	こうしゅう　えいせい	public health
* 向上	こうじょう	improvement
推進	すいしん	forwarding; furtherance; propelling
* **農林水産省**	のうりん　すいさんしょう	Ministry of Agriculture, Forestry and Fisheries
* 流通	りゅうつう	circulation; distribution
* **通商産業省**	つうしょう　さんぎょうしょう	Ministry of International Trade and Industry

通商	つうしょう	commerce; trade
度量衡	どりょうこう	weights and measures
*特許庁	とっきょちょう	Patent Office
運輸省	うんゆしょう	Ministry of Transport
*水陸	すいりく	land and water
港湾	こうわん	harbors
*鉄道	てつどう	railway; railroad
*航空	こうくう	aviation; flying
海上保安庁	かいじょう ほあんちょう	Maritime Safety Agency
海難審判庁	かいなん しんぱんちょう	Marine Accidents Inquiry Agency
気象庁	きしょうちょう	Meteorological Agency
管轄下	かんかつか	under the jurisdiction (of)
国鉄	こくてつ	National Railways
*民営化	みんえいか	transfer to private management
郵政省	ゆうせいしょう	Ministry of Posts and Telecommunications
郵便為替	ゆうびん かわせ	postal money order; post-office order
*事業	じぎょう	enterprise; undertaking
*電気通信	でんき つうしん	telecommunication
*放送	ほうそう	broadcasting
日本電信電話株式会社	にっぽん でんしん でんわ かぶしき がいしゃ	Nippon Telegraph and Telephone Corporation; NTT
*発足する	ほっそくする	to start to; to be inaugurated
労働省	ろうどうしょう	Ministry of Labor
*職業	しょくぎょう	occupation; job
確保	かくほ	security; insurance; guarantee
婦人	ふじん	lady; woman
*地位向上	ちい こうじょう	improvement of one's position
建設省	けんせつしょう	Ministry of Construction
下水道	げすいどう	sewer; sewerage; drainage
河川	かせん	rivers
*道路	どうろ	road
自治省	じちしょう	Ministry of Home Affairs
*税務	ぜいむ	taxation business
消防庁	しょうぼうちょう	Fire Defense Agency
*経済企画庁	けいざい きかくちょう	Economic Planning Agency
*科学技術庁	かがく ぎじゅつちょう	Science and Technology Agency
*環境庁	かんきょうちょう	Environment Agency
国土庁	こくどちょう	National Land Agency
北海道開発庁	ほっかいどう かいはつちょう	Hokkaido Development Agency
沖縄開発庁	おきなわ かいはつちょう	Okinawa Development Agency
*防衛庁	ぼうえいちょう	Defense Agency
国家公安委員会	こっか こうあん いいんかい	National Public Safety Commission

宮内庁	くないちょう	Imperial Household Agency
＊公正取引委員会	こうせい　とりひき　いいんかい	Fair Trade Commission
公害等調整委員会	こうがいとう　ちょうせい　いいんかい	Environmental Disputes Coordination Commission
＊公害	こうがい	pollution; public nuisance
＊警察庁	けいさつちょう	National Police Agency
＊管理	かんり	administration; management
～の下に	～の　もとに	under～

13. 新聞記事の読み方

1）語彙表の意味を見ないで、「報道（report）記事」をそれぞれ一回読んでみてください。

1. だれが（なにが）　2. なにを　3. どこで　4. いつ　5. どうやって　6. どうして（なぜ）したか（なったか）、ということに注意して読んでください。（記事によって、上記六つの項目が全部はないこともあります。）

2）ノートに分かったことだけを書いてください。

3）分からなかったところを語彙表で意味を調べて、もう一回読んでください。

図表がある場合には、それも参考にしてください。

4）2）で分かったことの外に、もっと分かったことがあったら、ノートに書いてください。

ノートに書くのは、簡単なメモでかまいません。

5）語彙表の意味を見ながら、何回でもよく分かるまで、「報道記事」をゆっくり読んでください。読む時には、かならず声を出して読んでください。

6）「報道記事」を自分のことばで、要約してください。

要約には、感想も書いてください。

7）はじめから終りまでにかかった全部の時間をノートに書いてください。

8）「新聞記事の読み方」の勉強が終わったら、自分で新聞の簡単な記事を選んで、同じ方法で読んでみてください。

9）続いて、「見出し（headline）」と「解説（commentary）記事」も同じような方法で読んでみてください。

新聞記事	［しんぶん　きじ］	newspaper article		参考	［さんこう］	reference
記事	［きじ］	article		要約	［ようやく］	summary
語彙表	［ごいひょう］	vocabulary list		感想	［かんそう］	impression; comment
項目	［こうもく］	item; category		方法	［ほうほう］	method

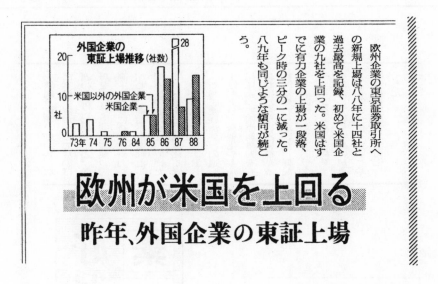

１９８９年（平成元年）１月１３日（金曜日）　１４版

欧州企業の東京証券取引所への新規上場は八八年に十四社と過去最高を記録、初めて米国企業の九社を上回った。米国はすでに有力企業の上場が一段落、ピーク時の三分の一に減った。八九年も同じような傾向が続こう。

外国企業の東証上場推移 (社数)

欧州が米国を上回る

昨年、外国企業の東証上場

1989年1月13日　日本経済新聞

語　彙

東証	とうしょう	abbreviation of Tokyo Stock Exchange
証券取引所	しょうけん　とりひきじょ	stock exchange
上場する	じょうじょうする	to list; to put on the market
新規（の）	しんき（の）	new
過去	かこ	the past
最高	さいこう	the highest
記録する	きろくする	to record
すでに		already; previously; before
一段落する	いちだんらくする	to come to the end of the chapter [stage]
ピーク時	ピーク　じ	the time of a peak
続こう	つづこう	will continue
社数	しゃすう	the number of companies
以外	いがい	except; excluding

日　本　経　済　新　聞　1988年（昭和63年）10月16日（日曜日）

好況にわく　素材業界

鉄鋼、化学、紙パルプなど素材業界がかつてないほどの好況にわいている。予想を大きく上回る需要、円高・原油安に合理化努力も加わり、構造不況業種として不振の底にあえいでいた二、三年前とは見違えるほどの復活ぶりだ。NIES（新興工業経済群）の追い上げもあり、合理化や多角化によって国際競争力を高めねばならないという基本構図は変わらないが、好況下で思い切ったリストラクチャリング（事業再構築）を実現していくためのM&A（企業の合併・買収）や国際提携の動きが活発化しそうだ。

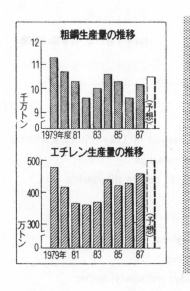

粗鋼生産量の推移

千万トン

1979年度　81　83　85　87　（予想）

エチレン生産量の推移

万トン

1979年　81　83　85　87　（予想）

1988年10月16日　日本経済新聞

語彙

好況	こうきょう	good business conditions
〜にわく		to be excited (over)
素材	そざい	material

かつてない		unprecedented
合理化	ごうりか	rationalization
努力	どりょく	effort; endeavor
加わる	くわわる	to be added; accompanied (with)
構造不況	こうぞう ふきょう	structural depression [slump]; depression resulting from industrial structure
業種	ぎょうしゅ	type of business [industry]
不振	ふしん	dull; inactive
底	そこ	the bottom
あえぐ		to breathe hard; to suffer
見違える	みちがえる	cannot recognize
復活	ふっかつ	revival; restoration
～ぶり		look(s)
多角化	たかくか	diversification
国際	こくさい	international
競争力	きょうそうりょく	competitive power
高める	たかめる	to improve; to enhance
基本	きほん	foundation; basis
構図	こうず	composition; plot
思い切った	おもいきった	radical; drastic; heroic
事業	じぎょう	undertaking; enterprise; business
再構築	さいこうちく	restructuring
実現する	じつげんする	to realize; to actualize
提携	ていけい	cooperation; affiliation; tie-up
動き	うごき	movement; motion; trend
活発化する	かっぱつかする	to activate
粗鋼	そこう	crude ore

昭和６３年（*1988年*）７月１７日　（日曜日）　　　（10）

アジアとの貿易 急拡大
製品の引き受け役果たせ

輸出大国・日本の重要な貿易相手としてアジア地域が浮上してきた。円高をきっかけに日本の対米輸出が伸び悩む中、日本企業はNIES（新興工業経済群）を中心としたアジア諸国に生産拠点を設立、それに伴って取引関係が深まりつつあるからだ。対米一辺倒の日本の輸出構造だけでなく、アジアの貿易地図も変わろうとしている。

ASEAN
（東南アジア諸国連合）

一九六七年八月、タイ、インドネシア、マレーシア、フィリピン、シンガポールの東南アジア五カ国が結成した地域協力機構。八四年一月からはブルネイも加盟国となった。

経済産業や政治・外交面での協力推進や社会、技術、文化、行政の各分野における相互交流などが活動の中心。七九年から協力推進や社会、技術、文化、

は米、日、カナダ、オーストラリアなどを含めた拡大外相会議を年一回開いている。今年は七月七日からバンコクで開催、カンボジア問題や経済協力問題を話し合った。

ここ数年、安い労働力を求めて、この地域に生産拠点を設ける日本企業が多い。特に、第五のアジアNIESと目されるタイは、日本からの直接投資額が大幅に増え、製品輸出比率も高まっている。

1988年 7月17日　日本経済新聞

語　彙

急〜	きゅう〜	sudden〜; abrupt〜
拡大	かくだい	magnification; extension
引き受け	ひきうけ	undertaking; assumption; charge
役	やく	part; role

重要な	じゅうような	important; essential
相手	あいて	the other party
浮上する	ふじょうする	to come to the surface; to come to the front
～をきっかけに		with (something) as a start
対～	たい～	toward～; to～; between～; with～; against～
伸び悩む	のび なやむ	to level off; to be held in check
諸国	しょこく	various countries
生産	せいさん	production
拠点	きょてん	position; base
～に伴って	～に ともなって	keeping in step [pace] with～
取引	とりひき	transaction; dealings
深まる	ふかまる	to become deeper
～つつある		to be ～ing
一辺倒	いっぺんとう	wholehearted devotion to one side; doing the utmost for one side only
～だけでなく～も		not only～ but also～
東南アジア諸国連合	とうなんアジア しょこく れんごう	Association of Southeast Asian Nations; ASEAN
５カ国	５かこく	five countries
結成する	けっせいする	to form; to organize
協力	きょうりょく	cooperation
機構	きこう	mechanism; organization
加盟国	かめいこく	member nation
推進	すいしん	propulsion; drive
分野	ぶんや	field
相互	そうご	mutual; reciprocal
交流	こうりゅう	exchange; interchange
活動	かつどう	activity; action
開催する	かいさいする	to hold; to open
話し合う	はなしあう	to talk; to discuss with
設ける	もうける	to prepare; to establish
直接投資	ちょくせつとうし	direct [equity] investment
額	がく	amount; sum
大幅に	おおはばに	sharply; steeply; by a large margin
高まる	たかまる	to rise; to be raised

日　本　経　済　新　聞　　　　1988年（昭和63年）10月9日

39％が経営にプラス　本社調査

日本企業、拠点整備急ぐ

'92 EC統合

【ロンドン八日＝欧州編集総局】日本の主要企業の六一％が一九九二年の欧州共同体（ＥＣ）市場統合に強い関心を示し、ある程度関心を含めると九一％が欧州統合市場の行方を注目している。上場企業を中心に二百十一社（有効回答百二十七社）を対象にした日本経済新聞社の調査で明らかになった。米国を上回る巨大単一市場の誕生を控え、対象企業の八六％が改めて欧州を調査・研究する必要性を感じている。

（関連記事5面に）

回答企業のうち既に六〇％が欧州に駐在員事務所を持ち、五五％は現地法人を設立、一五％は工場進出を果たしている。駐在員事務所を現地法人に格上げ、研究開発、資金調達拠点も現地に置き、さらに統合欧州本部設置を検討中の企業も多い。

機能別拠点の候補国としては本部機構、生産、販売、研究開発いずれの部門でも西独、英国の二カ国の人気がずば抜けて高い。これに加え新たな生産基地として賃金が比較的安いスペインを、欧州大陸での販売の拠点としてはフランスを、資金調達ではオランダに注目していることが分かった。欧州の保護主義の高まりや貿易摩擦の激化も懸念されるが、回答企業の三九％は自社の経営にとって「市場統合はプラス」と判断、マイナスとみている二三％を上回った。各社の昨年の欧州市場での売り上げを単純平均すると、まだ全売り上げの五％を占めるに過ぎないが、前年比では二〇％近い伸び。このため、今後「欧州市場の重要性がますます高まる」と回答した企業は七四％にのぼった。

機能別欧州拠点候補国
（単位：％、複数回答）

	本部機構	販売	生産	研究開発	資金調達
西独	61	88	51	86	27
英	56	62	58	44	80
フランス	19	58	30	23	60
イタリア	0	17	49	5	1
スペイン	5	28	26	7	47
スイス	13		9	12	12
オランダ				23	
ベルギー	15		14	20	

1988年10月9日　日本経済新聞

語　彙

統合	とうごう	unification
経営	けいえい	management; operation; business
整備	せいび	preparation; maintenance
主要（な）	しゅよう（な）	leading; essential; major
欧州共同体	おうしゅう　きょうどうたい	European Community
市場	しじょう	market
関心	かんしん	concern; interest
行方	ゆくえ	whereabouts; destination
注目する	ちゅうもくする	to pay attention; to watch
ある程度	ある　ていど	to some degree; in some measure
上場企場	じょうじょう　きぎょう	listed company
有効（な）	ゆうこう（な）	effective; valid
回答	かいとう	reply; answer
対象	たいしょう	subject
調査	ちょうさ	investigation; examination
巨大（な）	きょだい（な）	huge; gigantic; massive
単一（の・な）	たんいつ（の・な）	single; simple; sole
誕生	たんじょう	birth

～を控え	～を ひかえ	before～
改めて	あらためて	again; anew
研究する	けんきゅうする	to study; to research
必要性	ひつようせい	necessity
感じる	かんじる	to feel
既に	すでに	already
駐在員事務所	ちゅうざいいん じむしょ	representative office
現地法人	げんち ほうじん	overseas affiliated firm
現地	げんち	actual place; locality; on the spot
果たす	はたす	to carry out; to fulfill; to realize
格上げする	かくあげする	to raise the status; to upgrade
開発	かいはつ	development
資金調達	しきん ちょうたつ	raising of funds
さらに		furthermore; further
本部	ほんぶ	head office; headquarters
検討中	けんとうちゅう	under investigation [examination]
機能	きのう	function
候補国	こうほ こく	country proposed (for)
機構	きこう	mechanism; system; organization
販売	はんばい	sale; selling
部門	ぶもん	division; section; department
人気	にんき	popularity
ずば抜けて	ずばぬけて	out of the ordinary; unusually
～に加え	～に くわえ	in addition to; besides
新たな	あらたな	new
基地	きち	base; home
賃金	ちんぎん	wage; pay
比較的	ひかくてき	comparative(ly); relative(ly)
大陸	たいりく	continent
次いで	ついで	next; secondly
保護主義	ほご しゅぎ	protectionism
高まり	たかまり	rise
貿易摩擦	ぼうえき まさつ	trade friction
激化	げきか	intensification
懸念する	けねんする	to fear; to be anxious
判断する	はんだんする	to judge; to decide; to estimate
売り上げ	うりあげ	sales; proceeds
単純 (な)	たんじゅん (な)	simple; uncomplicated; plain
前年比	ぜんねんひ	against the previous year; year-to-year comparison
伸び	のび	growth; rise
単位	たんい	unit
複数	ふくすう	the plural (number)

「見出し」と「解説記事」の学習方法は、「13.新聞の読み方」の学習方法に従ってください。
「見出し」を学習するときには、以下のことに注意してください。

見出しには特定の決まりはないが、次のような傾向が多く見られる。

1.助詞
- 助詞がなくても理解しやすい場合は、省略される
- 次のような場合は、省略されない

  に──1.「なる」が続く時

  2.時を表す場合

  3.「に」をとる動詞の前

  へ──方向、未来を表す場合

  で──理由、場所、トピックを表す時

  が・も──その前の語を強調したい時

  を──「を」で終る見出しは、要求、要請を意味する場合が多い

2.動詞
- 省略されるもの：

  「する」「した」「している」「なる」「なった」

  名詞と慣用的に結びつく動詞

  例）重点《を置く》　スクラム《を組む》　など

- 省略されないもの：

  和語の動詞

  例）底をつく

  「ず」で表す否定形

  注）動詞は、記事の内容が過去のことであっても、未来のことであっても、現在形が使われる

3.その他
- 小さい字で書かれるもの

  時、場所、トピック、発表者、発表機関　など

- 数量は、算用数字で書かれる。記事の中では、漢数字で書かれることが多い
- 強調される部分を「　」に入れる

  「は」「が」「を」が省略される場合は、カンマ（、）が使われる

  又は次の字との間に間隔を開ける。

- 見出しは、すべて『日本経済新聞』からとったもの。

「中東和平」に重点

米国務長官、きょう来日

▶米国務長官が、きょう来日し
「中東和平」に重点を置いて話し合う。

1988.7.18 日本経済新聞

比・トルコ・アフガンなどへ

日本は援助拡大を

米国防副長官
暗に求める

▶フィリピン・トルコ・アフガンなどへ
日本は援助の拡大をするよう
米国防副長官が暗に求めた。

1988.5.13 日本経済新聞

コーヒー生豆、内外で急騰

ブラジル干ばつ被害で

需要増え、在庫も底をつく

▶ブラジルの干ばつ被害で
コーヒー生豆が、国内外で急騰している。
《冬場で》需要が増え、在庫も底をついている。

1988.12.22 日本経済新聞

コメ問題で同友会提言

コスト、5年で1/2に
政府買い入れ、100万トンに減

▶《コメの生産》コストを、5年で1/2に、
　政府の買い入れも100万トンに減らすように
　コメ問題で経済同友会が提言した。

1988.9.4　日本経済新聞

高品位テレビ開発へ

米エレクトロニクス業界

産官学スクラム

ハイテク競争力強化

【ロサンゼルス十五日＝勝又記者】米エレクトロニクス業界が産官学の協力体制で次世代テレビである高品位テレビ（HDTV、ハイビジョン）を開発する。テレビの技術革新が米ハイテク産業の国際競争力強化につながるとの判断からで、米国電子協会（AEA）の幹部会で申し合わせた。AEAは近く産官学協同体制づくりのために部会を設置し、検討を始める。米半導体業界はすでに官民合同出資による企業連合組織「セマテック」を設立しており、高品位テレビの研究開発についても同様の組織が誕生する可能性も出てきた。

▶高品位テレビの開発へ向けて
　米エレクトロニクス業界が
　産官学でスクラムを組む。
　《これは》ハイテク競争力の強化につながる。

1988.6.16　日本経済新聞

トヨタ、8年ぶりシェア低下

今年の新車販売

過剰販促自粛42.8％に
各社合計500万台に届かず

空前の新車ブームで一時、史上初めて五百万台突破が予想されたことしの新車販売（排気量五百五十cc超の新車登録台数）は五百万台に一歩及ばず、最終的に前年比一五％増の四百九十八万台前後にとどまりそうだ。十二月前半の販売は前年同期比二〇％強と好調だが、例年後半伸び悩むためだ。年末にかけて販売攻勢をかけるとみられたトップのトヨタ自動車は押し込み販売を自粛しており、同社・シェアは約四二・八％と前年より〇・四⊘落ちそうである。トヨタのシェア下落は工販合併直前の五十六年以来八年ぶりのことである。

▶今年の新車販売《予想》に関して

トヨタは、

8年ぶりにシェアが低下しそうだ。

過剰な販売促進自粛で《シェアが》42.8％になりそうだ。

《自動車メーカー》各社の合計は500万台に届かないだろう。

1988.12.20　日本経済新聞

ドル安 私はこう見る

基調変化には米の増税必要

黒沢洋日本興業銀行副頭取

八日の米大統領選挙の後には一ドル＝一二五円を突破するとみられていたのを先取りした動きだ。

一ドル＝一二五円は昨年十二月のクリスマス合意（七カ国蔵相会議―G7―による共同声明）に盛り込まれたドルの下限だが、一度この水準を突破することで市場にはアク抜きの効果があり、逆に選挙が終わってもそんなにドル安が加速することもないのではないか。

ただ為替相場の基調はドル安傾向が今後も続くだろう。米国の貿易、財政の双子の赤字が減少の方向とはいえ、年間一千億ドルを割るわけではなく、それほど減ってはいない。

基調を変えるには何よりも米国の思い切った財政赤字削減策、とりわけ増税が必要になろう。大統領候補はいずれも増税策をとらないことを表明しているようだが、はたして増税なしですむかどうか大いに疑問だ。

1988年11月1日　日本経済新聞

解説記事 1

《円は31日内外市場で一時 1 ドル＝124円まで上昇し 1 月 4 日につけた最高値（120円45銭）に迫る勢いだ。》

＊基調変化には米の増税必要　黒沢 洋　日本興業銀行副頭取

黒沢 洋	くろさわ ひろし	Kurosawa Hiroshi (person's name)
アク抜き	あく ぬき	removal of harshness; ridding of adverse factors
～ないのではないか		It seems unlikely to～
双子	ふたご	twins
～とはいえ		although ～
それほど～ない		not very ～
何よりも	なによりも	above all; more than anything else
思い切った	おもいきった	radical; drastic
はたして～か		If it's really ～
大いに	おおいに	very; greatly

春秋

米国ではいまRJRナビスコをめぐる史上最大の企業買収が進行中。合併・買収〈M&A〉が盛んになれば、こうした買収で投資銀行などがうけに入るのはいうまでもないが、実は連邦政府もうるおうという。

▼買収希望者は証券取引委員会（SEC）に買収計画額の〇・〇二％の登録税を納付しなければならないからだ。たかが〇・〇二％というなかれ。RJRナビスコの件で買収専門会社コールバーグ・クラビス・ロバーツの支払いは三百五十四万㌦（四億三千万円弱）に達する。

▼"電力の鬼"といわれた故松永安左ヱ門が中心になって設立された電力中央研究所。運営資金は創立以来、東京電力はじめ九つの電力会社から毎年それぞれ売り上げの〇・二％をいただいている。収入確保に頭を悩まさなくてすむようにという松永翁のアイデアからで、いまや年二百億円を超す。

▼コンマ以下でも、積もり積もれば、このように大変な金額になるのだから、さらに一ケタ上がれば大変なもの。例えば、不動産仲介業の手数料は、四百万円を超える物件だと、その三％プラス六万円。一億円の物件売買を一つ仲介するだけで、両方の顧客からそれぞれ三百六万円の手数料が入る。これじゃ宅地建物取引主任者資格試験の受験者が急増するのも無理はない。

▼売上税論議で税率を問題にする段階は終わったみたいだが、三％が維持されたとしても、経済成長やインフレで税収は膨らむ。ましてちょっと率を上げるだけで、すごい増収になる。どうやら率には人を錯覚させる何かがある。

1988年11月26日　日本経済新聞

解説記事 2

＊春秋	しゅんじゅう	spring and fall, years
RJRナビスコ		(company name)
最大	さいだい	the greatest; the largest; the biggest
進行中	しんこうちゅう	in progress
盛ん（な）	さかん	thriving; flourishing; popular
投資銀行	とうし　ぎんこう	investment bank
うけに入る	うけにいる	to be in good order
いうまでもない		needless to say; to say nothing of
連邦政府	れんぽう　せいふ	the federal government
うるおう		to receive benefits; to share the profits
登録税	とうろく　ぜい	registration tax
納付する	のうふする	to pay (to the public office)
たかが		at the most, at the highest
～なかれ		do not ~; should not ~

～の件で	～のけんで	in the matter of ～
専門	せんもん	speciality
コールバーグ・クラビス・ロバーツ		(company name)
電力	でんりょく	electric power
鬼	おに	demon; devil (for something)
故～	こ～	the late ～
松永安左エ門	まつなが やすざえもん	Matsunaga Yasuzaemon (person's name)
中央研究所	ちゅうおう けんきゅうじょ	Central Research Institute
運営	うんえい	operation; management
創立	そうりつ	establishment; founding
東京電力	とうきょう でんりょく	(company name)
それぞれ		each; respective
頭を悩ます	あたまを なやます	to rack one's brains; to worry one's head
～なくてすむ		to manage without ～
アイデア		idea
いまや		now
コンマ以下	コンマ いか	below the decimal point
積もる	つもる	to amount; to accumulate
仲介業	ちゅうかい ぎょう	mediating business
物件	ぶっけん	thing; object; matter
プラス		plus
両方	りょうほう	both
宅地	たくち	housing land
主任（者）	しゅにん（しゃ）	person in charge; chief
受験	じゅけん	undergoing an examination
売上税	うりあげぜい	sales tax
論議	ろんぎ	discussion, argument
インフレ		inflation
税収（入）	ぜいしゅう（にゅう）	yield of taxes
まして		much [still] more; not to speak of
どうやら		likely
錯覚する	さっかくする	be under an illusion; to have a false impression

経済気象台　計算機から頭脳へ

音声認識の技術はすでに二十年来、精力的に開発され、一部ではかなり早くから実用化されている。しかし、なかなか普及しない。ワープロにキーをたたいて文章を入力するのでなく、しゃべってそのまま文章が打ち出されれば、機械に弱い人は大助かりなのだが。

この音声認識に、有望な技術が現れた。ニューロとファジーである。日立製作所はニューロコンピューターとファジー理論を組み合わせた新しい音声認識技術を開発した。しゃべる言葉の音の特徴をニューロで「学習」させ、一方、何の言葉であるかの判定をするのにファジーを利用する。

このニューロとファジーは、従来のコンピューターと、基本的に異なっている。従来のものは何十回、何百回と仕事をさせても、毎回やることはまったく変わらない。つまり「学習」などといったことは全然できない。ところがニューロは、ニューロン（神経細胞）からきた言葉が表すように「学習」ができる。それは音声の判別といったものに向いていて、数多く繰り返すほど次第に精度が上がってくる。

また、従来のコンピューターは正確無比である。というのは、あいまいなものはまったく受けつけない。これに対し、ファジーは「あいまい」という意味であり、ファジーコンピューターは数字でキッチリと表せないものも扱えるのである。

このニューロとファジーで、コンピューターは大きく変わっていく。正確無比であり、何十回、何百回やらせても必ず同じことをやるというのは、従来のコンピューターの長所であったが、それは同時に欠点でもあった。

考えてみれば人間は、あいまいにおおまかに対象をとらえ、さまざまに処理し、間違えながらも「学習」して次第に賢くなる。ニューロとファジーによる音声認識の技術が確立すれば、コンピューターはより人間に近づいてくるのであり、その用途は一段と拡大するだろう。（尚）

1988年11月2日　朝日新聞

解説記事 3

＊経済気象台　　計算機から頭脳へ

気象台	きしょうだい	meteorological observatory
計算機	けいさんき	calculating machine
頭脳	ずのう	head, brains
音声	おんせい	voice; sound
20年来	20ねんらい	for twenty years
一部	いちぶ	part; section
かなり		pretty; fairly
なかなか～ない		not easily; not readily
ワープロ		word processor
キーをたたく		to tap the keys
文章	ぶんしょう	sentences; composition; writing
入力する	にゅうりょくする	to input
しゃべる		to talk; to chat
機械	きかい	machine
～に弱い	～に　よわい	be poor at ～
大助かり	おおだすかり	of great help

有望（な）	ゆうぼう（な）	promising; hopeful
現れる	あらわれる	to come out; to appear
ニューロ		neuro-
ファジー		fuzzy
日立製作所	ひたちせいさくしょ	(company name)
理論	りろん	theory
言葉	ことば	word, speech
音	おと	sound
特徴	とくちょう	special feature; characteristic
判定	はんてい	judgment; decision
毎回	まいかい	each time
まったく〜（ない）		quite; entirely; not 〜 at all
全然〜（ない）	ぜんぜん〜（ない）	wholly; totally; never
ところが		but; on the contrary
神経細胞	しんけい　さいぼう	neuron; nerve cell
判別	はんべつ	distinction
〜に向く	〜に　むく	to suit; to be fit (for)
繰り返す	くりかえす	to repeat; to do over again
次第に	しだいに	gradually; bit by bit
精度	せいど	precision; accuracy
正確	せいかく	accuracy; correctness
無比	むひ	unparalleled; incomparable
受けつける	うけつける	to receive; to accept
キッチリと		sharp; precisely
扱う	あつかう	to treat; to deal with
長所	ちょうしょ	strong point; merit
欠点	けってん	weak point
考える	かんがえる	to think; to consider
人間	にんげん	human being
おおまかに		roughly; broadly
とらえる		to catch; to capture
間違える	まちがえる	to make a mistake
賢い	かしこい	wise; clever
確立する	かくりつする	to establish; to settle
より		more
近づく	ちかづく	to approach; to near
用途	ようと	use; service

１９８８年（昭和63年）１１月１８日　（金曜日）　１４版　〔政治・経済〕　（2）

企業経営多角化の進展を点検する

社説

製造業の事業多角化にはずみがついている。本業比率は年々低下する傾向にあり、カタカナの社名や英文字の呼称もふえている。

通産省が発表した企業多角化調査速報は、製造業（調査対象一万九千六百六十一社）が六十二年までの三年間にいかに事業を多角化したか、また、子会社をつくって事業を拡大しようとしたかを報告している。

この時期、わが国の製造業は大きな試練を体験した。急激、大幅な円高、貿易摩擦の激化、技術革新や情報化の進展、消費者ニーズの多様化などの大波が重なって押し寄せたからである。

これまでと同じように、コストの低減によって国際競争力を維持しようとすると、ますます円高になるというジレンマに陥る。そのうえ、安くて性能のよいモノが遠慮なく外国から入ってくる。製造業は従来と違ったモノづくりを目ざさなければならなくなったわけである。

通産省調査によると、六十二年のメニューをふやした企業や、海外進出に熱にあおられて海外子会社をつくった事例も少なくないとみられるの売上高は六十年に比べ五・〇％減少した。このうち、「本業以外」の売上高は一五・四％ふえた。他方、「自」業の売上高は四・八％、「加工賃収入」は一・八％それぞれ減少した。また同期間に、子会社の数は全体で二〇・七％ふえた。その内訳は国内が九・〇％、海外が三三・九％各増加した。

調査を集約して通産省は、製造業の適応力や国際化が進展したと評価しているが、果たしてそう言い切れるだろうか。数字で見る限り、製造業の懸命な対応が浮かび上がる。しかし、その成果については今後の事業活動をみなければ判定できない。

逆に、産業界では、成熟化視された業は自分にとって「得手」とは何を問い直す局面に入った。

六十一・六十二年の製造業は、みぞうの環境激変に直面して、事業多角化のアクセルを踏み、海外子会社をとりあえずつくったのである。そこには、ろうばいの中でも「横並び」意識が働いたようにみえる。

多角化ノイローゼに陥って、事業内需転換型の経済拡大が続くうちに、製造業は、自らの経営資源を点検して、「とりあえず」の多角化、新事業分野の適合性を厳しく見きわめるべきだろう。その意味で撤退も戦略の一つになり得る。

「得手に帆を上げ」は本田技研工業の創業者本田宗一郎氏が現役時代よく口にしたことばだが、いま製造業は自分にとって「得手」とは何かを問い直す局面に入った。

ていた既存分野で技術、販売革新を進めて大需要を喚起した例も少なくない。多角化に成功している事例には、本業の隣接分野の地味な開拓が多い。

海外進出に熱にあおられて海外子会社をつくった事例も少なくないとみられるのである。これらの企業の中には、いま、収益面からの見直しによって計画を修正したり、事業を撤収する動きも表面化している。技術、ノウハウ、ビジネス経験が乏しい異業種分野で成果を上げるのは容易ではないことを物語る。

1988年11月18日　日本経済新聞

解説記事4

＊社説　企業経営の多角化の進展を点検する

社説	しゃせつ	editorial article; leading article
点検する	てんけんする	to inspect; to examine; to check
はずみがつく		to gather momentum
英文字	えいもじ	English letters
呼称	こしょう	name
速報	そくほう	quick report

いかに~か		how; in what way
子会社	こがいしゃ	subsidiary (company)
わが国	わがくに	my [our] country
試練	しれん	trial; test; ordeal
体験する	たいけんする	to experience
急激な	きゅうげきな	sudden; rapid
ニーズ		needs
大波	おおなみ	big wave
重なって	かさなって	one above the other
押し寄せる	おしよせる	to surge upon; to beat upon
コスト		cost
低減	ていげん	reduction; decrease
ますます		more and more
性能	せいのう	efficiency
遠慮なく	えんりょなく	unsparingly; freely
モノ		thing, object; goods
モノづくり		manufacture; production
このうち		among these
他方	たほう	on the other hand
自社	じしゃ	one's own company
加工賃	かこう　ちん	processing fees
全体で	ぜんたいで	in all
集約する	しゅうやくする	to put into shape [in order] ; to compile the materials
適応力	てきおうりょく	ability to adjust
評価する	ひょうかする	to evaluate
果たして~だろうか	はたして~だろうか	Is it true that~?
言い切る	いいきる	to say definitely
懸命（な）	けんめい（な）	eager; strenuous
浮かび上がる	うかびあがる	to come up to the surface
判定する	はんていする	to judge
みぞうの［未曽有の］		unprecedented; unexampled
激変	げきへん	drastic change
直面する	ちょくめんする	to face up to; to be faced with
アクセルを踏む	アクセルをふむ	to step on the accelerator
ろうばい［狼狽］		dismay; confusion
横並び	よこならび	standing side by side
ノイローゼ		neurosis; nervous breakdown
メニュー		menu
~熱	~ねつ	fever; enthusiasm
~にあおられる		to be incited; to be inflamed, to be agitated
撤収する	てっしゅうする	to withdraw; to remove

ノウハウ		know-how
乏しい	とぼしい	scarce; be short of
経験が乏しい	けいけんが とぼしい	to have little experience
異業種	いぎょうしゅ	different types of industry
成果を上げる	せいかを あげる	to get results
物語る	ものがたる	to show; to indicate, to tell
成熟	せいじゅく	full growth; maturity
～視する	～しする	to regard as～; to look upon as ～
大需要	だいじゅよう	great demand
喚起する	かんきする	to awaken; to arouse
隣接する	りんせつする	to be close by; to adjoin
地味（な）	じみ（な）	plain, restrained
開拓	かいたく	development; exploitation
物を言う	ものを いう	to count for; to be of importance, to be helpful
自らの	みずからの	one's own
適合性	てきごうせい	adaptability; fitness
見きわめる	みきわめる	to see through; to ascertain; to make sure
撤退	てったい	withdrawal; pullout
得手	えて	one's forte; one's strong point
帆を上げる	ほを あげる	to sail before the wind
「得手に帆を上げ」	えてに ほを あげ	"give scope to one's skill"
本田技研工業	ほんだぎけんこうぎょう	(company name)
創業者	そうぎょうしゃ	the founder
本田宗一郎	ほんだ そういちろう	Honda Sōichirō (person's name)
現役時代	げんえき じだい	the time in active service, the time before retirement
口にする	くちにする	to speak, to mention
問い直す	といなおす	to inquire again, to question again

大機小機

「僥倖」は終わった

極端に大きな変化を一枚の図表で視野に入れようとすれば、通常の変化は目立たなくなる。その結果、ともすれば判断の誤りを招来しかねない。大きな変化への対応は制度改革をキメ細かく取り組み、その後は通常の変化をキメ細かくフォローすることが大切である。

ここ数年、わが国は非常に大きな変化に巻き込まれた。現象面だけをとらえてみても、金利（債券）、株式、為替（円価値）、土地の価格がことごとく急騰した。これらの価格上昇がもたらした直接的な影響は土地が典型的であるように、功罪あい半ばしよう。しかし、全体としてみれば、わが国経済を活性化させる大きな原動力となったのではなかろうか。

昨年度の経済成長率が予想以上の水準を示したことは、土地と株式の値上がりに依存する点が大きい。しかも円高により物価は、低位安定的に推移した。また財政も予想外の経済成長とNTT株の売却で赤字が減少している。

金融界も債券相場の値上がりにより、ディーリングは収益を生み続けた。銀行の株式含み益は飛躍的に増大し、ファイナンスが順調にいったこととあいまって、BIS（国際決済銀行）の自己資本比率もクリアできそうである。

経済の大きな変化は、証券会における役割を意識することとは重要である。

とはいえ、たとえば行政改革の必要性が遠のいたわけではない。株式相場がここ数年と同じスピードで上昇を続けるものでもないし、ディーリングが常に利益の源泉であるはずもないだろう。

一方、実際の金融、経済の動きに直接タッチする現場としては、過去の「僥倖（ぎょうこう）」を忘れ、市場が通常の変化に戻ったものとして対処すべきであろう。一、二年前であれば小さかった相場の下落も、これからは取り返しのつかない損失をもたらしかねないからである。

さらにNTTの株式公開により、個人の株式ブームはすでにもなく、五年とか十年に一度の出来事である。とくにここ数年は、わが国が真の意味での国際化の渦の中に突入したという点で、より稀有な事象であるのだろう。

この激動ともいうべき変化は金融制度の全面的な改革として、その最終的な幕切れを迎えるのかもしれない。

不況、石油危機の例を持ち出すまでもなく一層の高まりをみせている。しかしながら、このような状況が日本や金融界の実力であると速断するのは問題であろう。もちろんわが国の位置付けが高まっていることを否定するものではないし、その

（星宿海）

1988年11月5日　日本経済新聞

解説記事 5

＊大機小機「僥倖」は終わった

大機小機	だいき　しょうき	big chance and small chance
僥倖	ぎょうこう	good fortune
図表	ずひょう	chart; graph
視野	しや	field of vision
ともすれば		It sometimes happens that~
誤り	あやまり	error; mistake
招来する	しょうらいする	to bring out; to give rise to
キメ細かく	きめこまかく	carefully; elaborately

フォローする		to follow
ここ数年	ここすうねん	these several years
わが国	わがくに	my [our] country
巻き込む	まきこむ	to roll up; to involve in
とらえる		to catch; to grasp; to seize
ことごとく		one and all, entirely
急騰する	きゅうとうする	to jump; to rise suddenly
もたらす		to bring; to bring about; to cause
功罪あい半ばする	こうざい　あいなかばする	The merits and demerits offset each other.
～のではなかろうか		I presume ～
昨年度	さくねんど	the last year; the previous year
低位	ていい	low level
予想外の	よそうがいの	unexpected; unlooked for
飛躍的	ひやくてき	rapid
～とあいまって		coupled with; combined with
クリアする		to clear; to solve
ブーム		boom
高まり	たかまり	rise; elevation
しかしながら		however
実力	じつりょく	real ability; real power
速断する	そくだんする	to pass an immediate judgment
もちろん		of course; no doubt
位置付け	いちづけ	location; positioning
とはいえ		however; nevertheless; although
遠のく	とおのく	to become far off; to recede
はずもない		It can not be ～
例を持ち出す	れいを　もちだす	to bring up examples
（する）までもない		to go without ～ing
出来事	できごと	occurrence; happening
真の意味で	しんの　いみで	in the true meaning; in the true sense
渦	うず	whirlpool; vortex
より		more
稀有な	けうな	rare; unusual; uncommon
事象	じしょう	phenomenon; matter
激動	げきどう	violent shock; upheaval
～とも言うべき	～ともいうべき	should be called
幕切れ	まくぎれ	the fall of the curtain
一方	いっぽう	on the other hand
タッチする		to touch; to take part in
現場	げんば	the (actual) spot; the scene
取り返しがつかない	とりかえしが　つかない	irrevocable; irretrievable; fatal
取り返しがつかない損失	とりかえしが　つかない そんしつ	an irreparable loss

II. Reading Financial Articles in Japanese Publications

■ INSTRUCTIONS

Reading reported articles is easier than reading commentaries, so start with the former. The examples in this section are selected from the front pages of "*Nihon Keizai Shimbun*," a well-known financial daily newspaper, during the period January 1987 to January 1989, and include articles relating to economics, industry, the stock market, trading, the money market, and current affairs.

In writing this book it has been our aim to make it easily comprehensible and helpful to the students rather than adhering rigidly to rules and theory.

1. CLASSIFICATION OF EXAMPLES

The examples are classified into 18 groups under headings such as "Prefixes, Suffixes, etc." or "Cause, Basis, Result" and each group is further divided into subdivisions. For easy reference, a list of entries with reference codes is provided on the first page of each category 1～18.

Criteria for choosing them are varied: some expressions are listed because they appear frequently in financial reporting, and others because they have special meanings when they appear in a specific context. They are arranged in the following order: general, frequently used expressions, are placed at the beginning, followed by less common and specific expressions; and basic expressions are followed by specific expressions. In each section, words are introduced first and then sentences.

2. ITEM, ENGLISH TRANSLATION AND CONVENTIONAL USE OF PARTICLES

The word or expression being introduced is supplemented by an English translation for easier understanding. Only one or two central meanings of standard usage are mentioned. Correct usage of particles in a set phrase is one of the main problems for learners. Therefore when a particular particle is conventionally used, it is shown in *katakana*.

e.g. 5—C—(2) 踏み切る **to venture, to finally take action**

～ニ踏み切る

3. SUPPLEMENTARY BASIC SENTENCES AND EXAMPLES FROM NEWSPAPERS

A newspaper article is written on the assumption that people read newspapers daily and have some background knowlege of the subject. Furthermore, an isolated sentence extracted from an article is sometimes out of context and is thus incomprehensible. To solve this problem, when necessary we have added a word or phrase in brackets 《　》 to make the sentence complete and understandable. Parentheses (　) are as they are found in the original version of the article. Proper nouns which may cause difficulty in the understanding of the whole sentence are underlined with a dotted line as follows: "三菱油化は需要に対し..." However, common proper nouns such as Tokyo, China, Brazil, etc., or commonly known names and titles like "竹下首相" are not marked in this way.

Words and phrases which are of particular importance are underlined. Also, at the start of each section 基本文, or basic sentences, are introduced, which show the meaning and usage of the phrases in a simpler context.

In some cases, the same examples are re-employed in a different section in order to concentrate attention on an important point without overwhelming the student with more new vocabulary.

In reproducing the articles, we have followed the original punctuation of the newspaper text. Therefore, there are slight differences in form between these and the basic sentences. In a newspaper, sentences are written vertically from top to bottom. In this book they are written from left to right, and the writing system employed here is based on 公用文の作成の手引 (A Guide to Writing Official Documents) issued by the Ministry of Home Affairs, Minister's Secretariat, Archives and Public Relations Divisions.

4. *FURIGANA* OR PHONETIC SYMBOLS ATTACHED TO *KANJI* COMPOUNDS

On top of all kanji compounds, *furigana* or Japanese phonetic symbols are given to indicate how they should be read. This enables the user to consult a dictionary.

There are some minor problems in indicating readings. There are some *kanji* compounds which have the same characters and meaning but which are read differently. For example, 日本, which means Japan, can be read either as "Nihon", or "Nippon". A prime minister once declared that 日本 should be read "Nippon", yet most Japanese, including teachers and NHK announcers, pronounce it "Nihon". 日本人 (Japanese people) can be pronounced Nipponjin, but 日本庭園 (Japanese garden) will never be read "Nippon teien". For such a word with more than two ways of being read, *furigana* is given according to most common usage. 早急, "sakkyū" is the traditional and authentic reading but "sōkyū" is also commonly used and both ways are listed in a dictionary.

明日 has three ways of reading——"ashita", "asu" and "myōnichi" and the last one is used in the formal written style. In such cases, we have chosen the reading appropriate to the style of the particular sentence.

A further problem is that readers will meet some *kanji* compounds in the newspaper which are seldom heard pronounced. Character compounds involving four or more *kanji* are often abbreviated, and reading them is a big problem. 外国為替 "gaikoku kawase" (foreign exchange) is often written as 外為 and pronounced "gaitame". When used in conversation, one uses the original four-compound word. However, 為銀 which is an abbreviated written form for 外国為替銀行 is used only in financial articles and pronounced "tamegin". Some compounds are comprehensible only when presented visually and are used among specialists only. Whether a certain word is generally accepted as spoken language or not can be debatable. It is safer, therefore, not to use unfamiliar abbreviated words in speech or write them in material of a general nature. More explanation on this can be found in Lesson 7「略語(1)—新聞の表現から」.

In commentary and editorial articles the language used is frequently idiomatic, rhetorical or exclamatory, but this becomes less daunting once the student gains mastery over the reported articles and studies the phrases and expressions which commonly appear in commentaries and editorials.

HOW TO USE THIS SECTION

We expect the user to utilize these materials on his own, but the following suggestions may be helpful.

Students who cannot obtain Japanese newspapers every day are advised to start from the first line and go on to the next.   They must be patient and diligent in their work, for only by consistent practice can proficiency be attained.

If material is available, you can choose an interesting article by yourself or with the help of a Japanese, and read that article using this book as a source of reference.   If you find an unfamiliar expression, consult the Glossary in Chapter V.   If it has a reference code such as "3A5" you can find it as an entry in this chapter, and study similar examples.   In this way readers can glean information and at the same time improve their linguistic skills.   For those who want to focus on a specific field but cannot spend much time on it, we advise them to choose an article on a topic of interest and study it thoroughly.   Then, go on to similar articles dealing with the same topic before branching out into related topics.   In this way, new vocabulary can be learned through association.   Students can study effectively and even pleasurably using this approach.   Ideally they should find a Japanese person who will cooperate with them by assisting with their practice, not merely interpreting the articles.

If current articles are available they are the best reading materials, since they stimulate students' motivation and interest.   What kind of articles are appropriate to start with?   As far as newspaper articles are concerned, reports are easier to read than editorials or commentaries.   A column at the bottom of the first page of newspapers such as 天声人語, "tensei jingo" in the *Asahi* Newspaper or 春秋, "shunjū" in the *Nihon Keizai* attracts students because it is short, but these are suitable only for experienced, advanced readers. These are some of the most difficult articles because they require knowledge of and sensitivity to Japanese culture on the part of a reader.   Furthermore, the writers' different styles compound the difficulties.   Weekly reviews of newspapers and company reports also serve as good materials for study.

Eighteen Categories

1. Sentence Endings and Frequently Occurring Expressions
　頻出度の高い文末と表現

2. Prefixes, Suffixes, etc.
　接頭語、接尾語　ほか

3. Positive Statement, State of Things, Explanation
　断定、状態、説明

4. Opinion, Attitude, Trend (1)
　意見、態度、動向 (1)

5. Opinion, Attitude, Trend (2)
　意見、態度、動向 (2)

6. Desire, Expectation, Recommendation
　願望、期待、勧告　など

7. Purpose, Aim, Target, Forecast, Guess
　目的・目標と予測・推量

8. Increase, Decrease
　増、減

9. Extent, Change
　程度と変化

10. Ranking, Order, Giving Examples
　順位・順序と例示

11. Percentage, Ratio, Comparison, Contrast
　比率・割合と比較・対照

12. Cause, Basis, Result
　原因、根拠、結果

13. Time, Situation
　時、状況

14. Focusing and Defining the Topic and the Object
　話題・対象の中心と限定

15. Including a Question
　疑問文を含むもの

16. Presenting a Condition
　条件の提示

17. How to Connect Items
　事柄のつなぎ方

18. Idiomatic Expressions
　慣用的な表現

1—A "~te iru" Form

"~te iru" *is often used to denote a present condition.*
"~to shite iru" *is used when reporting a third person's remark or intention, and matters described in a document.*

基本文

● 今年の春 入 社した彼ははじめて責任のある仕事を任され、大いにやる気を見せている。
● 警察ではこの麻薬売買の背後には大がかりな組織が存在するとみている。

新聞の例

a. 20日午前のニューヨーク外為市場の円相場は、1ドル＝125円をはさんだ動きとなっている。

b. 《羽田空港沖合展開事業に含まれる》新ターミナルビルの建設費は1200億円を見込んでいる。

c. 《米製造企業 経営者は》労働者の訓練センターの設置、公 教 育の改革などを提案している。

d. OPECの決定に対し、日本の石油業 界は平静な対応を示している。

e. 《経済同友会の税制改革への》意見書では、新型間接税の税率は2-3％と設定するよう求めている。

f. 《経済構造 調 整要綱改定案では》完全 週 休二日制の普及、有 給 休 暇の取得促進、労 働時間の短 縮に努めるとしている。

g. 《経済同友会の税制改革への》意見書では、免税点もEC諸国並みに低水 準の1000万円以下が適当としている。

1—B Passive

Passive sentences with a fact or state as the subject, often appear in news reports.
"Passive + ~te iru" *is also used.*

基本文

● 日本人の労働 条 件も少しずつ改善され、今年の夏休みには長期休暇をとって海外・国内に旅行する人の増加が見込まれる。
● 国内需要の拡大により、今年下半期には景気の回復が見込まれる。
● この交通事故の原因は運転者の不注意によるものとみられる。

- 会社の人事異動が発表されたが、私の名前はどこにもない。今までと変りがないようだ。
- このまま雨が降らなければ、貯水池の水は2週間で底をつくとみられている。
- 出生率の低下のために学生数が減り、学校を閉鎖しなければならないところがかなり出てくるとみられている。

新聞の例

a. 米側は輸入枠拡大などを求めるとみられる。

b. 両首脳会談のコミュニケは共同記者会見で発表される。

c. 生産体制縮小の理由として、円高などが挙げられた。

d. 税制改革は最優先事項として取り扱われた。

e. 合意メモでは、保護政策の削減テンポを速めることがうたわれた。

f. 試案の全容が28日明らかにされた。

g. この協定の適用は、正当な理由がある場合に限られる。

h. 《大手企業の会長、社長で構成する》「ビジネス・カウンシル」の年次総会でも、米国のマクロ経済政策に出席者の関心が集中したといわれる。

i. これは短期的な現象でなく景気拡大に伴って今後も続くとみられている。

j. ソ連側のホットライン・オペレーション室の状況は、これまで極秘とされていた。

1—C "~to iu" Form

Information acquired from another.
"~to iu" is frequently used in news reports to denote information acquired from another source; "~sō da" is seldom used.

基本文

- 今年の夏は雨が多かったが、アメリカでは雨が少なく農作物に大きい被害が出たところもあるという。
- 友人から久しぶりに手紙がきた。前に会ったとき生まれたばかりだった子供が、今年小学校に入学するという。

新聞の例

a. 米バーモント州は10年ぶりの日本企業進出とあって歓迎しているという。

b. 《三井物産の3月期の経常利益は》18部門のうち約3分の2の営業部門が予算を上回る売り上げ、利益を確保したという。

1—D Frequently Occurring Expressions

Expressions which frequently appear in news reports are given below. Some of them are also used for expressing opinions, attitudes, and trends.

1—D—(1) 明らかにする、明らかになる to make clear, to become clear
～ヲ明らかにする、～ガ明らかになる

基本文

● この会社は株主総会で86年度の収益が前年度を大幅に下回ったことを明らかにした。
● 今回の列車事故は運転手の居眠り運転によるものであることが明らかになった。

新聞の例

a. ブラジルのノブレガ蔵相は財政赤字の削減でインフレ抑制を図るとの経済再建策を明らかにした。

b. 大蔵省は22日リクルートコスモスの株式譲渡問題で証券大手四社が証券取引法に違反する事実は見当たらなかったとの調査結果を明らかにした。

c. リクルートコスモス未公開株譲渡問題で、リクルート社が大蔵省証券局の事情聴取に対し口頭で説明していることが明らかになった。

d. 東京都の「《昭和》62年土地取引調査結果」で土地転売の実態が明らかとなった。

1—D—(2) 拍車をかける、拍車がかかる to spur on, to accelerate, to urge
～ニ拍車をかける／拍車がかかる

基本文

● 森林は長年の伐採で弱っていたところへ、排気ガスなどによる酸性雨がこれに拍車をかけている。
● 日本企業の半導体ダンピング問題が日米貿易摩擦に拍車をかける結果となった。
● 国際婦人年以後、日本でも女性の職場進出に拍車がかかっている。
● 投資顧問業法の施行をきっかけに、この業務への新規参入に拍車がかかっている。

新聞の例

a. 89回国債の急落が債券相場全体の下げに拍車をかけた。

b. 住友金属工業は高温超電導体の研究、開発に乗り出した。すでにスタートさせているエレクトロニクスやバイオテクノロジー(生命工学)計画などと合わせ、新規分野研究、開発に一段と拍車をかける。

c. 半導体の輸出に拍車がかかってきた。

d. 日本の投資家の外債投資に拍車がかかってきた。

e. ＯＡ機器からＣＤプレーヤー、洗剤といった家電、身の回り品まで、最近小型化の傾向に一段と拍車がかかってきた。

1—D—(3)　歯止めをかける、歯止めがかかる
to brake, to stop (before it gets worse)
~ニ歯止めをかける／歯止めがかかる

基本文

● 公定歩合を0.5％引き上げてインフレ傾向に歯止めをかけた。

● 円安によって貿易収支の黒字の増加に歯止めがかかった。

新聞の例

a. 外為市場では西独連銀が「マルク安に歯止めをかけるためには介入では不十分で、ロンバート（債券担保貸付）レートや公定歩合を再び引き上げる必要に迫られる」との観測が浮上している。

b. 為替相場が１ドル＝130円台まで戻ったことについては、これでドルの下落に完全に歯止めがかかったと判断。

1—D—(4)　公算が大きい、公算が強い　very likely, quite probable

基本文

● この交渉は両社の利害が対立したままで、結局物別れに終わる公算が大きい。

● イラン・イラク両国の和平交渉は、かなり長引く公算が強い。

新聞の例

a. 半導体大手三社は半導体不足を緩和するため、組合に対し夏休み期間中の数日の臨時出勤を要請した。組合側は要請を受け入れる公算が大きい。

b. 三菱油化の収益が急拡大している。配当は年１円増やし年７円にする公算が大きい。

1—D—(5)　目立つ　to stand out, to be prominent
~ガ目立つ

基本文

● コンサートなど文化活動に力を入れる企業の動きが目立っている。

● 財テクによる資金運用で経常利益を増やしていた企業の中で、本業の営業利益が黒字となった製造業が目立っている。

新聞の例 ──────────

a. 6月の「消費者購売動向調査」によると食料品支出は2カ月連続して前年を下回った。ハム・ブロイラー・豚肉の不振が目立った。

b. 中小企業を含め米企業の対日輸出意欲は急速に高まっており、日本市場向けの宣伝・広告を始めようという動きも目立ってきた。

c. 英国のビジネス用不動産市場の好調が際立ってきた。低迷の目立つ米国と対照的。

1─D─(6) 恐れ(がある)　fear, concern

基本文 ──────────

● 日本の輸出超過がこのまま続けば、日本は孤立する恐れがある。
● 一部アメリカ人による極端な対日批判は、日本人の反米感情を呼び起こす恐れがある。

新聞の例 ──────────

a. 《米中西部の》干ばつが長期化するようだと穀物の供給不安を招く恐れがあるとの声も出始めた。

b. 為替レートの固定化と高金利で一時増加した《メキシコの》外貨準備は大統領選挙投票日前にドル買いの列ができるなど、再び流出の恐れが出ている。

1─D─(7) 盛り込む　to incorporate, to include
～ニ～ヲ盛り込む

基本文 ──────────

● この会社では就業規則を改正し、夏の大型休暇に関する項目とその基本的な考え方を新たに盛り込んだ。
● 企業が配布する新入社員のための手引き書には、服装から職場でのマナーについての注意が細かく盛り込まれたものもある。

新聞の例 ──────────

a. 通産省は投資摩擦を防ぐため、海外進出した日系企業の現地への融合化を後押しする「国際産業交流支援センター」を創設する方針を決めた。《昭和》64年度予算の概算要求に盛り込む。

b. 《通産省は米国の対日輸出促進キャンペーンに協力する。》ハイテク製品は除外されたが、サービス業、合弁事業分野での協力は合意事項に盛り込まれた。

1—D—(8)　浮上する　to appear on the surface, to come up

基本文 ─────────────────────────────────────

● 経営の多角化が成功し今年は予想以上に売上が伸びたが、事務所の規模拡大が次の課題として浮上してきた。

● 企業の海外生産で貿易摩擦は緩和されたが、日本企業の進出による現地の土地の値上がりの問題が浮上してきた。

新聞の例 ─────────────────────────────────────

a. 79政府機関の移転決定に伴い、民間企業の地方移転がもう一つの大きな課題として浮上している。

b. 《イラン・イラク停戦問題》国連安保理決議案第6項「戦争責任調査のための中立的機関」の取り扱かいが今後の大きな焦点として浮上することになろう。

c. 1日の外国為替市場で円相場が1ドル＝137円近くまで急落したが、為替安定策を探る日銀がジレンマに悩まされるという姿が浮かび上ってきた。

1—D—(9)　足並みをそろえる、足並みがそろう　to keep pace, to be in step
　　　　　　　　～ニ足並みをそろえる／足並みがそろう

基本文 ─────────────────────────────────────

● 今年は大企業が足並みをそろえて、社員に夏の休暇を取ることをすすめている。

● 銀行や官庁が週休二日に踏み切れば、これに足並みをそろえる一般企業が増えてくるだろう。

新聞の例 ─────────────────────────────────────

a. 日本流通業界に〝第三勢力〟の新団体が誕生する。有力専門小売店約300社が結集、国際化など山積する課題に足並をそろえて対応していこうという狙いだ。

b. 各銀行は就業規則や組織改革などの体制整備を急ぐ。10月には全行の足並みがそろう見通しである。

1—D—(10)　～うる、～える　to be possible, to be likely

基本文 ─────────────────────────────────────

● A社について知りうる限りの情報をご報告いたします。

● 計理士でも計算の間違いはありえる。

● 私が宝くじに当たるなんて、そんなことはありえない！

a. 《イラン・ジャパン石油化学（ＩＪＰＣ）》に関し三井物産は事業を中止する意向》協議
　　の進展しだいでは社長、副社長クラスをイランに派遣することもありうるとしている。

b. 金利上昇懸念で大型株が買いにくいだけに、とりあえず柱になりうるのは、業績好調
　　のハイテク株とみて、《ソニー、パイオニアなど》買いが入った。

1—E Ending the Sentence with a Noun, an Adverb, etc.

"da" or "suru" is sometimes left out to economise on space.
The omission leads to a crisper rhythm in the sentence in some cases.

1—E—(1) だ、であるの省略 omission of "da," "de aru"

新聞の例 ───

a. 三社とも経営赤字は避けられない見通し。

b. 日米共同開発は地対空ミサイルのシステム全体を検討することになる見込み。

c. 一年間で合計200台の販売が目標。

d. 取引を円滑にするのが狙い。

e. 日本側は米国側の歩み寄りを求める方針。

f. 審議再開は３日になる予定。

g. 第一次回答を出すのは10日前後になるとの予想。

h. 同社は2, 3年内に中南米などにも出先を増やす計画。

i. 日銀以外はどこもドルを買えない状態。

j. 販売子会社の統合は現状では難しい状勢。

k. 料金値下げは難しい状況。

l. 大蔵省は米国の物価動向を注視していく姿勢。

m. 米長短期金利は高止まりを続けるとの見方が大勢。

n. 同社が販売促進策を導入するのは必至。

o. 31日からのワシントンでの《牛肉・オレンジ輸入自由化をめぐる日米事務レベル》協議
　　が難航するのは確実。

p. ＯＡ機器家電製品の小型化の中でＳＲＡＭ（記憶保持動作が不要な随時書き込み読み出
　　しメモリー）の需要は増加する一方。

q. 投資に関する項目のないガット条文を改正するかどうかは今後の交渉次第。

r. 《この提案は》相続税の特別の制限を求める内容。

s. 支店設置は以上の現状を考慮した措置。

t. 「最終的に良い方法がない」のは事実。

u. 防衛庁は《昭和》64年度予算に三宅島の施設整備費を盛り込みたい意向。

v. 《経常利益は前期を更新した。》貸し出しが伸び、利益収支が改善したのが主因。

w. データ本部は情報処理サービス部門。

x. 《米の金融報復条項》337条は1930年に成立した条項。

y. 同社が一番気にしているのは新製品への影響。

z. 4月に入ってから議決するのも《昭和》42年度以来。

a′. 今期は輸出入とも史上最高額。

b′. 政府は対ソ折衝を本格化させる構え。

c′. 資産の割合を指標にする考え。

d′. 審議は6日から再開の運び。

e′. 手続として、すぐにも業務開始する段取り。

f′. 今年度の生産量は1億100万トンに達する勢い。

g′. 牛肉・オレンジ輸入自由化阻止が掲げる反対運動は静か。

h′. 同社が経常利益を300億円台に乗せたのは初めて。

i′. 日銀のほか積極的に米国の中長期債を買っているのは西独、英国、台湾など。

j′. 《今年は3行の決算書の提出が大幅に遅れた。》1行は夜の11時頃、2行は深夜零時前だったとか。

k′. 実質成長率は、2.3%がやっと。

l′. 会見要旨は以下の通り。

m′. 与野党の折衝は難航しそう。

n′. 同日米議会が大統領に送付した包括通商法案は法案可決時の内容のまま。

o′. ICカードは次世代の主力カードとなるもの。

p′. 常任理事会全員の退任は人事の刷新を狙ったもの。

q′. 同社の減益は4年ぶりのこと。

r′. 東京外為市場での時間外介入は極めて異例のこと。

s′. トロントサミットが開催されるだけに、大蔵省としてもこの時期に長期金利の引き下げは避けたいところ。

1—E—(2)　した、しているの省略（しょうりゃく）　omission of "shita," "shite iru"

新聞の例

a. 代表者（だいひょうしゃ）として東南（とうなん）アジア研究（けんきゅう）センター所長（しょちょう）らが発言（はつげん）。

b. 米国（べいこく）は《牛肉（ぎゅうにく）・オレンジ輸入（ゆにゅう）》自由化（じゆうか）までの期間（きかん）の短縮（たんしゅく）などを強硬（きょうこう）に主張（しゅちょう）。

c. 首相（しゅしょう）は減税法案（げんぜいほうあん）の今国会提出（こんこっかいていしゅつ）を見送る（みおく）意向（いこう）を正式（せいしき）に表明（ひょうめい）。

d. このため日銀（にちぎん）は「よほどのことがなければ今年度中（こんねんどちゅう）景気拡大（けいきかくだい）が続く（つづ）」と指摘（してき）。

e. 米連邦準備理事会議長（べいれんぽうじゅんびりじかいぎちょう）は昨年（さくねん）と同様（どうよう）の株価暴落（かぶかぼうらく）が起こる（お）恐れ（けんせい）があると警告（けいこく）。

f. ＥＣ市場統合（しじょうとうごう）は地域主義（ちいきしゅぎ）に陥る（おちい）危険性（きけんせい）もあると政府（せいふ）は判断（はんだん）。

g. 《最終報告で（さいしゅうほうこくで）》具体的（ぐたいてき）には「遷都（せんと）の検討（けんとう）」「遊休地（ゆうきゅうち）への課税強化（かぜいきょうか）」などを提言（ていげん）。

h. 営業利益（えいぎょうりえき）は軒並み（のきな）の減少（げんしょう）。

i. 《韓国開発研究院は（かんこくかいはつけんきゅういんは）》今年（ことし）の経済見通し（けいざいみとお）について、年間（ねんかん）では9.5%の成長率（せいちょうりつ）になろうと予測（よそく）。

j. 減税法案（げんぜいほうあん）の取り扱い（とあつか）について、野党側（やとうがわ）は今国会（こんこっかい）での処理（しょり）を改めて（あらた）強く（つよ）要求（ようきゅう）。

2.　接頭語（せっとうご）、接尾語（せつびご）　ほか

2—A　接頭語（せっとうご） **Prefixes**	2—B　接尾語（せつびご） **Suffixes**	2—C　かたかなで使（つか）われる語（ご） ***Katakana* Words**
2—A—(1) 同（どう）〜	2—B—(1) 〜化（か）	2—C—(1) メド
(2) 両（りょう）〜	(2) 〜的（てき）	(2) カギ
(3) 各（かく）〜	(3) 〜性（せい）	(3) テコ
(4) 再（さい）〜	(4) 〜感（かん）	(4) クギ
	(5) 〜観（かん）	(5) シロ、クロ
	(6) 〜筋（すじ）	
	(7) 〜策（さく）	
	(8) 〜中（ちゅう）	
	(9) 〜別（べつ）	

2—A   Prefixes

2—A—(1)　同～　the same～, the said～

a. 三菱レーヨンはプラスチック光ファイバーケーブルを開発、近く生産を始める。この新型光ファイバーを同社のハイテク（高度先端技術）事業の柱の一つに育成する考えだ。

b. 三井銀行は米ニューヨークに証券業務の現地法人を同行100％出資で設立する。

c. イラン政府・同国最高司令本部は18日、イラン・イラク戦争の即時停戦を求めた昨年7月の国連決議598号を受け入れるとの声明を発表した。国連事務局は同日、これを確認、「イランから前提条件なしで決議を受け入れるとの書簡を受けとった」と述べた。イラクは同決議採択直後に受諾の意向を表明している。

2—A—(2)　両～　the two～, both～

a. 東京、大阪の両証券取引所に上場する株価指数先物取引の手数料が16日内定した。両取引所とも株価指数先物の要綱作りを急いでいる。

b. 日米両首脳間で微妙な駆け引きが展開される模様。

c. 《イラン・イラク戦争の》両当事国の決議受け入れで、今後、デクエヤル国連事務総長を中心とする国連の場での和平交渉に移る。

■ 両国、両社、両者

2—A—(3)　各～　each, every

a. 西独連銀は30日公定歩合を0.5％引き上げ年3.0％とすることを決めた。オーストリア、スイス、オランダ、ベルギーも同日、利上げを決めており、欧州各国は協調利上げに踏み切った。

b. 都市銀行各行は米国の中堅企業市場（ミドルマーケット）に照準を当てた戦略を強化し始めた。

■ 各社、各国外相、各州、各都道府県

2—A—(4)　再〜　re-〜

新聞の例

a. 臨時国会や次期国政選挙への対応の<u>再</u>検討を迫られている。
b. 有力地銀の広島銀行は、来年4月から退職した女子行員の<u>再</u>雇用制度を導入する。
c. 軍縮交渉をめぐっては「平和維持に核抑止力が重要」と<u>再</u>確認。
- ■ <u>再</u>開発、<u>再</u>編成、<u>再</u>構築（リストラクチャリング）

2—B　Suffixes

2—B—(1)　〜化　becoming, 〜-zation

新聞の例

a. 大蔵省は銀行側に、銀行役員の株式保有制限といった規制<u>強化</u>を求めると見られる。
b. 今後中堅・中小企業向けを中心に銀行と生保・損保との融資競争が<u>激化</u>しそうだ。
c. 円高に伴い輸出の採算は引き続き<u>悪化</u>している。
d. 中小企業向けの情報ネットワーク作りが<u>本格化</u>してきた。
e. いすゞ自動車の63年4月中間期はトラック販売好調と<u>合理化</u>の効果で、営業利益が黒字に転換した。
f. 消費税については極力、非課税などの例外をなくし、事務手続きを<u>簡素化</u>した。
g. 大蔵省は清酒の税率を暫定的に上級酒（特・上級）、普通酒（二級）の二本建てとし、3年後に<u>一本化</u>する方針を固めた。
h. たばこ産業は《昭和》60年に<u>民営化</u>された。
i. 発展途上国が抱える累積債務の<u>証券化</u>が進んでいる。
j. 国際摩擦の<u>激化</u>などへの対応として、これまで述べてきた<u>国際化</u>、<u>ソフト化</u>、<u>サービス化</u>などのほか、「<u>ハイテク化</u>」を欠かすことはできない。
- ■ <u>自由化</u>、<u>実用化</u>、<u>多様化</u>、<u>多角化</u>、<u>情報化</u>、<u>硬化</u>、<u>軟化</u>、<u>高齢化</u>社会

2—B—(2)　〜的　-ic, -ical (pertaining to, characteristic of)

新聞の例

a. 米ソの宇宙防衛条約の<u>基本的</u>立場は隔ったままだ。

b. 米大銀行は系列の証券子会社を通じ、証券の引き受け業務に**本格的**に進出するとみられる。

c. 税制抜本改革が実現すれば、《昭和》25年のシャウプ税制以来初めて、わが国の税制を**抜本的**に改める改革となる。

d. 市場では「ドルは当面堅く推移する」との空気が**支配的**となっている。

e. マルクが投機的な売買の**標的**になっている格好。

f. 昨年秋の株暴落の影響が**短期的**にみると、予想されたほど激しくなかった。

g. 米国国防省高官が、ソ連・東欧圏の軍事力増強を**間接的**に支援しかねない《日本の》民間銀行融資を抑えるよう求めている。

h. 日本は「西側の一員」として米国の対フィリピン援助構想に**積極的**に参画する。

■ 根本的、比較的、平均的、実質的、中長期的、直接的、具体的、抽象的、消極的、一方的、一般的

2—B—(3)　～性　-ity, -cy (state, condition)

新聞の例 ────────────────────────────

a. 問題が更に拡大する**可能性**も少なくない。

b. 竹下首相はこの日の代表質問を通じて消費税導入の**必要性**に加え、国会審議の**重要性**を強調。

c. 輸出企業は、製品設計、生産工程の見直しで、コスト削減に努める一方、**採算性**のよくない製品は海外生産へ移した。

■ 危検性、有効性、流動性

2—B—(4)　～感　feeling, impression

新聞の例 ────────────────────────────

a. 中古マンション　新築に比べ**割安感**《見出し》

b. 米株式相場への**不信感**も根強い。

c. 市場では《手形》1，2カ月物レートの上昇を容認した日銀の運営に**意外感**もある。

d. 日本勢出遅れに**危機感**
　　大蔵省海外でオプション解禁《見出し》

e. 昨年第四四半期の成長率は4％を上回っており、米国や英国では一部に**景気過熱感**も出ている。

f. 為替相場は1ドル＝135円の円安、国内金利も日銀が手形1カ月物レートの上昇を容認し、金利の先高警戒感が強まった。

g. 原油、為替、金利などの先行き不透明感から見送り気分強まり、日経平均は3日間の続落。

h. 懸念されていた原油、円相場がひとまず落着きを取り戻したことで《東京株式市場の》機関投資家の間に買い安心感が広がった。

■ 期待感、ひっ迫感、値ごろ感《株式市場》

2—B—(5) ~観 view, outlook

新聞の例 ─────────────────────────────

a. ドルが再び強くなれば、金利の先高観もさらに続く可能性が強い。

b. 中長期的なドル先安観に対しても「60年9月以降、半年にわたるドル反発は初めてで、本格的なドル上昇局面に入った」との声も出始めた。

2—B—(6) ~筋 source, quarters, circles, among

新聞の例 ─────────────────────────────

a. 日銀筋は米国経済についてインフレ懸念が出ていることを認めた。

b. 防衛庁筋では「現在米軍からの回答待ち」と説明している。

c. 3日のイラン国営通信によると、イランの軍高官が匿名を条件に民間機撃墜の詳細を明らかにした。現場近くのイラン軍は民間機が2発の対空ミサイルで攻撃されたのをはっきり目撃した、と同筋は話している。また同筋は民間機の乗員、乗客は合わせて298人と伝えている。

d. イランの国連安保理決議受諾を受けて開かれたロンドン市場で、北海ブレンド《原油》が寄り付き35セントだったことから商社筋では「やや予想外」と見ている。

e. 電機はじめ優良株については「相場が始まったばかりで、まだ上値の余地はある」（大手生保）と強気筋が増えている。

■ 関係筋、政府筋、得意筋、投機筋

2—B—(7) ~策 policy, step, measure

新聞の例 ─────────────────────────────

a. 竹下首相はトロントサミットで中南米の累積債務国対策として国際通貨基金（IMF）

と民間銀行の協調融資で、経済成長を促すという解決策を提案、日本が資金面で協力する意向を表明する。

b. スーパーでは週休二日時代の対応策として「旅行などサービス商品の販売強化」を挙げている。

■ 政策、具体策、得策、歯止め策

2—B—(8)　～中　in the middle of～, under～, in progress

新聞の例 ────────────────────────

a. オーストラリア訪問中の竹下首相は4日、キャンベラの旧国会議事堂でホーク首相と会談する。

b. 旭硝子と米コーニング社は合弁会社を米国に設立することで合意した。コーニング社はガラスバルブ事業を合弁会社に譲渡し、旭硝子は技術を供与する方向で交渉中。

c. 米国務省はイラン軍との衝突を認めたが、エアバス墜落については調査中としている。

■ 準備中、要求中、展開中、開発中、商談中

2—B—(9)　～別　classified by ～, ～type

新聞の例 ────────────────────────

a. 自動車業界では営業体制を車種別から地域別へ改める動きが主流になっている。

■ 各国別、企業別、業種別、職業別、年齢別、性別

2—C　*Katakana* Words

2—C—(1)　メド　aim, prospect

基本文 ────────────────────────

● 10月末日をメドに研究論文を書いています。

● あの土地には90年春完成をメドに、すべての最新設備を備えたビルが建てられるそうだ。

● この仕事が完成するメドがついたら、ちょっと旅に出ようと思っています。

● 両者の交渉はおたがいに自己の利益を主張するばかりで、いまだに解決のメドがついていない。

a. 三井銀行は今秋をメドに米ニューヨークに証券業務の現地法人を同行100%出資で設立する。

b. 首相は日米会談が開かれる6月3日前に《関税問題の》合意のメドをつけるよう指示している。

c. 井関農機は88年11月期は経常赤字が49億円に達する見通しで、無配にせざるをえないと発表した。来期以降も業績回復のメドが立たず、配当実施を断念した。

2—C—(2)　カギ　the key

基本文

● 犯行が行われた直前まで被害者といっしょにいた男性が事件のカギを握っているとみられる。

● 外国語の習得は基礎学習がしっかりしていることがカギである。

● 企業が為替リスクに対応するためには、総合的な経営戦略づくりとともに、為替操作能力の有無がカギである。

新聞の例

a. 北朝鮮のソウル五輪参加への道が開かれるか否かの最後のカギを握る会談《南北朝鮮予備会談》として、その行方が世界的に注目されている。

b. これまで通り歳出抑制を続けられるかどうかが、《昭和》65年度に赤字国債の発行ゼロという財政再建目標達成のカギを握っている。

2—C—(3)　テコ　lever (leverage), springboard

基本文

● 政府は民間活力をテコにして内需拡大を進めようという考えを明らかにした。

● 相互銀行は普通銀行への転換をテコにして、イメージの一新と業務の拡大をねらっている。

新聞の例

a. 伊理東大《東京大学》工学部長は「留学生の受け入れは長期的に見れば、大学の創造的研究発展のテコにもなる」と話している。

b. マツダが16日発表した4月中間決算は国内販売の好調をテコに経常利益は前年同期比 2.1 倍となった。

c. 軽自動車については農家向けの需要の発堀に着手するため富士重《富士重工》は全農《全国農業協同組合連合会》を中心とした既存ルートのテコ入れを図る考え。

2—C—(4)　クギ　nail　(クギをさす: to remind, to give a warning)

基本文

● 原稿の締め切りを前に焦っているところに出版社から電話がかかって、「明日午前中に原稿をいただけますね」とクギをさされた。

新聞の例

a. 瓦防衛庁長官は《海上自衛隊潜水艦と釣り船衝突》事故が起きた23日夜辞任を示唆していた。ところが防衛庁幹部から「今辞めては、自衛隊が全面的に非を認めたような印象を受ける」とクギを刺され、早期辞任を思いとどまった。

2—C—(5)　シロ、クロ　not guilty, guilty

基本文

● ガンの検診で再検査が必要だという通知を受け取った彼はひどく心配していたが、結果は幸いシロであった。

● ECでは外国からの輸入製品にダンピングの疑いがあるとき、シロかクロかを調査し、クロと決定した場合には反ダンピング課税をかけている。

新聞の例

a. 大蔵省は《証券》大手四社による証券取引法違反及び業界の自由ルール低触について事実上「シロ宣言」を出した。

b. 対日ダンピング提訴に対し米国際貿易委員会は、ボールベアリング、サーモスタットでも「クロ」の仮決定を下している。

3. 断定、状態、説明

3—A 断定
Positive Statement

 3—A—(1) ～だ

   (2) ～である

3—B 状態・属性
State of Things

 3—B—(1) ～は～にある

   (2) ～には～がある

3—C 説明
Explanation

 3—C—(1) という／といった＋(名詞)

3—A   Positive Statement

3—A—(1)   ～だ   to be

基本文

● 地方都市における博覧会の開催がさかん<u>だ</u>。

● 世界的に半導体メモリーの需要が生産を上回り、メーカーは史上最高の売り上げを記録する見通し<u>だ</u>。

新聞の例

a. 30日の《米ソ》首脳会談で米側は新たな提案をした模様<u>だ</u>。

b. 国鉄清算事業団は長期債務の一部を旧国鉄用地の売却で返済する計画<u>だった</u>。しかし…

3—A—(2)   ～である   to be

基本文

● 天皇は日本国の象徴<u>である</u>。

- この飛行機事故で生存者がいるかどうかは現在のところ不明である。
- 企業の買収・合併は今後ますます増える見込みである。

新聞の例

a. 株主の利益確保に本格的に取り組み始めたのは、新しい動きである。

b. 米エレクトロニクス業界が、産官学の協力体制で、次世代テレビである高品位テレビ（ＨＤＴＶ、ハイビジョン）を開発する。

3—B State of Things

3—B—(1) ～は～にある to be, in the ～ state

基本文

- 東西関係は緩和の方向にある。
- 二人は複雑な関係にある。
- 飛行機着陸事故の原因は空港上空の過密にもある。

新聞の例

a. ＩＢＭは今期も厳しい状況にある。

b. このところ減少傾向にあった輸入が大幅に増加した。

c. 米国のねらいは外国メーカーに公平な応札機会を保証することにある。

3—B—(2) ～には～がある to have

基本文

- 社長の決定には説得力がある。
- 彼の話には信用できない点もある。
- 森林には空気を浄化する働きがある。

新聞の例

a. 行政機構簡素化には様々な低抗がある。

b. 円高には、輸出数量の減少、輸入数量の増加を通じたデフレ効果がある。

3—C　Explanation

3—C—(1)　～という＋（名詞）
　　　　　　　 ～といった＋（名詞）　　**such as**

基本文

● 日本企業の意思決定は時間がかかるが、会議で決定してから実行に移すのは非常に速い<u>と</u><u>いう</u>特徴がある。

● この会社は社員が自分の都合のいい時間に会社に来て、自分の責任で一日の仕事を処理して帰宅する<u>という</u>フレックスタイム方式をとっている。

● 八百屋の店先には、ぶどう、なし、栗、みかん<u>といった</u>秋の味覚が並んでいる。

● 今年の夏は長い休暇をとって、海外で外国語の集中講座を受ける<u>といった</u>人々も出ている。

新聞の例

a. 利子源泉税の導入は自由な市場の育成<u>という</u>時代の流れに逆行する。

b. 《国際決済銀行で決定した金融機関の自己資本比率規制に関して》金融界は公共債や一般債券の流動化<u>といった</u>自己資本比率向上策を認めるよう大蔵省に求めていく。

c. 《機械の景気がここへきて一段と上昇している。》各社は残業を増やして対応しているが、納期に間に合わない<u>といった</u>ケースも出現している。

4—A 意見 など Opinion	4—B 態度、動向 Attitude, Trend
4—A—(1) 考え	4—B—(1) 気配
(2) 意見	(2) 兆し、兆候
(3) 意向	(3) 動き
(4) 見方	(4) 形
(5) 観測	(5) 格好
(6) 懸念	(6) 構え
(7) 声	(7) 姿勢、姿
(8) 向き	(8) 模様
(9) 意欲	(9) ～気味
(10) 含み	

4—A Opinion

4—A—(1) 考え idea, intention, plan, thought

基本文

- この問題を解決するために、何かいい考えがありませんか。
- 社長は職住近接の利点を考えて、業務の一部を地方に移転する考えを明らかにした。

新聞の例

a. 竹下首相は消費税法案の審議の中で自らの見解を明らかにしたいとの考えを示した。

b. 《富士フィルムはオランダ工場でフィルムの生産を開始する。》オランダ工場の生産能力は徐々に引き上げて、数年内には、同社のフィルム製造能力の半分の水準まで向上させる考え。

4—A—(2) 意見 opinion, view

基本文

- 会議では「現在のところ経営の拡大は時期が早すぎる」との意見もあった。

a. 《新型間接税に関して》「授業料が非課税にならないなら実額控除を認めるべきだ」との意見も出ている。

b. 「仮に郵便局が平日8時まで機械を稼動しても《銀行は》追随する必要はない」との意見が大勢。

4—A—(3) 意向 intention, one's mind

基本文

● 交渉を進める前に、相手の意向を探ってみる必要がありますね。

新聞の例

a. 宇宙基地協定交渉中で、米国防省が基地の利用の意向を表明した。

b. 自動車業界は車の輸出に対する自主規制の意向があることを強調した。

4—A—(4) 見方 view, viewpoint, outlook

基本文

● 彼はこの件に関し、ほかの人とはちょっと違った見方をしています。

● 少年非行は家庭に問題があるという見方もある。

新聞の例

a. 市場では当面、円主導の展開がが続くとの見方が大勢だ。

b. 金融報復条項が復活するとの見方が多い。

c. 韓国の対外債務残高は、今年末には300億ドルを割るとの見方も出ている。

4—A—(5) 観測 observation

基本文

● 企業の求人が増え、来年は「求人難時代」になりそうだとの観測が出ている。

● 労働者の転職志向の傾向は今後高まるとの観測が強い。

新聞の例

a. 西独連銀が25日の定例理事会で、マルク安に歯止めをかけるため再利上げを決定する公算が大きいとの観測も出ている。

b. 「ドルは130円をはさんで安定基調が続く」との観測が支配的になっている。

4—A—(6)　懸念　けねん　fear, concern

基本文

- 彼は最近体重が減りはじめ、癌再発の懸念があったが、検査の結果は幸いシロであった。
- 米国の金利上昇で、世界的な金利高に対する懸念が強まっている。

新聞の例

a.　大蔵省幹部からは「3％の税率では減税財源を賄い切れない」との懸念も出ている。

b.　問題は、米経済の成長が続くと先行き景気過熱の懸念が強まることだ。

c.　欧米に比べ《日本では》インフレ懸念が広がっていない。

4—A—(7)　声　こえ　voice, opinion

基本文

- 東京の交通渋滞について、一般乗用車の都心への乗り入れを禁止すべきだという声も出ている。
- 政府の道徳教育の復活案に対して、「この種の教育は家庭で行うべきだ」との声が多い。

新聞の例

a.　米金利の一段の上昇を予想する声がある。

b.　途上国側には、先進国資本の活動への規制が不可欠との声が多い。

c.　トヨタとＶＷ《フォルクスワーゲン》の共同生産が進む中で、四ＷＤ（四輪駆動）タイプを求める声が強まっていた。

d.　再び対策が後手に回ることを心配する声も農業関係者の間に出ている。

4—A—(8)　向き　むき　direction, tendency, those who have the same view

基本文

- 所得の高い階層には強い円を利用して海外に別荘を持ち、老後はそこで生活しようとする向きもある。
- 製造業の稼動率が15年ぶりの高水準に達しているが、「需要増加より設備抑制による要因が大きい」と見る向きが多い。

新聞の例

a.　《全国農業組合の》運動路線に微妙な変化が出ると見る向きもある。

b.　内外の投資家は米長期債購入に一段と慎重になる向きが増えている。

c.　前日までドルを売っていた向きの買い戻しが強まり、1ドル＝124円50銭に下げた。

4—A—(9) 意欲 will, volition, positive attitude

基本文

● 彼は仕事ができないのではなくて、仕事に対する意欲が足りないのです。

● 部長は新技術をとりいれた商品の開発に意欲を見せている。

新聞の例

a. 政府・産業界はイラン・イラク戦争の停戦実施日の決定を歓迎、戦後復興、貿易の拡大に協力していく。産業界も貿易やプラント商談などの再開に意欲を見せている。

b. 東北大《東北大学》の工学部長は「留学生はきわめて優秀で、研究に対する強い意欲を持っている人が多い」と強調する。

c. 円の先安感は根強く、海外勢を中心に円売り意欲は衰えていない。

4—A—(10) 含み implication, included, hidden

基本文

● 外国企業への資本参加について、会社側は「条件次第では、交渉に応じないこともない」と回答に含みをみせた。

● 債券の時価が簿価より高い場合にはその差額を含み益といい、反対に時価が簿価より低い場合にはその差額を含み損といいます。

● 含み資産は会社の資産の価値が帳簿に記入された額よりも大きい場合の差額をいい、含み資産が大きい会社の株を含み資産株と呼んでいます。

新聞の例

a. 《間接税に関し》「福祉、教育、医療、食料、などECでも非課税となっている物の取り扱いは決めていない」と今後の対応に含みを残した。

b. 渡辺政調会長も間接税の税率は「3％以上、5％未満」と含みのある発言をし始めている。

4—B Attitude, Trend

4—B—(1) 気配 sign, sense, tone, mood

基本文

● 人が近付く気配がしたので後ろを見ると、彼が立っていた。

● コンビニエンス・ストアの売上が最近減少しはじめ、店を閉めるところも出てきそうな気配をみせている。
● 株式市場は朝から売り気配ではじまり、とくに造船などの大型株や電鉄、不動産株が大幅に売られた。

新聞の例 ─────────────────────────────────

a. 低めの税率や非課税を求める声は一段と高まりそうな気配だ。

b. OPEC経済委員会の先週会議では、サウジアラビアとイランは《石油生産量に関して》歩み寄る気配をみせなかった。

4—B—(2)　兆し、兆候　sign, indication, symptom

基本文 ─────────────────────────────────

● 数日前から弱い地震が続き、大地震発生の兆しではないかと心配された。
● 国内需要が少しずつ増大し、景気回復の兆しが見えてきた。
● 米国とソ連の歩み寄りによって東西の緊張緩和の兆候が見えてきた。

新聞の例 ─────────────────────────────────

a. イラン・イラクの停戦実現を受け、これまで低迷を続けていた原油市況も堅調になる兆しが出ている。

b. 日米貿易収支不均衡が改善の兆しを見せ、ドルがじりじりと底値を切り上げている。

c. インフレの兆候もなく、経済企画庁では「2年から2年半は経済は拡大を続けるだろう」と判断している。

d. 日銀澄田総裁は海外の原材料高を受けて上昇し始めた商品市況については「インフレの予兆とみるのはあたらない」と語った。

4—B—(3)　動き　movement, trend

基本文 ─────────────────────────────────

● 原材料の値上がりを背景に、製品価格を引き上げる米国企業の動きが見立ってきた。
● 米ドル高を食い止めインフレを抑えるために、西独をはじめヨーロッパ各国で公定歩合引き上げの動きが出てきた。
● ソ連のゴルバチョフのペレストロイカ推進にともなって、東欧諸国で経済・言論の自由化の動きが見えはじめた。

a. 米企業買収ゲームの中で株主の利益確保に本格的に取り組み始めたのは、新しい動きである。

b. 《インドネシア経済界では》政府の方針に呼応、輸出に挑戦する動きが相次いでいる。

4—B—(4) 形 form, shape

基本文

● 二人は平等に家計と家事を分担して、共同生活の形をとっていっしょに住んでいる。
● 日本の自動車の対EC向け輸出自主規制枠は毎年夏ごろ決定し、日本側がEC側に通知する形をとっている。

新聞の例

a. 牛肉・オレンジの自由化問題はガットに解決をゆだねる形になった。
b. 竹下首相はレーガン大統領との会談で自由化を約束した形になった。
c. 外銀などの円買い・欧州通貨売りにつられる形で円が対ドルでも値を上げた。

4—B—(5) 格好 appearance, dress, shape, manner

基本文

● Tシャツにジーンズといった格好ではパーティーに出られないから、着替えてきます。
● 経営の多角化を提案した部長は重役会議にオブザーバーの格好で出席することになった。

新聞の例

a. NTTはポケットベル事業の運営は子会社に業務委託する格好。
b. 混乱し続けていたブラジルの債務問題はどうにか危機を乗り切る格好である。

4—B—(6) 構え
posture, attitude (towards some change or against something)

基本文

● この下町の住民たちは不動産ブローカーの土地買い上げ攻勢に一致団結して対抗する構えを見せている。
● 野党側は間接税の導入について、あくまで反対の構えを示している。

● 日本の機械メーカーは欧州共同体（ＥＣ）でのダンピング問題に対処するため、現地生産に移行する<u>構え</u>を見せている。

a. ドル高・円安が進行した場合、日銀としてドル売り・円買い介入も辞さない<u>構え</u>であることを示唆している。

b. 野党側は自民党側の作戦に対し一歩も引かない<u>構え</u>をみせている。

c. 特にポルポト派は武力闘争の<u>構え</u>を崩していない。

4—B—(7)　姿勢、姿　posture, position, stance, attitude

基本文

● そんな<u>姿勢</u>で本を読むと目が悪くなりますよ。

● 課長は女子事務員のお茶汲み拒否運動に協力的な<u>姿勢</u>を見せている。

● 日本の金融機関は大蔵省の政策に従う<u>姿勢</u>をとっている。

新聞の例

a. 中国首脳の発言としては従来より柔軟な<u>姿勢</u>を見せた。

b. 輸出企業などは依然静観の<u>姿勢</u>を崩していない。

c. 日本側としては、まず、中国側と企業商社が話し合うべきだとの<u>姿勢</u>だ。

d. 米政府側は自由化後も《畜産振興事業団の》この<u>姿</u>が変わらないと懸念を抱いている。

4—B—(8)　模様　pattern, trend, look, state of affairs

基本文

● 台風はこのまま進むと、明日の朝には九州に上陸する<u>模様</u>。

● 飛行機墜落事故による負傷者は40名以上とされ、今後調査が進めばさらに増える<u>模様</u>である。

新聞の例

a. 米ボーイング社もココムの輸出認可を得た<u>模様</u>で、東西交流はハイテク(高度先端技術)分野を含む新段階に入った。

b. <u>いすず自動車</u>は《昭和》63年4月中間期は営業損益が黒字に転換した<u>模様</u>である。

c. 《日米事務レベル協議で》自由化1年目の関税の水準は60%台の攻防が続いている<u>模様</u>。

4—B—(9)　〜気味　a little〜, rather〜

基本文

● このごろ少し太り気味になってきたので、毎朝ジョギングをしています。
● 彼は毎日残業が続いて疲れ気味のところにかぜを引いて、とうとう寝込んでしまった。

新聞の例

a.　「午後に入ると売り買いいずれも大きく動きづらい」との見方が広がり商いは細り気味。

b.　中長期的にみると国債の大量償還を控えて債券市場の需給関係はひっ迫気味。

5．意見、態度、動向　(2)

5—A　意見を表わす
Expressing One's Opinion

    5—A—(1) 発表する　ほか

    (2) 明らかにする

    (3) 表明する　ほか

    (4) 提言する　ほか

    (5) 〜としている

    (6) 主張する、強調する

    (7) 釈明する、弁明する

5—B　合意、反論を表わす
Expressing Mutual Agreement and Counterargument

    5—B—(1) 賛成する、同意する

    (2) 合意する　ほか

    (3) 異存はない

    (4) 歩み寄る

    (5) 反対する、反発(する)

    (6) 反論する、異論を唱える

(7) 否定する、拒否する

(8) 抵抗する

(9) 難色を示す　ほか

(10) 批判(する)

(11) 食い違い

5—C 動向を表わす
Expressing a Trend

5—C—(1) 打ち出す

(2) 踏み切る

(3) 乗り出す

(4) 着手する

(5) 手がける

(6) 取り組む

(7) 推進する、進める、進む　ほか

(8) 力を入れる　ほか

(9) 手控える　ほか

(10) 見送る　ほか

5—D 否定形を含む慣用表現
Idiomatic Expressions Containing the Negative

5—D—(1) 〜ざるを得ない

(2) やむを得ない

(3) ないわけではない

(4) わけにはいかない

(5) 〜というほかはない

(6) 言うまでもない

5—A Expressing One's Opinion

5—A—(1) 発表する　ほか　to announce
　　　　　　　～ヲ／～ト発表する

基本文

● 経済成長の見通しを発表した。
● 来年度の予算案が発表された。

新聞の例

a. 米連邦準備理事会（FRB）は9日、公定歩合を0.5％引き上げて、6.5％とすることを決めた。FRBは「インフレ圧力を和らげるのが目的」との声明を発表した。
　　フィッツウォーター米大統領報道担当補佐官は、物価上昇圧力は弱く、インフレ率も公定歩合もまだ低い水準だと述べた。しかしFRBの公定歩合引き上げは米景気の拡大継続を支援するだろうと語った。
b. ECは近く今後の共通自動車産業政策をまとめた白書を発表する予定。

5—A—(2) 明らかにする　to make clear, to make public
　　　　　　　～ヲ明らかにする

基本文

● 社長は重役会で、この3月末で引退する決意を明らかにした。

新聞の例

a. 来日中のE・スターン世界録行副総裁は22日、累積債務問題への対応や東京市場での新規資金調達について見解を明らかにした。
b. 日銀は物価が定定すれば来年春以降も景気拡大が続くとの見方を明らかにした。

5—A—(3) 表明する　ほか　to express, to manifest
　　　　　　　～ヲ表明する

基本文

● 政府は米国に対し、米以外の農産物を自由化する用意があることを表明した。

a. 竹下首相は、中南米の累積債務国対策として、日本が資金面で協力する意向を表明する。

b. 竹下首相は、日本の中国向けコンピューター輸出規制を緩和していることを《中国側に》説明し、さらに《ココムの規制》緩和に努力する旨表明し、理解を求めた。

c. 82年6月イラクはイラン領からの完全撤退を決定、イラン側に停戦を呼びかけた。が、最高指導者ホメイニ師はこれをけり、戦争継続を言明した。

5—A—(4)　提言する　ほか　to propose
　　　　　　　　　〜ヲ提言する

基本文

● 外務省、通産省、経済企画庁は政府に対して、外国人出入国規制の緩和を提言した。

新聞の例

a. 《東京の土地利用など国土計画について》具体的には「遷都の検討」「遊休地の課税強化」などを提言。

b. 竹下首相はトロントサミットで、中南米の累積債務国対策として経済成長を促すという解決策を提案する。

5—A—(5)　〜としている　(they) state that

基本文

● 「中古車を賢く買う方法」という記事では、新車販売が好調だった翌月か翌々月が中古車の買い時だとしている。

● 某氏は米国の対日貿易赤字は「アメリカ側の企業努力が足りないことにも原因がある」としている。

新聞の例

a. 社会党幹部は「土井委員長訪韓の環境は整った。あとはいかに土井氏の訪韓を意味あるものにするかだ」としている。

b. 《イラン・ジャパン石油化学（ＩＪＰＣ）に関し》三井物産は早急に調査団派遣を決める予定だが、社長、副社長クラスをイランに派遣することもありうるとしている。

c. 政府・日銀は米国が公定歩合を0.5％引き上げたことについて「当面、日本の金融政策が大きく変わることはない」としている。

5—A—(6) 主張する、強調する　to insist, to claim, to emphasize

　　　　～ヲ／～ト主張する／強調する

基本文

- 野党側は会期の延長が必要であると主張した。
- 首相は不公正税制改正の重要性と間接税導入の必要性を強調した。

新聞の例

a. 経済企画庁は、厳しい土地利用計画を作成し、オフィス開発は一定の地域に限定することを主張している。

b. レーガン大統領は、サミットに臨む方針の中で日米間の農業問題とアフガニスタン難民の援助を強調した。

5—A—(7) 釈明する、弁明する　to explain oneself, to vindicate oneself

　　　　～ト釈明する／弁明する

基本文

- 社長は労働組合員の質問に対し、「オートメーション化は進めるが、現在の従業員数を減らす気持は全くない」と釈明した。
- 収賄の疑いをかけられた国会議員は、「政治資金として受け取ったもので、決して汚い金ではない」と弁明した。

新聞の例

a. 同委員は「不公平税制のひずみをなくすため新税制を考えようというもので、増税を狙っているのではない」と釈明。

b. 同会長は「個人として感想は言えても、かってに税制調査会を代表することは出来ない」と弁明した。

5—B　Expressing Mutual Agreement and Counterargument

5—B—(1) 賛成する、同意する　to approve, to agree

　　　　～ニ賛成する

基本文

- その案に賛成する人は少なかった。

a. 《日経1万人電話調査》消費税の実施時期については「来年4月からに<u>賛成</u>」は2割弱にすぎない。

b. 中国の李鵬首相は中断している日中投資保護協定交渉を8月の竹下首相訪中までに決着させたい考えを示し、宇野外相も<u>同意した</u>。

5—B—(2)　合意する　ほか　to agree

　　　　　～デ合意する

基本文

● 賃上げをめぐる経営者・労働者の交渉は予想以上に早く<u>合意</u>を見た。

● 両社の合併で最後まで残った社長問題は、一方の社長が新会社の会長の席につくという形で<u>合意した</u>。

新聞の例

a. <u>旭硝子</u>と<u>米コーニング社</u>は合弁会社を設立すること<u>で合意した</u>。

b. 英国は最近、過去に破壊された外交関係施設の補償<u>で</u>イランと<u>合意した</u>。

c. 東西ドイツ首脳は「今後も関係を深める」という基本認識<u>で一致した</u>。

5—B—(3)　異存はない　to have no objection

基本文

● 経営の合理化についてはわれわれの職場が確保されれば、全く<u>異存はありません</u>。

新聞の例

a. 外務省筋は16日、発展途上国の大使館共同ビルの用地として、<u>東京都港区の日本電信電話（NTT）</u>の子会社所有の土地が有力になっていることを明らかにした。同筋によると<u>NTT側</u>も特に<u>異存はない</u>という。

5—B—(4)　歩み寄る　to compromise, to make mutual concessions

基本文

● 米国・ソ連両国は軍備縮小と東西の緊張緩和に向かって<u>歩み寄る</u>姿勢をみせはじめた。

● 国会は新法案をめぐって、与・野党の<u>歩み寄り</u>がみられず、そのまま休憩に入った。

a. ＯＰＥＣ経済委員会の会議では、サウジアラビアとイランは《石油生産量に関して》歩み寄る気配をみせなかった。

b. 南北朝鮮の本会議の実現をめざす予備会談が19日開かれた。しかし本会談の構成については、両者の歩み寄りは見られなかった。

5—B—(5) 反対する、反発(する)　　to oppose, to repel
～ニ反対する／反発する

基本文 ————————————————————————————————————

- 彼は優秀なビジネスマンであるが、独断的な発言と行動に反発する人もいる。
- 大量投資によって、輸出市場でのシェア拡大を進めている日本企業の行動が外国からの反発を買っている。
- 下げ一方だった株式相場が、長期金利の低下を背景に反発し、高値を示した。

新聞の例 ————————————————————————————————————

a. 現在ユーロ円債市場では、2年物と3年物のユーロ円債の発行は出来ない。これは都銀などが自分たちの金融商品と競合するとして強く反対しているため。

b. 生産者米価下げには農協、自民党農林族が反発するとみられる。

c. 欧州各国が相次いで利上げに踏み切った中で、西独マルクの反発が鮮明となり、ドルや円など主要通貨に対して全面高となっている。

5—B—(6) 反論する、異論を唱える
to bring forth a counterargument, to raise an objection
～ニ～ト反論する

基本文 ————————————————————————————————————

- A社との合併に関して「時期が早すぎる」と反論する人もいる。
- 輸入の自由化が進んで牛肉やオレンジが安く買えることに異論を唱える消費者はないだろう。

新聞の例 ————————————————————————————————————

a. 《南北朝鮮予備会談で》北朝鮮は連席会議を主張。これに対し韓国側は「本会談を効率的に進めていくには国会議員の代表による形式が望ましい」と反論した。

b. 11日の社会党中央執行委員会でも土井、石橋両氏の訪韓問題について党三役に一任することに左派グループも異論を唱えなかった。

5—B—(7) 否定する、拒否する　to deny, to negate, to refuse, to reject
～ヲ否定する／拒否する

基本文

- 彼は記者会見で、暴力団とのつながりを全面的に否定した。
- 日本企業の終身雇用・年功序列制度に変化がでてきたことは否定できない。
- A銀行は同社の新事業への融資を拒否した。

新聞の例

a. 米共和党政策綱領は「どんな増税の試みにも反対する」と明記し、増税を否定しない民主党との違いを際立たせた。

b. 《円高に対する》合理化計画、海外生産拡充計画など大企業の戦略に比べると、中小企業で出遅れ感があるのは否定できない。

c. 日米欧の一部銀行が「不良債務国」とのこれ以上の付き合いを嫌い、融資を拒否している。

5—B—(8) 抵抗(する)　resistance, to resist
～ニ抵抗する

基本文

- 会社の合理化案に組合側は強く抵抗している。
- 海外で生活して帰ってきた日本の子供たちは、学校で制服を着ることに抵抗を感じるという。

新聞の例

a. 石油液化ガス（LPG）輸入・元売り各社は、値下げに抵抗している。
b. 行政機構簡素化には様々な抵抗がある。

5—B—(9) 難色を示す　ほか　to be reluctant, to show disapproval
～ニ難色を示す

基本文

- 外国人単純労働者の受け入れに対して、一部の企業は難色を示している。
- 週休二日制は稼動率の低下につながると難色を示す企業もある。

a. 外国人労働者の雇用許可制に法務省が難色を示している。

b. フランスは英国で製造した日産車《日産製自動車》の欧州大陸市場への輸出に対し、欧州車扱いでこれを認めることに難色を示し、英国政府と対立している。

c. 同大統領は「日本のODA（政府開発援助）のGNP比率は低すぎる」と不満を示した。

5—B—(10)　批判（する）　**criticism, to criticize**
～ト批判する

基本文

● アジア系の外国人は「日本人もアジアの一員なのに、自分と同じアジア人を差別する傾向がある」と批判している。

● 海外進出をした日本企業に対して、日本人は自分たちだけの社会を作っているという現地の人々の批判が聞かれる。

a. 米国は「世界的金利懸念のきっかけをつくったのは西独だ」と決め付け、西独は「実は日銀の金利高の放置だ」と批判する。

5—B—(11)　食い違い　**difference, divergence**

基本文

● 車の接触事故を起こした2人の話には大きな食い違いがあり、両方とも正当性を主張している。

a. 南北朝鮮予備会談では本会談をめぐる運営方式で基本的な食い違いがみられた。

5—C　Expressing a Trend

5—C—(1)　打ち出す　**to set forth, to hammer out**
～ヲ打ち出す

基本文

● この会社は研究開発部門に限って、フレックスタイム制を採用する考えを打ち出した。

●政府は食糧管理制度の見直しや農作物の輸入自由化を進める方針を打ち出した。

新聞の例

a. 《米共和党政策綱領は》日本に対しては防衛支出とともに発展途上国向け経済援助の拡大を求める方針を強く打ち出した。

b. 民間銀行はCD（現金支払機）の時間延長を当面見送る。これに代わる利用者への見返り策として夜間金庫や住宅ローン相談店舗の増設を打ち出す。

c. 政府は21世紀初頭に、現在2万5000人強の留学生を10万人まで増やす方針を打ち出している。

5—C—(2)　踏み切る　to venture, to finally take action
　　　　　　〜ニ踏み切る

基本文

●今年大学を終わる彼は、大学に残るかすぐ社会に出るかで迷ったが、結局就職に踏み切った。

●この会社は経営不振が続いて、ついに人員整理に踏み切った。

新聞の例

a. 日銀は、東京市場の展開次第では円買い・ドル売り介入に踏み切る。

b. 三菱油化は需要増に対応し、増産に踏み切った。

c. 6年連続の利上げに踏み切った英国の狙いは、国内のインフレ対策が最大の焦点である。

5—C—(3)　乗り出す　to start out, to launch
　　　　　　〜ニ乗り出す

基本文

●半導体メーカーは一斉に大幅な増産に乗り出す予定だ。

●不安定な経済情勢に対応するため、企業は相次いで経営の多角化に乗り出した。

新聞の例

a. 通産省は大手建設会社や機械メーカー、国立研究所などと共同で地下空間利用の開発に乗り出す。

b. 防衛庁はバーコード（線府号）を用いて備品管理・供給体制の強化に乗り出す。

c. 日本のトラックメーカー各社が米国で一斉に小型トラック市場の開拓に乗り出した。

5—C—(4)　着手する　to start, to undertake
～ニ着手する

基木文

- この研究所はバイオテクノロジーを使って大量のコピー苗を作る実験に成功し、このほど実用化に着手することになった。
- 海運業界は不況が続いていたが、来年から国際旅客船の運行に着手する。

新聞の例

a. 政府機関の地方移転について政府は国土庁を中心に、具体的な移転計画に着手する。
b. 米国の大手建設・エンジニアリング会社ベクテル社は、日本の大規模プロジェクトの受注をめざし、大成建設と共同で市場調査に着手した。

5—C—(5)　手がける　to handle, to manage, to deal with
～ヲ手がける

基本文

- 地方都市の市民会館では早くからコンサート、文化講座、図書館の充実など種々の文化活動を手がけ、とくに女性の参加がめざましい。
- デパート、スーパーマーケットではアジアNIES製の衣料品などの販売を手がけて売上げを伸ばしている。

新聞の例

a. 丸紅は航空機のファイナンスリースでは約60機の実績を持つ。中古機売買や資本参加した米インタークレジット社の事業へのファイナンスなども手がけていく。

5—C—(6)　取り組む　to tackle, to wrestle, to undertake
～ニ取り組む

基本文

- 今、卒業論文の作成に取り組んでいます。
- 彼は大学の医学部卒業後研究室に残り、癌の予防ワクチン開発に取り組んでいる。

新聞の例

a. 日本大洋海底電線の技術開発部は新型海底ケーブルの開発に取り組む。
b. 三越は、英国政府の推進している対日輸出拡大キャンペーン「オポチュニティ・ジャパ

ン」に協力、ロンドン三越店舗内に対日輸出商談を仲介するためのショールームを設置することを決めた。百貨店がこうした取り組みをするのは初めて。

5—C—(7) 推進する、進める、進む　ほか
to push forward, to promote, to be in progress
~ヲ推進する／進める、~ガ進む

基本文

● 完全週休二日制が実施されれば国民の余暇が増え、結果として内需の拡大を推進することになる。
● この製薬会社ではバイオテクノロジーを利用した医薬品の研究・開発を進めている。
● 消費者の食物に対する好みが多様化し、食品産業では市場・商品の細分化が進んでいる。
● 政府は人口や経済の東京集中を是正するため、地方都市の活性化を促進する。

新聞の例

a. 凸版印刷は川口工場内に首都圏の物流を一元化するセンターを設け、物流の合理化を推進する。
b. 花王やライオンなど大手メーカーは設備の刷新で人員を合理化する一方、生産工程の自動化、効率化を進めている。
c. ゴルバチョフ書記長のペレストロイカ政策で国民の意識改革が進んでいるとの指摘がある。

5—C—(8) 力を入れる　ほか　to place importance on
~ニ力を入れる

基本文

● 我が社ではお客様に対するアフター・サービスと新しい情報の提供に力を入れています。
● 金利の自由化に向けて、各銀行は有利な金融商品の開発に力を入れている。

新聞の例

a. 化学大手各社が最終消費財（石けんなど）を中心とした新規事業に力を入れている。
b. 新日本製鉄は情報通信分野の事業展開に備え、システムエンジニア（ＳＥ）、プログラマーの自社養成に本腰を入れ始めた。

5—C—(9) 手控える ほか to refrain from
～ヲ手控える

基本文

● この輸出型企業は内需型への転換に成功し、もうしばらく状況をみることにして設備投資を手控えている。

● 景気が回復しはじめ新入社員の採用を増やす企業が増えているが、中小企業の中には今年は増員を手控えているところもある。

新聞の例

a. TDK《東京電気化学工業》などは、9月までの予約をほぼカバーしており、しばらくは輸出予約を手控える。

b. 《短期手形市場》円安による金利先高観は根強く、投資信託などは《手形の》買いを手控えた。

c. 投信など手形買い控え《見出し》

5—C—(10) 見送る ほか to see off; to let (it) go
～ヲ見送る

基本文

● 円はまだ高いし、日本への旅行は今年は見送ろう。

● 事業の拡大で事務所が狭くなり移転を考えたが、業績の結果が出る来年5月までは見送ることにした。

新聞の例

a. 昭和シェル、出光石油などは相次いでイラン石油との契約更新を見送っている。

b. 《債券相場》最終投資家は9月決算を控えて完全に見送り姿勢。

c. 《株式市場》実質月替わりにもかかわらず見送り気分が強く、日経平均は反落した。

d. ビルマの民主化運動の高まりとともに、外務省幹部は「現政権に対する援助はたとえ要請があっても見合わせる」と考えを示した。

5—D Idiomatic Expressions Containing the Negative

5—D—(1) ～ざるを得ない cannot help(-ing)

基本文

- 社長の命令には従わざるを得ません。
- 金融市場の国際化に対応するためには、銀行もこれまでの経営のあり方を変更せざるを得ない。

新聞の例

a. 「40％以上の部品を現地で調達するのは至難のわざ、生産計画の見直しをせざるを得ない」と各社とも深刻な表情だ。

b. レーガン大統領は議会とのかけ引きの中で、工場閉鎖事前通告法案の成立を承認せざるを得なかったことを明らかにした。

5—D—(2) やむを得ない cannot be helped, inevitable

基本文

- 中高年の日本人の間には、仕事のために自分の生活を犠牲にしてもやむを得ないという考えがいまだに残っている。

新聞の例

a. 《牛肉・オレンジ輸入自由化の》交渉が決裂し、ガットでのパネル設置に至ったことはやむを得ない。

b. 経済企画庁は首都圏の地価対策に関する報告で、国民に私権制限もやむを得ないと理解を求めていくべきだとしている。

5—D—(3) ないわけではない there is some possiblity (that, for)

基本文

- 実験に失敗する心配がないわけではないが、とにかくやってみましょう。
- 今資金がないわけではないが、投機的な投資には賛成できない。

新聞の例

a. 米コンピューターメーカーは最先端半導体製品の１MD RAMの品不足が年内いっぱい

は続くと見ており、販売ピーク時には1MDRAM不足で製品の供給がストップする恐れもないわけではないとの懸念が出ている。

《1MDRAM＝1メガビットダイナミックRAM》

5—D—(4)　わけにはいかない　it is impossible to, can't afford to

基本文

● 頭が痛いから、今日のパーティーには出たくないけれども、スピーチを頼まれているので、出席しないわけにはいかない。

新聞の例

a.　同社長は「ライバル会社が仕事をしているのに、ウチだけ休むわけにはいかない」と言っていた。

5—D—(5)　〜というほかはない　can say nothing else but

基本文

● 就職したばかりの会社が倒産した。不運というほかはない。

新聞の例

a.　利用価値が低くなれば、ものの値段は下がるのが当り前。低速になればなるほど値上げする首都高速の商法は全く奇怪というほかはない。

5—D—(6)　言うまでもない　it goes without saying that

基本文

● この計画の実行には、十分な調査と準備が必要なことは言うまでもありません。
● 言うまでもなく、国によって文化や習慣が違います。

新聞の例

a.　《西独の景気がよくなると他のEC諸国が活気づく》西独の業者は製品をこれらの国に摩擦なく売り込む。流出した外貨が戻ってくるのは言うまでもない。

6. 願望、期待、勧告　など

6—A　願望、要求　など
Desire, Request

6—A—(1)　～たい、～てほしい

(2)　求める、申し入れる　ほか

6—B　期待　など
Expectation

6—B—(1)　期待する

(2)　望む、希望(する)

(3)　望ましい、好ましい

6—C　勧告　など
Advice, Counsel, Recommendation

6—C—(1)　促す、働きかける　ほか

(2)　勧告する

(3)　～べき

6—A　Desire, Request

6—A—(1)　～たい、～てほしい　to want to

基本文

● 道路公団は住民の騒音公害に対する訴えを話し合いで平和に解決したい考えだ。

● 社長は全従業員を集めて、会社再建のために協力してほしいと話した。

新聞の例

a.　この事態を避けたいとする首相と幹事長らの利害が一致した。

b.　損保業界はかねて国債の窓販《窓口販売》を認めてほしいと大蔵省に求めていた。

120　READING FINANCIAL ARTICLES

6—A—(2)　求める、申し入れる　ほか　to request, to make a proposal
～ニ～ヲ求める

基本文

● 税制改革による間接税の導入をめぐって、その見直しを求める声が大きい。
● 労働者側は経営者側に労働条件の改善と賃金の値上げを要求した。
● アメリカの海軍軍人ペリー(Matthew Calbraith Perry)は1853年浦賀に来て幕府に通商を申し入れた。

新聞の例

a.　政府はまず協議の場で、米側の誤解を指摘、報復撤回を求める。
b.　文部省は各教育委員会などに、生涯学習の需要の動向や施設を定期的に調査し、公表するよう求めている。
c.　米政府はコメの早期輸入解禁を日本に要求する方針を明らかにした。
d.　通産省は特約店に対して安値販売の防止を要請している。
e.　開発計画の策定作業を中断するよう日本側に申し入れていた。

6—B　Expectation

6—B—(1)　期待する　to expect
～ニ～ヲ期待する

基本文

● 経済大国になった日本に、同国は援助を期待している。
● 定年退職の日を迎えた彼は、「次の世代の活躍を期待する」と挨拶した。

新聞の例

a.　食品業界は基本的には牛肉・オレンジの輸入自由化を期待する立場を示した。
b.　ヤイター米通商代表部代表は「日本国内からは高い評価を受けている竹下さんの手腕に期待したい」と表明。

6—B—(2)　望む、希望（する）　to wish, to hope
～ニ～ヲ望む

基本文

● 社員は新社長に組織の抜本的な改革を望んでいる。

● 先方は、毎月20日までに製品を納入することを希望している。

新聞の例

a. 澄田日銀総裁は外為市場や、株式・債券市場など市場全体の一層の落着きを望むと語った。

b. 中国の李首相は「私達は二つの中国を支持する動きを望んでいない」と強調。

c. この債券の期間は9カ月から5年までとなっており、投資家の希望に応じて満期を設定する。

6—B—(3) 望ましい、好ましい be desirable, be preferred
～ガ望ましい／好ましい

基本文

● 女性が地位向上のためには、まず男性の理解と協力を得ることが望ましい。
● 忙しい毎日のストレスを軽くするために、何か運動をすることが好ましい。
● 日本人が休暇も取らずに長い時間働くのは好ましくないと外国から批判されている。

新聞の例

a. 竹下首相は一般消費税方式が一番合理的で望ましい間接税だと考えている。

b. 金融引き締めより緊急財政で対処することが米国や他の国々にとって望ましい。

c. 東西両ドイツ首脳ともこれまでの両国の関係の進展は好ましいと評価した。

6—C Advice, Counsel, Recommendation

6—C—(1) 促す、働きかける ほか
to demand, to urge, to appeal, to approach
～ニ～ヲ促す／働きかける、～ヨウ促す／働きかける

基本文

● 先進国首脳会議では貿易収支の大幅な黒字を抱えている日本、西独に対し内需を拡大するよう促した。
● 店長は全従業員に経費の節約を促した。
● 住民は休日に学校の校庭を市民に開放するよう市当局に働きかけている。
● 内外の自然保護団体は産業廃棄物の海洋投棄をすぐに中止するよう訴え続けている。

● 同社は贈賄の容疑で訴えられた。

新聞の例

a. 《OECD閣僚委は》西独に対しては欧州各国や世界との不均衡是正を進めるために構造調整を急ぐよう促した。

b. 国内航空運賃は消費税導入時に割高な遠距離料金を是正するよう《経済企画庁は》運輸省に働きかける。

c. 竹下首相は25日から中国を訪問する。敦煌の遺跡保存への協力を約束し、文化面での交流強化も訴える。

d. 米企業が日本企業をダンピング容疑で商務省と国際貿易委員会(ITC)に訴える件数は88年上半期だけで7件を数えた。

6—C—(2) 勧告する　to advise
〜ニ〜ヲ勧告する

基本文

● 大蔵省は一般企業に対し、行き過ぎた為替・株式取引への資金運用を控えるよう勧告した。

新聞の例

a. 米ホワイトハウスは、関係各庁による干ばつ対策委員会を設置したと発表した。同委員会は干ばつの現状を緊急に調査し、対応策を大統領に勧告する。

6—C—(3) 〜べき　should, ought to

基本文

● 日本は国際間の相互理解のために学術・文化の交流にもっと力を入れるべきだ。
● 輸入による円高差益は消費者に還元す(る)べきだという声が高い。
● 企業が海外に進出した場合、従業員を現地で採用すべきである。

新聞の例

a. 《トロントサミット政治宣言で》対ソ認識では人権問題を含めソ連の動きを注視していくべきだと強調する。日本としてもソ連への警戒を怠るべきでないとの立場。

b. 日本の構造転換の方向を示す「新前川リポート」では年間労働時間を「現在の米国、英国を下回る1800時間にすべきだ」と指摘している。

c. 《国立大学入試に関して》試験内容を同じにすべきか、変えるべきかなど検討を加えるべき点が多い。

7—A 目的・目標
Purpose, Aim, Target

- 7—A—(1) 目的・目標
- (2) 目指す
- (3) 狙い、狙う
- (4) にらむ
- (5) 方針、方針を固める
- (6) 向け（て）
- (7) ～ため
- (8) ～に（は）
- (9) ～よう（に）

7—B 予測・推量
Forecast, Guess

- 7—B—(1) 見通し
- (2) 見込み、見込む
- (3) 予測（する）、予想（する）
- (4) ～そう
- (5) ～う、～よう
- (6) ～まい
- (7) ～かねない
- (8) つながる

7—A Purpose, Aim, Target

7—A—(1) 目的・目標 purpose, aim

基本文

- ●政府は今年度、1兆円を目標に減税を実施する。
- ●内需の拡大については毎年度4％以上の伸びを目標としている。
- ●今回の出張の目的は海外の市場の調査です。

新聞の例

a. 《マツダが工作機械の新会社を設立する。》初年度の売り上げ目標は約150億円。

b. 日本自動車輸入組合の梁瀬理事長は、記者会見し、来年の輸入車販売台数について「15万台ぐらいを目標としたい」と語った。

c. 通産省・工業技術院は、国際交流推進を目的として、今年10月1日から始める「国際共同研究補助金制度」（仮称）の来年度予算を倍増する方針を固めた。

7—A—(2)　目指す（めざす）　to aim, to have (something) in view

〜ヲ目指す

基本文

● 彼（かれ）は来年（らいねん）の大学入試（だいがくにゅうし）を目指（めざ）して、夏（なつ）も休（やす）まずに勉強（べんきょう）している。

● 韓国（かんこく）のソウルでは9月（がつ）のオリンピック開催（かいさい）を目指（めざ）してホテルなどの建設（けんせつ）がさかんである。

新聞の例

a.　衆院本会議（しゅういんほんかいぎ）が混乱（こんらん）に陥（おちい）らない形（かたち）での予算案通過（よさんあんつうか）を目指（めざ）す。

b.　横河電気（よこがわでんき）は9月（がつ）に汎用計測器（はんようけいそくき）の生産（せいさん）を始（はじ）め、3年後（ねんご）に50億円（おくえん）の売上高（うりあげだか）をめざす。

7—A—(3)　狙い（ねらい）、狙う（ねらう）　what one aims at, object, to take aim

〜ヲ狙う

基本文

● となりの猫（ねこ）がうちの小鳥（ことり）をねらっている。

● 多（おお）くの企業（きぎょう）ではOA機器（きき）を導入（どうにゅう）して、業務（ぎょうむ）の合理化（ごうりか）をねらっている。

● 会員相互（かいいんそうご）の情報交換（じょうほうこうかん）の場（ば）とすることがこのパーティーのねらいです。

新聞の例

a.　様々（さまざま）な用品（ようひん）をとり揃（そろ）え車両（しゃりょう）と合（あ）わせて販売（はんばい）することで売り上げ増（うりあげぞう）をねらう。

b.　NTTは資金調達（しきんちょうたつ）の多様化（たようか）をねらって米市場（べいしじょう）で社債（しゃさい）を発行（はっこう）する。

c.　《この法案（ほうあん）は》日系現地法人（にっけいげんちほうじん）の動（うご）きをけん制（せい）するねらいもある。

d.　西独連銀（せいどくれんぎん）は30日（にち）公定歩合（こうていぶあい）を0.5%引（ひ）きあげ、年（ねん）3.0%とすることを決（き）めた。マルク安（やす）と、国内（こくない）に高（たか）まるインフレ懸念（けねん）を抑制（よくせい）するのが狙（ねら）い。

7—A—(4)　にらむ　to stare, to watch, to keep an eye on

〜ヲにらむ

基本文

● いくらスケジュール表（ひょう）をにらんでも、あいている時間（じかん）がない。

● エネルギー政策（せいさく）は、市場（しじょう）の需要（じゅよう）と供給（きょうきゅう）の動（うご）きばかりでなく、オペックの動（うご）きもにらみながら、決（き）めなければならない。

新聞の例

a.　日銀（にちぎん）は為替相場（かわせそうば）をにらみ中立的（ちゅうりつてき）な金融調節（きんゆうちょうせつ）のカジ取（と）りをする、と見（み）る市場関係者（しじょうかんけいしゃ）が多（おお）い。

b. 食品業界、大手商社は牛肉・オレンジの自由化をにらんだ対策をこれまで通り進めていく方針だ。

7—A—(5) 方針、方針を固める policy, to decide on one's policy

基本文

● 日銀は現在のところ公定歩合の引き上げは行わない方針である。

● 現行の税制は、現在の情勢に合わなくなったため、政府は抜本的に税制を見直す方針を固めた。

新聞の例

a. 与党は対野党折衝に全力をあげる方針だ。

b. 大蔵省は9月にも大口預金金利の自由化を進める方針を固め金融界に打診した。

c. 通産省は投資摩擦を防ぐため、海外進出した日系企業の現地への融合化を後押しする「国際産業交流支援センター」を設立する方針を決めた。

7—A—(6) 向け(て) by, for, toward
～ニ／へ向け(て)

基本文

● 政府は1992年に向けて労働時間を年間、1,800時間まで短縮する方針だ。

● ソウルはオリンピック開催に向けて、市内の警備を強化している。

新聞の例

a. FRBがドル・円相場安定に向けて日銀と金融政策調整に入る考えを明らかにした。

b. 首相は累積債務問題解決へ向けた日本の役割を前面に打ち出す。

7—A—(7) ～ため for, for the purpose of, in order to

基本文

● 健康のために、毎朝ジョギングをしています。

● 経済新聞をやさしく読むための教材が開発された。

新聞の例

a. 両国は経済交流の一段の発展を進めるため、ビジネス面でも意欲的な取り組みをみせるものとみられる。

b. 必要なデータを集める<u>ために</u>、金融機関に報告書の提出を義務づけている。
c. この措置は議会の包括貿易法案審議をけん制する<u>ため</u>のものだ。
d. 住宅投資の促進とその<u>ため</u>の効果的な土地利用政策の早期実施を求めてきた。

7—A—(8)　　～に(は)　　to, for　-ing

基本文

● この本を翻訳する<u>の</u><u>に</u>どのくらい時間がかかりますか。
● 経済専門用語を調べる<u>のには</u>経済用語辞典が便利だ。

新聞の例

a. 日米経済摩擦を解消する<u>のに</u>両国の業界が率直に話し合うよう提案している。
b. 上院では、拒否権を覆して《包括通商》法案を成立させる<u>のに</u>必要な賛成票を集める<u>のは</u>難しいと見られている。
c. この支出は経常収支黒字の縮小<u>には</u>役立たない。

7—A—(9)　　～よう(に)　　so as to

基本文

● 来週の会議に間に合う<u>ように</u>計画書を作っておいてください。

新聞の例

a. 日本側がダンピングを二度としない<u>ように</u>報復すべきだ。
b. 《ジャパンラインと山下新日本汽船の合併に関して》運輸省では、大手企業に対してこうした整理統合を来年以降も推進していく<u>よう</u>指導する。

7—B　Forecast, Guess

7—B—(1)　見通し　outlook, prospect, expectation

基本文

● 手術後の経過がよく、彼は来週中には退院できる<u>見通し</u>である。
● 63年度には普通乗用車にかかる自動車税の税額引き下げが実現する<u>見通し</u>となった。

a. 今後このタイプの各メーカーの新機種投入が相次ぐ見通しだ。

b. 資源エネルギー庁が策定した石油供給計画では今年度の輸入見通しは上期60万キロリットルだ。

7—B—(2) 見込み、見込む prospect, to foresee, to anticipate
～ヲ見込む

基本文

● レジャーブームを見込んで、不動産会社は、ゴルフ場用地を買い占めている。

● この市では、来年も大幅な人口増加が見込まれ、公立小学校の建設が必要である。

新聞の例

a. 私募債の法定発行限度は《昭和》63年度には大幅緩和（純資産の2倍まで）される見込みである。

b. 《中国は》87年度の予算ベースの対外借款は146億元と前年比倍増を見込んでいる。

7—B—(3) 予測（する）、予想（する）
estimation, to estimate, to guess, expectation,
to expect, to anticipate
～ヲ／ト予測する、～ヲ／ト予想する

基本文

● 現在は学術、技術の進歩が早く、10年先を予測することは難しい。

● 新幹線などの交通機関の発達によって、都心への通勤圏が拡大することが予想される。

新聞の例

a. 経済予測では米国の場合消費者物価上昇率は前年の1.9%から3.3%になると予測している。

b. 電気最大手のシーメンスは今年9月期の業績予想を上方修正した。

c. 《完全週休二日制に関する調査によると》家族サービスに追われるつらい週末が来ると予想している40代の中年男性も多い。

7—B—(4)　～そう　to look like, to seem

基本文

● 新幹線を利用する通勤は今後ますます増えそうだ。
● 早朝から始まった会議は正午を過ぎても終りそうもない。

新聞の例

a. 今回のシュルツ米国務長官来日で中東政策をめぐる日米の意見交換は一段と深まりそうだ。

b. 議会の保護主義圧力もあって米政府の立場は容易に変わりそうもない。

c. この案に基づく自主協議も難航しそうな気配となった。

7—B—(5)　～う、～よう　same as "～ darō"

基本文

● 商談が成立するかしないかはわからないが、今月末には先方から返事がこよう。
● 金融の自由化によって、今後金融新商品の開発が進んでいこう。

新聞の例

a. 投資家のドル離れが進む中で円の国際化が一段と加速しよう。

b. 《住友セメント、三菱鉱業セメント》ともにコスト圧縮を進めているが、小幅経常減益となろう。

c. 経営者の手腕が問われているといえよう。

d. 社債の発行金利は銘柄格差が強まろう。

e. 日本もここまで来た以上欧米諸国と同じ土俵でスモウをとってもよかろう。

7—B—(6)　～まい　same as "～ nai darō" (speaker's supposition)

基本文

● こんなにいい天気だから、今晩雨は降るまい。
● 土地の価格が落ち着いてきたというが、2〜3年前の値段には戻るまい。

新聞の例

a. 西独連銀は景気に水を差すような引きしめぎみの政策は取れまいという。

7—B—(7)　～かねない　there are (some) fears that ～ might／will

基本文

● 薬に頼りすぎると、病気をひどくすることに<u>なりかねない</u>。

● 下手な説明は誤解を招く原因に<u>なりかねない</u>。

新聞の例

a.　手数料の大幅下げを実施すれば新たな金融摩擦の火種にさえ<u>なりかねない</u>。

b.　このまま６月の資金不足期に突入すると、ＣＤレートは再び４％台に<u>反発しかねない</u>。

7—B—(8)　つながる　to lead (to), to be related to
　　　　　　　～ニつながる

基本文

● 集中豪雨的な輸出は貿易相手国における失業者の増加<u>につながる</u>。

● 急ピッチな業務拡大は無理な取引<u>につながる</u>危険性がある。

新聞の例

a.　西独の輸出の回復は投資増に<u>もつながる</u>とみられる。

b.　米エレクトロニクス業界が、産官学の協力体制で高品位テレビ（ＨＤＴＶ）を開発する。テレビの技術革新が米ハイテク産業の国際競争力強化に<u>つながる</u>との判断から。

8—A 増 など
Increase

8—A—(1) 増す、増やす、増える、増 ほか

(2) 強い、強める、強まる、強 ほか

(3) 広げる、広がる、拡大(する)

(4) 高める、高まる ほか

(5) 深める、深まる

(6) 上げる、上がる、上げ、上げ足 ほか

(7) 上向く、向上(する)、上回る ほか

(8) 暴騰(する)、高騰(する) ほか

(9) 伸ばす、伸びる、伸び ほか

(10) 膨らむ、膨れ上がる

8—B 減 など
Decrease

8—B—(1) 減る、減少(する)、減 ほか

(2) 弱める、弱まる、弱 ほか

(3) 縮まる、縮小(する)、短縮(する)

(4) 低い、低下(する) ほか

(5) 下げる、下がる、下げ、下げ足 ほか

(6) 落とす、落ちる、下落(する) ほか

(7) 鈍る、鈍化(する)

(8) 薄い、薄れる、薄 ほか

(9) 乱高下(する)

8—A Increase

8—A—(1) 増す、増やす、増える、増 ほか
to increase, to grow, to swell, to rise
　　　　～ガ／～ヲ（ニ）増す、～ヲ増やす、～ガ増える

基本文

- 大雨で川の水が増した。／増えた。
- あの会社は自己資本を増して、経営基盤がしっかりしてきた。
- 富士テニスクラブの会員は20％増えて、1680人になった。
- 昨年は全従業員の20％だった女性が今年は30％に増えた。

新聞の例

a. 大衆車の品ぞろえに厚みが増す。

b. 丸井ではサービス要員を80人に増やす計画。

c. 秩序あるドル上昇なら容認するとの見方がニューヨーク市場関係者の間で増えている。

d. 《経済企画庁発表の機械受注統計によると》特に製造業からの受注増が目立った。

e. ポリプロピレン、ポリエチレンなど主要な樹脂も軒並み前年同期比二ケタ増となった。

f. 支払いの際に発注時に約束した価格より値引きする違反が、《昭和》61年度157件から《昭和》62年度は198件に増加した。

g. 製品輸入の増加傾向に拍車をかける。

h. 手形の交換額は増大した。

i. 経常利益が74億円と前期比３％の微増にとどまる見通し。

j. 《タイの国民総生産量（GNP）成長》輸出が快調に伸びているうえ、内外企業の投資も倍増の勢いをみせているためだ。

k. 輸出の伸びが大きく貿易黒字が急増している。

l. 東証の新建物が完成、コンピューターの能力増強が来年５月になる。

8—A—(2) 強い、強める、強まる、強 ほか
**strong, to strengthen, to become strong; to increase;
a little over**
　　　　～ヲ強める、～ガ強まる

新聞の例

a. 《生糸の流通在庫は》「５月末は１万俵大台乗せが濃厚」との見方が強い。

b. 昨年10月の株価暴落の直前の状況と似てきたことに米金融当局が警戒を強めている。

c. 米国でドル相場、債券相場が下げている問題について、サミットで緊急討議する可能性が強まった。

d. 市場ではドル安圧力の強まりを予想する向きも出た。

e. 売上高は前年同期比11％増の2360億円強となった。

f. ドルは西独マルクに対しては引き続き強含み。

g. 欧州中央銀行の金利引き上げを受けて欧州通貨が若干強含んだ。

h. イラン・イラク戦争終結によって原油市況はむしろ徐々に軟化するとみる見方も根強い。

8—A—(3)　広げる、広がる、拡大（する）
to expand, to extend, to enlarge, to spread
　　　　～ヲ広げる、～ガ広がる、～ガ／～ヲ拡大する

新聞の例

a. 《日銀の》この決定により海外との金利差を広げた。

b. ドル相場が底を打ったという観測が広がった。

c. ドル債に投資する動きが拡大している。

d. 今のところ対米投資が急拡大する可能性は小さい。

e. 貿易赤字は拡大傾向が続く。

f. 《冷蔵肉》輸入枠の拡大を要求するオーストラリア側に対し、日本側はチルド肉の輸入増でこれに応じたと見られる。

8—A—(4)　高める、高まる　ほか　to raise, to rise, to become high
　　　　～ヲ高める、～ガ高まる

新聞の例

a. 《日本コインコは自動販売機用硬貨識別機を韓国に輸出している。》韓国でのシェアは50％。年内にもシェアを約70％にまで高めたい考えだ。

b. ＩＮＦ削減に関する米ソ合意の可能性が高まった。

c. ドル安不安の高まりから金融資本市場でドル離れの動きが高まってきた。

d. 《穀物の国際市場が上昇》シカゴ市場でトウモロコシが昨年比86％高、大豆が73％高くなっている。

8—A—(5)　深める、深まる　to deepen
　　　　　　～ヲ深める、～ガ深まる

────────────────────────────────

a.　《ユーゴスラビア》国民の不満が高まってきたことで政治的にも一段と混迷を深めそうだ。

b.　円安加速、日銀、ジレンマ深まる《見出し》

c.　日産自動車は12日、フォードと多目的車の開発・生産で提携したと正式発表した。今回の提携を機に両社の関係は一段と深まりそうだ。

8—A—(6)　上げる、上がる、上げ、上げ足　ほか　to rise, to go up, rise
　　　　　　～ヲ上げる、～ガ上がる

新聞の例 ────────────────────────────────

a.　為替相場の落着きから日経平均は続伸。造船株に買い物。日立、東芝、ソニーも《株価を》上げた。

b.　《米国からの大手製油会社への》原料大豆の対日オファー価格が一本調子で上がっている。

c.　オプション取引きに絡む買いも上げを加速している。

d.　堅調な景気拡大に伴い国内物価の上げ足が速まっている。

e.　大手製油各社は出荷価格を一缶当たり50～100円の引き上げを決めた。

f.　不動産販売の増加が《同社の》売上高を押し上げた。

g.　韓国通貨ウォンの対ドルレートが急速に切り上がり、年初来7％の切り上げ幅となっている。

8—A—(7)　上向く、向上（する）、上回る　ほか
　　　　to turn upward, to advance, to improve, to exceed,
　　　　　　　to be over
　　　　　　～ヲ上回る

新聞の例 ────────────────────────────────

a.　設備投資需要は上向いた。

b.　株式相場は更に上向くとみられる。

c.　食品は原料安で採算が向上している。

d.　発展途上国は食糧自給率を向上させている。

e. 《ドイツ銀行の》利益は史上最高だった85年を5割近く上回った模様。

f. 新卒の採用も今年の実績を上回るのは確実。

g. 円は1ドル＝142円に上昇。

h. 国内の飼料原料価格が急上昇している。

i. 円はなお上昇の余地があるとの見方もある。

j. 本田技研工業は《昭和》63年（1～12月）の販売目標を上方修正、生産台数を約3万台上積みし134万台とする。

k. NTTの賃上げはもう一段の上積みを求めている。

l. 韓国産A重油の対日オファー価格はシンガポール市場のガスオイルに一定価格を上乗せする方式をとっている。

8—A—(8)　暴騰(する)、高騰(する)　ほか
to rise suddenly, to take a jump

新聞の例 ────────────────────────────

a. 天然ゴムが暴騰している。

b. 国際利回りは8％台に乗せた後も続騰。

c. 運賃の高騰は石油製品の輸入価格にも波及しつつある。

d. 米国では大豆などの急騰でインフレが懸念されている。

e. アルミ、銅など国内の非鉄相場が一段と騰勢を強めている。

8—A—(9)　伸ばす、伸びる、伸び　ほか
to extend, to stretch, to increase, to grow
～ヲ伸ばす、～ガ伸びる

新聞の例 ────────────────────────────

a. 《昭和63年9月中間期決算で》都銀は経常利益を前年同期比36.8％伸ばした。

b. 情報通信部門の販売が伸びている。

c. 鉄スクラップの買値が、東京市場で続伸し年初来の高値をつけた。

d. EC向け輸出は前年同月比2.0％増の低い伸びにとどまった。

e. 日経平均が朝高のあと急速に伸び悩んだ。

f. 年後半からの石油需要の伸び悩みが懸念される。

8—A—(10)　膨らむ、膨れ上がる　to swell, to swell up

〜ニ膨れ上がる

新聞の例 ―――――――――――――――――――――――――――――――――――――

a. 債券相場は軒並み上昇、取引きは膨らんだ。

b. 《米連邦準備銀行向け特別融資が高水準を続けている。》今年3月以降の融資残高は前年同期の4〜6倍に膨れ上っている。

8—B　Decrease

8—B—(1)　減る、減少（する）、減　ほか

to decrease, to be reduced; a decrease of

〜ガ減少する、〜ガ〜ニ減る

基本文 ―――――――――――――――――――――――――――――――――――――

● 収穫は昨年に比べやや少なく、3％減って56万トンになった。

● 大洪水のため収穫が昨年の約半分、52％に減った。

新聞の例 ―――――――――――――――――――――――――――――――――――――

a. 5月の米製造業の耐久財受注高が減少したことで、米景気過熱の懸念が薄れた。

b. 同村は人口が《昭和》29年には3万人だったが、60年には2万人に減った。

c. 《昭和》62年度3月期は売上高が8％減の2420億円となった模様である。

d. 《鉄鋼》4〜6月期に比べて、7〜9月期の生産量は1％の微減となりそう。

e. 《三菱油化の収益が急拡大している。》長期から短期への借入金のシフトで金利コストが軽減したのも一因だ。

f. 下半期の昨年同期比の輸出増加率は上半期の26.8％からほぼ半減し14.1％になる。

g. 現地生産により円高による輸出手取の目減りを避ける。

h. 内需拡大策が貿易黒字減らしの即効薬となりにくいことから円高の勢いは根強い。

i. 財政赤字を削減するため公共料金を値上げする。

j. コメ過剰を抑えるには、生産削減が必要だ。

k. 今期業績がさらに悪化したため役員報酬の削減幅をほぼ倍増する。

l. 過剰な原油在庫を抱えている各国が《原油》減産を決めた。

8—B—(2) 弱める、弱まる、弱　ほか　to weaken, to lessen; a little less than

〜ヲ弱める、〜ガ弱まる

新聞の例

a. 新プラントの商業運転開始は、メタノール品不足感を<u>やや弱め</u>た。

b. 借款と輸出との結びつき<u>がかなり弱まっ</u>た。

c. 証券株の商いは低水準。売買高の最も多かった<u>野村</u>で200万株<u>弱</u>にとどまった。

d. 《日経1万人電話調査》消費税の実施時期については、「来年4月からに賛成」は2割<u>弱</u>

にすぎない。

e. ユーロ円は期間の長い金利が<u>弱含み</u>。

8—B—(3) 縮まる、縮小（する）、短縮（する）
to be reduced, to reduce, to shorten

〜ニ縮まる／縮小する／短縮する

新聞の例

a. 日米の長期金利差は6月に入ってから<u>縮小し</u>始め、23日には一時3.9%台までに<u>縮まっ</u>

た。

b. 22日の円の急落は、米貿易赤字の<u>縮小</u>などが背景にある。

c. 実施期間については、3カ月に<u>短縮する</u>考え。

d. 労働省は中小、零細企業の労働時間<u>短縮</u>の促進に乗り出す。

8—B—(4) 低い、低下（する）　ほか　low, to lower, to fall, to drop

新聞の例

a. 一般機械、電気機械などの輸出は伸び始めたが、生産水準はまだ<u>低い</u>。

b. 公社債の比率は11カ月連続して<u>低下し</u>た。

c. 《経済企画庁、昭和63年度世界経済リポート》稼動率の上昇、失業率の<u>低下</u>によって

生まれた米国のインフレ懸念について次のようにみている。

d. ASEANはNICSに比べて<u>低成長</u>を余議なくされた。

e. 相場も5ドル台で<u>低迷し</u>ている。

8—B—(5) 下げる、下がる、下げ、下げ足　ほか
to lower, to go down, lowering, downward trend
〜ヲ（〜ニ）下げる、　〜ガ下がる

新聞の例

a. 大蔵省は政府が買い入れる米の価格《生産者米価》を下げる方向で農林水産省との協議に入る。

b. ドルの急激な下落で輸入品の価格が下がった。

c. 生産者米価下げには、農協、自民党農林族が反発するとみられる。

d. 政府税調中間答申は法人税基本税率を37.5％（現行42％）に引き下げるとしている。

e. 石油製品の下げ足は原油以上に速い。

f. 米国債相場などは、下げ止まる気配がない。

g. 《今選挙の》立候補届出は前回を下回った。

8—B—(6) 落とす、落ちる、下落(する)　ほか
decrease, to drop to fall, to sink, to decrease
〜ヲ〜ニ落とす、〜ガ〜ニ落ちる

新聞の例

a. 同社は、日産140台を同100台に落とした。

b. スタンドでの《ガソリン》販売価格が大阪地区では110円に落ちた。

c. ブロイラー相場が下げ足を速めている。需要が一段と落ち込んでいるためだ。

d. 同工業の輸出額は戦後最大の落ち込みとなった。

e. 外為市場では、強いドル買いを背景に、さらに円が下落するとの見方が多い。

f. 日銀は急速な円安と債券相場などの急落の両方を避ける政策判断を迫られそうだ。

g. 消費者関連株が上げ、半面、古河電が反落した。

h. 債券、株式相場とも暴落した。

i. 東京株式市場の日経平均は22日、3日間の続落となった。

8—B—(7) 鈍る、鈍化(する)　 to become dull

新聞の例

a. 金の値上がりが鈍る。

b. 87年については、NIES（新興国地域群）で成長が鈍化している。

8—B—(8) 薄い、薄れる、薄 ほか　thin, small, to be toned down

新聞の例

a. 米長期金利が一本調子で上昇する可能性は薄いとの見方が増えている。

b. 欧州銀行では利ザヤの薄い貸し出しにも積極的だ。

c. 日米の金利差が縮少すると日本の投資家にとって米国債投資の魅力は薄れる。

d. ベストセラーのパソコン《パーソナル・コンピューター》が店頭から姿を消すほど品薄となった。

e. 《セメント主要7社》円相場が比較的安定し、輸入炭や電力などの燃料負担減も今期は期待薄。

f. ドライビール7-9月は需要最盛期に入ることもあって一段と品薄感が強まるのは必至。

8—B—(9) 乱高下(する)　violent fluctuations, wild ups and downs

新聞の例

a. 為替相場の乱高下やニューヨーク格安を嫌気し、日経平均は大幅下落した。

9. 程度と変化

9—A 程度
Extent

9—A—(1) 約、前後、近く、およそ

(2) 程度

(3) ～ほど

(4) ほぼ

(5) やや、わずか、せいぜい

(6) 大筋

9—B 基準とその上下
Standard, Above and Below

9—B—(1) 水準

(2) ～幅、大幅、小幅

(3) 以上、以下、未満

(4) ～台、大台

(5) 並ぶ、～並み、軒並み

(6) 横ばい

(7) なお、さらに

(8) まで

9—C 上限、下限、限界
The Upper Limit, the Lower Limit, Limitation

9—C—(1) 頭打ち、天井をつける　ほか

(2) 底を打つ、底入れ　ほか

(3) 切る、割る、割れ　ほか

(4) 突破(する)、超える

(5) のぼる、達する

(6) 至る

(7) とどめる、とどまる

(8) 据え置く、据え置き

(9) だけ

(10) すぎない

(11) 限界、最小限　ほか

(12) (数値)＋と

9—D 変化など
Change, etc.

9—D—(1) ～する一方

(2) 一段と

(3) 徐々に　ほか

(4) 急ピッチ　ほか

(5) 一斉に

(6) 一様に

(7) 一向に～ない

9—A　Extent

9—A—(1)　約、前後、近く、およそ　about, approximately, nearly

基本文

- 世界の総面積は約135,837,000（1億3583万7000）平方キロメートルです。
- 日本の面積は約378,000（37万8000）平方キロメートルである。
- 西暦2000年には高齢者（65歳以上の人）が日本の全人口の15%前後になると予想されている。
- 日本には世界総人口の40分の1近くの人が住んでいます。
- 今年の春1ドル125円前後だった円が、夏には10円近く安くなった。
- 世界の総人口はおよそ4,837,000,000（48億3700万）人です。
- 日本の総人口はおよそ120,000,000（1億2000万）人である。

新聞の例

a.　松下電器産業の全国約2万7000店の系列家電販売店で新製品を売り出す計画。

b.　4月の米貿易赤字は120億ドル前後という市場の予想を下回る数字だ。

c.　多額の累積赤字を抱えるアルゼンチンの利払いが1カ月前後遅れ始めた。

d.　《松下電子工業》応用研究部門への総資産額は200億円近くになる見込み。

e.　円高に伴い円ベースの輸出額の目減りはおよそ1200億円に達した。

9—A—(2)　程度　not much more than, extent, level

基本文

- 学力の程度が分からない場合は、プレイスメント・テストを行います。
- 30分程度の簡単な手術です。入院の必要はありません。
- この程度の故障なら、私に修理できると思います。
- 開業当初はある程度の赤字が出ても仕方がない。将来性を長い目でみるべきだ。

新聞の例

a.　《牛肉・オレンジ輸入問題に関し》自由化実施後数年で輸入量は現在の約3倍の60万トン程度になると《商社・食品業界は》みている。

b.　銀行銘柄以外は個別材料銘柄が散発的に買われた程度。

c.　物価はある程度上昇しても心配はない。

d. 17日までの日米《牛肉・オレンジ輸入自由化交渉》事務レベル協議で「相当程度の歩み寄り」（佐藤農相）があった。

9—A—(3)　～ほど　as～, about～, some～

基本文

- 日本は失業率が他の先進国ほど高くない。
- 風邪を引いただけで、病院へ行くほどではありません。
- きのうは食事する暇もないほどでしたね。
- さっきの地震は立っていられないほどでしたね。
- あと5分ほどで仕事が終りますから、待っていてくださいませんか。
- 彼は飲めば飲むほど陽気になる。

新聞の例

a. 「注文が増えてさばききれない」と音を上げているほどだ。
b. 昨年10月のニューヨーク市場「暗黒の月曜日」の後遺症も予想されたほどではない。
c. 需要は低迷の域を脱していないが、生産減少幅ほどは落ち込んでいない。

9—A—(4)　ほぼ　almost, nearly

基本文

- 日本の人口は1億2000万人でアメリカのほぼ2分の1、英国、西独のほぼ2倍である。
- 東京は日本のほぼ中央に位置する。

新聞の例

a. 大蔵省が発表した貿易統計で製品輸入の比率が輸入全体の49.9%とほぼ5割に近づき史上最高となった。
b. 《有害紫外線を100％カットできる》調光めがね市場は外国製品がほぼ独占している。

9—A—(5)　やや、わずか、せいぜい
a little, slightly, no more than, at the most

基本文

- 面積は中国よりカナダの方がやや広い。
- 今年の夏も2週間以上の休暇がとれた勤労者はわずかだった。

● 日本人がとれる夏の休暇はせいぜい1週間か10日でしょう。

a. 米労働省が発表した3月の米失業率は6.6%で前月の6.7%からやや低下した。

b. これまで対米証券投資意欲にやや慎重な姿勢だった生保も米国債投資の機会をうかがう構えのところが多い。

c. 実績は予想売上高のわずか0.7%にすぎない。

d. ドルは堅調だが、せいぜい146円か147円が限界ではないか。

9—A—(6)　大筋　outline, roughly

基本文

● 日米両首脳の会談は大筋で合意をみた。
● この日の会議で計画の大筋が固まり、後は事務的な作業に入ることになった。

新聞の例

a. 石油輸出国機構（OPEC）の定例会議は13日、7－9月期の原油生産枠に関して現行の日量1506万バーレルを維持することで大筋合意に達した。

9—B　Standard, Above and Below

9—B—(1)　水準　level

基本文

● 円高が続いた中で1987年は倒産件数が低水準にとどまった。
● 国民総生産は高い水準にあるが、社会資本や、住宅事情などは先進国の水準に達していない。

新聞の例

a. フランスの経済・財政・予算相（蔵相）と西独の蔵相は30日仏独経済・財政評議会のあと、米ドルの現行水準の安定が最も重要であることを確認したと表明した。

b. 7月末の民間石油備蓄は109日前後と過去最高水準に達する見通し。

c. 《トヨタ自動車、《昭和》63年6月期の経常利益》円高が続く中で61年6月期並みの利益水準にまで回復することになる。

9—B—(2)　～幅、大幅、小幅　scale, margin, latitude, range

基本文

● アメリカの貿易赤字が大幅に改善されたが、予想に反しドルは小幅な上昇をみせただけだった。

新聞の例

a. 欧州通貨市場は利上げを織り込んでいたため上げ幅は小さい。

b. 《米貿易収支》赤字幅は2月より縮小すると予想する向きが大半になっている。

c. 紙は今春から夏にかけて大手の新聞用紙の新鋭設備が相次いで稼動し、供給能力は大幅に増える。

d. 《昭和》64年4月の工作機械受注（対象71社）は前年比53.0%の大幅増となった。

e. セメント中堅3社のうち大阪セメントは前年同期比だと売上高、経常利益はそれぞれ2%、7%程度の小幅減。

9—B—(3)　以上、以下、未満　at least, at most, less than

基本文

● 日本のサラリーマンの中には、通勤に1時間半以上もかかる所に住んでいる人が少なくない。

● 第一次産業で働く人は労働人口全体の10%以下に減少した。

● 日本では20歳未満の青少年はたばこを吸うこと、酒を飲むことが禁止されている。

新聞の例

a. CPの発行については商品内容を約束手形としたうえで、発行期間は1カ月以上、額面は1億円以上とすることがすでに決っている。

b. FRB（米連邦準備理事会）は当面、現在の金融引き締め基調を続けながらこれまで以上に物価に注意を払うことがはっきりした。

c. トヨタは円高のピッチが緩やかになったことから前期の輸出額の目減り分（2700億円）に比べると今期は半分以下にとどまった。

d. 農水産省は《昭和》63年1月1日現在の農家数、経営規模などをまとめた農業調査結果を発表した。農業従業人口は1.5%減り609万人になり、60歳未満の人口減少が続いた。

9—B—(4)　～台、大台　level, mark

基本文

- トロントの先進国首脳会議後、為替レートはややドル高となり、円は130円台に値を下げた。
- 日本の防衛費は年々増えつづけて1985年には3兆円の大台に乗った。

新聞の例

a. 5日午前のニューヨーク外為市場の円は134円台前半から半ばで推移している。
b. 都市銀行の営業利益は12行合計で初めて1兆円の大台に乗せた。

9—B—(5)　並ぶ、～並み、軒並み
　　　　　to line up, at one, to rank, as many as～, all-round

基本文

- 駅前のタクシー乗り場には大勢の人が並んで、タクシーを待っている。
- 証券会社の電光掲示板には、現時点での各銘柄の株価が並んで表示されている。
- 会社の業績がよくないので、今年の賃上げは去年並みを期待することはできないだろう。
- 表通りの小売店が軒並み壊されて、新しいビルに建てかえられていく。
- ビール会社が軒並み新商品を発売している。

新聞の例

a. 「暗黒の月曜日」の株価暴落で日銀が金利低め誘導を本格化する直前の水準に《短期金利市場でオープン金利が》ほぼ並んだ。
b. 内需拡大をおう歌している日本の経済はいまや高度成長期並みのテンポで拡大している。
c. 木材の製材品市況が軒並み崩れてきた。

9—B—(6)　横ばい　remaining on the same level, showing no fluctuations

基本文

- 半導体不足でメーカーの設備投資がさかんだが、量産化が進んでも値段は横ばいという見方が多い。

新聞の例

a. 今年度設備投資は前年比横ばいの見通し。
b. 今期経常利益は前3月期と実質横ばいになりそうだ。

9—B—(7)　なお、さらに　still more, further

基本文

● 第三世界の出生率は、なお増加の傾向をみせている。

● きのうも暑かったが、今日はさらに暑い。

● 世界の人口は、このままでいけば、さらに増え続けることが予想される。

新聞の例

a.　週明けの東京市場でなおドル高が進行した場合には、《日銀は》円買い・ドル売り介入に出る公算が大きくなっている。

b.　債券市場では金利先高観がさらに強まると見る向きが多い。

9—B—(8)　まで　even, to the extent of, up to, so far as

基本文

● 景気がよくて注文が多いといっても、土曜日にまで働きたくない。

● 設立10周年のこの会社は、海外に多くの支店を持つまでに成長した。

新聞の例

a.　ドルは1ドル＝127円程度まで上昇してもおかしくない。(住友生命国際投資部国際金融課長)

b.　緊急経済対策では5兆円以上の内需拡大策を打ち出すが金融の詳細な内訳までは示さない見通し。

9—C　The Upper Limit, the Lower Limit, Limitation

9—C—(1)　頭打ち、天井をつける　ほか
the ceiling, the peak, to reach the top price, to hit the top

基本文

● 各家庭に冷蔵庫が普及して、販売数が頭打ちになった。

新聞の例

a.　先進国での食糧総需要が頭打ちになっている。

b. 内需拡大を背景に急拡大を続けてきた自動車の国内販売にやや頭打ちの兆が出てきた。

c. 22日午前のニューヨーク外為市場では1ドル130円に上昇した。市場関係者の間では「ドルは当面の天井をつけた」(大手為銀) という見方が増えている。

d. 今後の見通しについて「ドルが天井を打ったことは確か」(日銀理事)。

9—C—(2) 底を打つ、底入れ ほか
to reach the bottom, to bottom out, to hit the bottom

基本文

● 景気は去年の夏底を打ち、秋から順調に回復している。

● 海運大手6社の業績が底入れしてきた。

新聞の例

a. 景気が低下の一途をたどっていたこの業界も、ここへ来て底は打ったと同社ではみている。

b. 石油、石油製品は早期に底入れするとみる向きは一部にすぎない。

c. 中元商戦で5.6%以上の伸びが予想され個人消費全体を底上げすることになりそう。

d. 石油市場は底値圏に入ったとの見方もある。

9—C—(3) 切る、割る、割れ ほか
to cut, to divide, to be under, to drop below
～ヲ切る／割る

基本文

● 電気製品の一部は供給過剰となり、原価を切った商品が店頭に並んでいる。

● 中近東の原油供給過剰で、原油価格は1バーレル10ドルを割ると予想される。

● 原油の先安感が強く、原油の10ドル割れは避けられそうもない。

● 新製品が相次いで開発され、今までのOA機器を割安で売り急ぐ傾向が出ている。

● 1ダースなら安くなりますが、一つずつ買うと割高になりますよ。

新聞の例

a. 日本の原油調達に占めるホルムズ海峡依存度は昭和63年度中に初めて49.6%となり、50%を切ることが確実となった。

b. 銅地金の相場が1カ月ぶりに1トン24万円を割った。

c. 石油調達、ホルムズ海峡依存度50%割れへ《見出し》

d. 生産しても採算割れになる。

e. 原油スポット相場が割安となっている。

f. イラン・クェート原油は通産省の行政指導や割高感から輸入量が半減している。

9—C—(4)　突破(する)、超える　to rise above, to top, to exceed
　　　　　　～ヲ突破する／超える

基本文

- 日本の女性の生均寿命は1986年に80歳を突破した。
- 年間平均労働時間が2,000時間を超えるのは現在先進国の中で日本だけである。

新聞の例

a. 7–8月の海外旅行者数は150万人を突破することは確実。

b. 大蔵省や日銀は、新しい高額券の発行の一つの目安として1万円札のシェアが87%を突破する時を考えている。

c. 《世界の石油会社の原油開発・生産投資増》なかでも米国以外での投資見込み額190億ドルと全体の半分以上を占め、伸び率も20%を超えているのが特色だ。

9—C—(5)　のぼる、達する　to reach, to amount to
　　　　　　～ニのぼる／達する

基本文

- 日本で毎日発行される新聞部数は6,738万部（1984年）にのぼる。
- 日本人の高等学校への進学率は約94%に達する。

新聞の例

a. 《NTT、海外ソフト初調達》シンシナティ・ベル社と正式契約する買い入れ額は、ソフトだけで100億円～200億円にのぼる見込み。

b. 松下電器産業の全国約2万7000店にのぼる系列家電販売店で新製品《ビジネス・パーソナルファクシミリ》を売り出す計画。

c. 三菱電機の《昭和》62年度の海外調達額は約6億ドルに達した。

d. 7月末の民間石油備蓄は109日前後と過去最高水準に達する見通し。

9—C—(6) 至る   to come to, to develop into, to lead to, to result in
～ニ至る

基本文

● 多くの失敗を繰り返した後、実験の成功を見るに至った。
● 会社の収益が落ちて深刻な状態になったが、倒産には至らなかった。
● 新しい抗癌剤が開発されたが、まだ実験段階で実用化には至っていない。

新聞の例

a. 正直に言って、非現実的な需要見通しもあって、豪州は実需以上の生産規模を持つに至った。

b. 国内の牛肉・かんきつ類産地は「《輸入自由化の》交渉が決裂し、ガットでのパネル設置に至ったことはやむを得ない」との受けとめ方が一般的。

c. 月間対米輸出額は各社とも10億円以下とみられ、利益を大きく圧迫するには至らない。

9—C—(7)   とどめる、とどまる   to stop, to confine, to be confined to
～ヲ～ニとどめる、～ニとどまる

基本文

● 消防署への連絡が早く、火事は家屋の一部を焼いただけにとどまった。
● 今年の新規採用は30名程度にとどめるつもりです。
● 最近、土地の値上がりは東京、大阪などの大都市にとどまらず、全国的に広がっている。

新聞の例

a. 組合側は同社の基本方針を聞くだけにとどめ組合としての考えは明らかにしなかった。
b. EC向け輸出は前年同月比2.0%増の低い伸びにとどまった。
c. 対日半導体報復の実施が決まったが、大手電機の業績への直接的な影響は軽微にとどまりそうだ。
d. 普通の株式や証券にとどまらず、住宅ローンを証券化したCMD（モーゲージ担当債務証書）高利回りの事業債であるジャンクボンドなど商品は多様化している。

9—C—(8)   据え置く、据え置き   to leave (a matter) as it is, deferment
～ヲ～ニ据え置く

基本文

● 景気が回復せず、多くの企業は賃金を前年度水準に据え置いた。

a. 配当は年13円を《そのままに》据え置く見通し。
b. 全国農業協同組合中央会は14日の理事会で63年度米価の据え置き要求を決定、佐藤農相に提出した。

9—C—(9)　だけ　only, as many as, at least

基本文

● あのトラックは積めるだけの荷物を積んで走っている。
● 家賃も高いし、都心からも遠すぎますが、見るだけ見てみましょう。

新聞の例

a. 私募債の受託業務は地銀では千葉銀行など16行だけに限られている。
b. 装備を量的に充足しただけでは、大綱を達成したと判断できない。

9—C—(10)　すぎない　be nothing but, only

　　　　　　　　～ニすぎない

基本文

● 日本の面積はアメリカの25分の1に過ぎない。
● 外国旅行は一度ハワイへ行ったに過ぎません。

新聞の例

a. 実績は予想売上高のわずか0.7％にすぎない。
b. 《日経1万人電話調査》消費税の実施時期については「来年4月からに賛成」は2割弱にすぎない。
c. 当然とらねばならない政策を表明したにすぎないとみることもできる。

9—C—(11)　限界、最小限　ほか　limit, the minimum

基本文

● 毎晩残業が続いて、体力に限界がきている。
● 半導体メーカーは急に受注が増大、生産能力の限界に達した。
● この会社は工場を自動化して、人件費を最小限に抑えることにした。
● 公営の賃貸住宅に入居できる人は、収入の上限が決められている。

a. 《米国の対共産圏貿易が急速に拡大している。》ただ、今後の米国の対共産圏貿易に限界を指摘する向きもある。

b. 3時過ぎに米銀《米国銀行》が再び大口のドル売り・マルク買いに出ると、為銀がドル・マルクでの取引の損失を最小限に食い止めるためのドル売りで追随。円もこの動きにつられて132円30銭まで上昇した。

c. 《公正取引委員会は企業の販売促進活動に対する規制を緩和する。》景品の広告で、これまで商品価格の1割相当分だった上限を同一商品を景品にする場合は撤廃、これにより「もうひとつ無料でプレゼント」などの広告が可能になる。

9—C—(12)　（数値）＋と　(number)＋which is, and

基本文

● 現在のところ円は120円台と円安に推移している。
● 新幹線の最高速度は200km以上と速い。

新聞の例

a. 海外旅行は633万人（前年比24%増）と空前の海外旅行ブームとなった。

b. 同社長は社長就任38年で79歳と高齢のため、現副社長の社長昇格を決めた。

c. 英国の長期金利は現在9.2%台と西独を3％近く上回っている。

d. 《ミシン大手》ブラザー、蛇の目は工業用ミシンの売上高に占める割合いは、それぞれ16%、6％と低い。

9—D　Change, etc.

9—D—(1)　～する一方　do nothing but～, go on　-ing

基本文

● 東京の周辺はどんどん宅地に変っていき、自然はなくなる一方だ。
● 莫大な借金をして会社の再建を図ったが、経営は苦しくなる一方である。

新聞の例

a. ＯＡ機器家電製品の小型化の中でＳＲＡＭの需要は増加する一方。

b. 生産米価（政府米）の 2 年連続引下げが決まるなどコメの先安ムードは高まる一方だ。

9—D—(2)　一段と　more and more

基本文

● 航空会社の競争が一段と激しさを増している。
● 内需拡大を背景に企業の設備投資意欲が一段と強まっている。

新聞の例

a. 低めの税率や非課税を求める声は一段と高まりそうな気配だ。
b. 第一セメントは借入金圧縮に一段と力を入れる方針だ。
c. 長短金利の先高感が一段と強まってきた。

9—D—(3)　徐々に　ほか　gradually, bit by bit

基本文

● 去年進出したこの外資企業は日本の商習慣を研究しながら、徐々に日本の市場に食い込んできた。
● アジアNIESの製造業が日本企業をじりじりと追い上げている。

新聞の例

a. 7 月中旬以降は徐々にドルの上値が切り下がる展開となっている。
b. ドルの上昇力が鈍るなかで為銀や商社のなかにはドル売りに転じる向きも増えたが、130円の壁は厚く 7 月25日につけた130円20銭を底にドルの下値は逆にじりじりと上がってきている。

9—D—(4)　急ピッチ　ほか　quick pace

基本文

● オフィス街の高層化が急ピッチで進んでいる。
● 景気が急速に回復に向かっている。
● 市場拡大を見込んで、このパソコンメーカーは販売計画を一気に15万台から20万台に増やした。
● 彼は休暇から帰ると、山積みになった仕事を一気に片付けてしまった。

a. 景気の順調な拡大に伴い、雇用が急ピッチで改善している。

b. 韓国通貨ウォンの対ドルレートが急速に切り上がり、年初来7％の切り上げ幅となっている。

c. 日産が日本車の先頭を切って米国製半導体の輸入を決めたことで、同様な動きが自動車業界に一気に広まろう。

9—D—(5)　一斉に　all at once, all together

基本文 ——————

● 東京では4月になると、桜の花が一斉に開く。

新聞の例 ——————

a. 日本のトラックメーカー各社が一斉に小型トラック市場の開拓に乗り出した。

9—D—(6)　一様に　equally, similarly

基本文 ——————

● 日本に来たばかりの外国人は会社員が一様に黒っぽいスーツに白いシャツを着ていることに驚く。

新聞の例 ——————

a. 投機的な為替売買取引に対する大蔵省自粛要請に対し、金融機関、証券会社は一様に冷ややかな見方をしている。

9—D—(7)　一向に〜ない　not 〜in the least

基本文 ——————

● 急に値上がりした土地の値段は、一向に下がりそうもない。

新聞の例 ——————

a. 《ソ連の》ペレストロイカ政策で国民の意識改革が進んでいるとの指摘がある一方で、現実の消費生活は一向に改善しないことに市民の不満が高まっている。

10—A 順位・順序
Ranking, Order

  10—A—(1) 第〜

    (2) 1位、2位

    (3) 首位、トップ

    (4) はじめ

    (5) 筆頭(に)

    (6) 皮切りに、皮切り

    (7) 先陣を切る

    (8) まず

    (9) 手始めに

    (10) 次に、次いで

    (11) 続き、続いて　ほか

    (12) 相次ぐ、相次いで、順次

10—B 例示
Giving Examples

  10—B—(1) ①〜②〜③〜

    (2) たとえば

10—A　Ranking, Order

10—A—(1) 第〜　prefix for ordinal number

基本文 ────────────────

● 第24回オリンピックがソウルで開催された。

● 第一次産業、第二次産業、第三次産業の分類方法は国によって多少違います。

新聞の例 ────────────────

a. 《タイ総選挙》与党第一党の民主党は議席数を大幅に減らして第一党の座から転落。代って与党第二党だったタイ国民党が最大与党となる。

b. 《タイ総選挙》8月初めにも第六次プレム内閣が誕生することになろう。

c. 大蔵省は「投資一任業務」で56社を第一陣として認可する。56社のうち外資系は17社になる。外資に次ぐのが証券会社系で14社。

10—A—(2) 1位、2位 (in) first place, (in) second place

基本文

● このスピーチコンテストで1位になったら、日本への航空券がもらえます。

新聞の例

a. 大手9商社は《昭和》63年3月期決算を発表した。売上高順位をみると、伊藤忠商事が前年に続いて1位。前年4位だった三井物産が2位に返り咲き、住友商事、丸紅が後退した。

10—A—(3) 首位、トップ
foremost position, leading (product), top management

基本文

● 新商品で売り上げを伸ばしたアサヒビールは、首位を続けていたキリンビールの座を奪った。
● 昨年以来国際的な経済界のトップの来日が続く。
● 彼はトップで大学を卒業したエリートである。

新聞の例

a. 最大手の日本生命保険は、《保険純増ベースで》16兆6000億円で首位を守った。
b. 1～4月の外国企業の投資は前年同期比約5倍に達した。国別では台湾がトップで続いて米国、日本の順。

10—A—(4) はじめ including, as well as
　　　　　　　　～(ヲ)はじめ

基本文

● ソウルの第24回オリンピックにはアメリカ、ソ連をはじめ世界160か国から約9,600人の選手が参加した。

新聞の例

a. 生産者米価はじめ日本の農産物価格政策も手直しを求められる可能性もある。
b. 日立の経常利益が44%減少したのをはじめ各社とも大幅な減益となった。
c. 電機はじめ優良株については「相場が始まったばかりでまだ上値の余地はある」(大手生保)と強気筋が増えている。

10—A—(5)　筆頭(に)　top, head (of the list)
～ヲ筆頭に

基本文

● 日本の人口密度は東京を筆頭に、大阪府、愛知県がこれに続く。

新聞の例

a.　スーパー6社は《昭和》62年度の商品輸入計画をまとめたが西友の前期比倍増を筆頭に各社とも大幅に輸入額を増やす方針だ。

b.　新日鉄は三協精機株の18.1%を取得、筆頭株主となった。

10—A—(6)　皮切りに、皮切り　beginning with, the beginning
～ヲ皮切りに

基本文

● 日本は、衣料品、おもちゃなどの軽工業製品の輸出を皮切りに、重化学工業製品、先端技術製品へと国際競争力を高めていった。

新聞の例

a.　同社《宅配のフットワーク》がスポンサーになっているレーシングチームが出場する鈴鹿サーキットを皮切りに各地のレース場で《カーレーシング用衣料》を販売することにしている。

b.　外国企業が東京証券取引所に10年振りに再上場する。米ボーデン社を皮切りとする再上場機運の盛り上がりについて東証理事長は次のように話した。

10—A—(7)　先陣を切る　to take the initiative, to lead

基本文

● 今年夏のビール会社4社の新商品販売競争は、アサヒビールが先陣を切った。

新聞の例

a.　国内最大級の半導体ユーザーである同社が、その先陣を切って米大手半導体メーカーと半導体分野で提携した。

b.　大容量総合デジタル通信サービス網(ISDN)は世界各国の通信事業者が研究を進めているが実用化ではNTTが先陣を切る。

10—A—(8)　まず　first of all, in the first place

基本文

● まず、自己紹介をしたいと思います。

● まず検査をしてから、手術が必要かどうか決めましょう。

新聞の例

a. 米国案はまず一般原則として「農産物の生産、消費、輸入、輸出に影響を及ぼす政策」を取り上げた。

b. まず成人病対策など予防医学分野の顧客情報管理にレーザーカードシステムを応用する。

c. 《アジア開発銀行に関して》加盟申請があった場合、まず理事会で検討し総会に諮る。

10—A—(9)　手始めに　as a first step, beginning with

基本文

● この食品会社は日本進出を決定、手始めに都心のデパートに試食コーナーを置いて、日本人の好みを調査した。

新聞の例

a. 宅配のフットワークは衣料品の販売に乗り出す。手始めにカーレーシング用の衣料などを商品化した。

10—A—(10)　次に、次いで　in the next place, next to, following that
　　　　　　　　〜ニ次いで

基本文

● このスピーチが終わると、次はあなたの番です。

● 日本ではエネルギー源として石油が最も多く使われ、原子力がこれに次ぐ。

● インドネシアは中国、インド、ソ連、アメリカに次いで人口が多い国である。

● この議案はまず5月の取締役会にかけられ、次いで6月の株主総会にかけられる。

新聞の例

a. 同長官は従来通り米国側の見解を繰り返した。次に日米貿易については経済関係の重要性を指摘した。

b. 特定金銭信託に次いで外貨建てファンドトラストの受託が急増した。

c. 11日には通常兵力削減のため予備会議、次いで14日には中欧兵力削減会議がウィーンで再開される。

10—A—(11)　続き、続いて　ほか　**following, continuously**
〜ニ続き／続いて

基本文 ───────────────────────────

● オリンピック競技場にはギリシャに続き、各国の選手団が入場した。
● ビールメーカーは各社ドライビールに続いて、次のヒット商品の開発に力を入れている。
● きのうに引き続き、今日も朝から会議だ。

新聞の例 ───────────────────────────

a. 銀相場がニューヨーク市場で一週間ぶりに下落したのに続き東京大口需家《需要家》向け相場も下落した。
b. 貿易摩擦解消のため政府専用機に続いてヘリコプターを1機緊急輸入する方針を固めた。
c. 「為替安定のため財界首脳は引き続き協力し合うことを確認したのは適切だ」とコメントを発表した。

10—A—(12)　相次ぐ、相次いで、順次　**to follow one after the other, successively**

基本文 ───────────────────────────

● 酸性雨による被害で、森林の樹木が相次いで枯れていく。
● 癌、エイズなどに対する医学的研究、新薬開発の発表が相次ぐ。
● 研究発表はこのハンドアウトに従って、順次話を進めていきたいと思います。

新聞の例 ───────────────────────────

a. 自民党田中派では当選回数別の会合が相次いだ。
b. 金融政策の一環として今年に入って中国工商銀行、中国交通銀行などが相次いで外為業務を開始。
c. まず成人病対策など予防医学分野の顧客情報管理にレーザーカードシステムを応用、順次系列の病院に導入し、グループ外の病院にも売りこんでいく。

10—B Giving Examples

10—B—(1) ①〜②〜③〜

新聞の例 ————————————————————————

a. 《先進国首脳会議》内容は ①米国は貯蓄拡大措置 ②日本は流通機構の簡素化 ③欧州は労使関係の改善―など。

b. 日本の輸入促進策としては ①工業製品の輸入関税を一定期間免除 ②人工衛星コンピューター等を海外から調達 ③日本輸出入銀行の融資姿勢を変え輸入分野に重点を置く―などをあげた。

10—B—(2) たとえば for example, for instance

基本文 ————————————————————————

● 清涼飲料水、たとえばコカコーラなどは共産圏でも販売されている。

新聞の例 ————————————————————————

a. あっせん事業の対象を流通業や建設業、サービス業など非製造分野にまで広げる。たとえば原子力発電所の建設工事の下請けに配管、溶接技術をもつ造船関係を紹介したりする。

11—A 比率・割合
Percentage, Rate, Ratio

- 11—A—(1) 割合、~率
- (2) ~比、対~比
- (3) ~当たり、当たる

11—B 比較・対照
Comparison, Contrast

- 11—B—(1) 比較する、比べる
- (2) 違う、同じ ほか
- (3) 劣る、勝る ほか
- (4) 対照的
- (5) 対し
- (6) 一方(で)
- (7) 半面
- (8) 差

11—A Percentage, Rate, Ratio

11—A—(1) 割合、~率 ratio, percentage

基本文

- 日本の労働人口に占める男女の割合はほぼ6対4である。
- 失業率は季節によって変動がある。

新聞の例

a. 《ミシンの大手》ブラザー、蛇の目は、工業用ミシンの売上高に占める割合はそれぞれ16％、6％と低い。

b. 景気の順調な拡大に伴い、雇用が急ピッチで改善している。都道府県別に5月の有効求人倍率(求職者に対する求人数の割合)をみると製造業の好況を反映して、最近10年間で最高を記録するところが相次いだ。

■ 比率、経済成長率、伸び率、増加率、収益率

11—A—(2)　～比、対～比　(as) compared with

基本文

● 東京 商 業地の地価の上 昇 率は1988年には対前年比、61.1%を記録した。

新聞の例

a. 日本の対米貿易黒字は87年に598億ドル、前年比２％の微増にとどまった。

b. 105回債の利回りは東 証・大口取引で先 週 末比0.005%低下の4.675%で引けた。

c. 日本企業による海外企業の買 収など対外 直 接投資は62年度、対前年度比49.6%増と大幅に増加した。

11—A—(3)　～当たり、当たる　per, to be equivalent to
　　　　　　　～ニ当たる

基本文

● 日本の国民一人当たりの社会資本ストックはおよそ300万円である。

● 1985年の国勢 調査によると、一所帯当たりの人員は3.14人である。

● 現在アメリカの１ドルは125円程度に当たる。

● 「リスク」に当たる適当なことばが日本語にないため、片仮名でそのまま使っている。

新聞の例

a. 関西新空港は乗 降 客、勤務者、来訪者合わせて一日あたり約19万人の出入りが見込まれている。

b. 都市銀行間のATM《現金自動預 入支払機》相互利用の手数 料は、現在一件当たり100円だ。

c. 発行済み株式20万株のうち4.5%に当たる９万株を取得した。

11—B　Comparison, Contrast

11—B—(1)　比較する、比べる　to compare (with)
　　　　　　　～ニ比較する、～ニ／ト比べる

基本文

● GNPとか失 業 率などの統計だけで各国の状 況を簡単に比較することはできない。

● この会社の女性従業員の平均勤続年数は男性<u>と比べ</u>、かなり低い。
● 朝晩の気温は日中の気温<u>に比べる</u>と、ずいぶん低くなってきた。

新聞の例

a. 国際的に<u>比較する</u>と、19品目についてガット上認められない輸入制限をしているフランスより《日本の》輸入制限品目数は少なくなる。《日本の制限農産物は11品目》

b. 長期市場では、債券の発行量<u>に比べ</u>、流通市場の整備の遅れが目立ってきた。

c. 製造業の売上げ高は、内需が伸びることから今年度下期も上期<u>に比べ</u>堅調に増加する。

11—B—(2)　違う、同じ　ほか　to be different; the same; equal
～ト違う／同じ

基本文

● 私（の意見）は皆さんの意見<u>と違います</u>。
● 私は皆さん<u>と違って</u>、この計画は進めないほうがいいと思います。
● 自己資本は純資産<u>と同じ</u>です。
● 自己資本は資本金、法定準備金、剰余金の合計で、総資本から負債を引いたもの<u>と同じ</u>で、純資産とも呼ばれます。
● 日本はアメリカ、カナダ、オーストラリアなど<u>と異なり</u>、国土も狭く、天然資源も少ない。

新聞の例

a. CBは株式<u>と違って</u>、満期を迎えると必ず額面で償還される。

b. 日本の民間金融機関のソ連・東欧向け融資が急増している。リスクの少ない欧米先進国<u>とほぼ同じ</u>程度の伸び率を示している。

c. 郵政省は国際VAN（付加価値通信網）事業に乗り出すが、2～3年間は国際基準<u>とは異なる</u>独自プロトコル（信号を送る際の方式、通信手順）を使用することを認める方針を固めた。

11—B—(3)　劣る、勝る　ほか
to be inferior, to be worse; to surpass,
to have an advantage over
～ニ劣る／勝る

基本文

● 両方ともおいしいワインだけれども、香りの点ではこちらのほうが<u>劣ります</u>ね。
● 二人とも優れた経営者だが、ブラウン氏のほうが指導力の点でホワイト氏に<u>勝っている</u>。

●デザインはどちらもすばらしいが、機能はそちらのほうが優れているんじゃないでしょうか。

●社長は決断力、指導力に優れた経営者である。

新聞の例

a. ブッシュ氏優勢《小見出し》

b. 《米大統領選挙に関して》外務省首脳は現時点ではブッシュ候補がかなり優位に立っているとの見方を示した。

c. これまでNIESからの輸入品は、納期の正確さなどで国内メーカーに劣るといわれていた。

d. 西独経済のファンダメンタルズ(基礎的条件)については、日米に比べて依然劣っているとの見方が強い。

e. デュカキス氏が仕掛けた経済論争は説得力でもブッシュ氏に後れをとっている。

11—B—(4) 対照的 in contrast, contrasting
　　　　　　～卜対照的

基本文

●妻はすべての物事に積極的であるが夫は消極的である。二人の性格は対照的だ。

新聞の例

a. 日本の民間金融機関のソ連・東欧圏向け融資が急増している。中南米をはじめとする発展途上国向け融資が伸び悩んでいるのと対照的。

b. 英国のビジネス用不動産市場の好調が際立ってきた。低迷の目立つ米国と対照的だ。

11—B—(5) 対し as compared with, as against
　　　　　　～二対し(て)

基本文

●独身生活は気楽なのに対し、結婚生活にはある種の責任が生じる。

●商店主は間接税導入に強硬に反対しているのに対し、サラリーマン層では意見が分かれている。

新聞の例

a. 日本の金融機関が入札の度に米国債を4割前後も大量落札しているのに対し、日本国債の引き受けでは外国勢のシェアが2%台にとどまっている。

b. 《昭和》62年中に決算期を迎えた有力企業の8割近くが前年を上回る所得を申告した。これに対し、輸出比率の高い電機、自動車メーカーは厳しい決算となった。

11—B—(6)　一方（で）　while, on the other hand

基本文

● 今年は外需が縮小する一方、内需の伸びが見込まれる。
● 労働者は賃金引き上げを要求する一方で、労働時間の短縮を訴えている。

新聞の例

a. 欧州共同体（EC）統合は域内投資を自由化する一方、域外からの投資の壁を高くする懸念もある。

b. 自由米市場でも銘柄米中心に新米が極端な品薄になっている。一方、《昭和》61年産の米の在庫量は約150万トンに達している。

c. ゴルバチョフ書記長のペレストロイカ政策で国民の意識改革が進んでいるとの指摘がある一方で、現実の消費生活は一向に改善しないことに市民の不満が高まっている。

11—B—(7)　半面　on the other hand

基本文

● 科学技術の進歩によって人間の生活が便利になった半面、公害などの問題が出てきている。
● 高層ビルが建ち並んで都市がきれいになった半面、昔の下町のよさが消えていく。

新聞の例

a. 《株式市場》三菱重、NKK《日本鋼管》が下げ、住友銀、野村など金融・証券株もさえない。半面、新日鉄が買われ、日立、東芝など半導体関連株もしっかり。三井造、川重など低位造船株も堅調。

b. 《英国政府は放射性物質メーカー、アマシャムの「黄金株」放棄を決めた。》政府が黄金株を保有していると買収によって乗っ取られる危険がない半面、株価があまり上がらない弱みがある。《黄金株は、民営化企業が好ましくない買収攻勢にさらされた時などに保護するため、政府が特別な拒否権を持つ一株を保有する英国独特の制度。》

11—B—(8)　差　difference

基本文

● 日本は貧富の差が少ないといわれている。

a. ＦＲＢ幹部は「貿易黒字国の日本や西独が米国との金利差を維持する責任がある」と語った。

■ 円高差益

12. 原因、根拠、結果

12—A 原因、結果
Cause, Result

12—A—(1) 原因、主因、理由（に） ほか

(2) から

(3) ので

(4) （こと）で

(5) ため（に）

(6) とあって、もあって

(7) だけに

(8) なった

(9) ～結果

(10) もたらす

(11) 陥る

12—B 契機、根拠
Opportunity, Basis

12—B—(1) きっかけ（に／で）

(2) よって、より、よる（と）

(3) もとに

(4) 基づく、基づいて

(5) 根ざす

(6) 踏まえて

(7) ～以上

(8) ～次第（で）

(9) 背景（に）

(10) 通じ（て）

(11) 受けて

(12) として

(13) あげて

12—A　Cause, Result

12—A—(1)　原因、主因、理由（に）　ほか　cause, main factor, reason

基本文

● ブレーキの故障がバス事故の原因だった。

- 魚が取れなくなったのは海の汚染にもよるが、主因は海流の変化だそうだ。
- 過剰な設備投資が倒産の要因だといわれている。
- 川や海の汚れは、家庭からの排水も一因となっている。
- 彼は病気を理由に会議を欠席した。

新聞の例

a. 《国際農産物相場の上昇は》降雨不足をもたらす高気圧がいすわる状態が続いているのが原因という。

b. 木材の製材品市況が崩れてきたのは、米国やカナダの製材会社が日本に売り込み攻勢をかけているのが主因だ。

c. 為替相場不安定の最大の要因は、米国の巨額の財政赤字にある。

d. 《1—3月の日本の実質経済成長率は》今年はうるう年で1—3月の日数が1日多いのも高成長の一因。

e. インフレ懸念の台頭を理由に米長期金利が上昇した。

12—A—(2)　から　as, since, because of

基本文

- 働き過ぎから病気になった。
- 過剰な設備投資をしたことから経営難になった。
- 失業率が増えたのは、季節的要因からである。

新聞の例

a. ドル先安感が根強いことから各国は協調介入体制の強化も協議する見通し。

b. 天気、曜日などの売り上げ変動から最適な商品陳列を設定する。

c. 同社の受注高は15%減った。為替レートの変動で競争力が落ち込んだからだ。

12—A—(3)　ので　owing to, as, since

基本文

- 円高なので、外国人旅行者の数が減っている。
- 仕事に必要なので日本の経済新聞を読んでいる。
- 日本は天然資源が少ないので、原料を輸入して製品を輸出するという形をとらざるをえない。

a. 日経平均が1200円上げたあとなので、市場は「利食いは当然」と受け止めている。

b. 円高が続きそうなので今年の輸入 量は10%程度は増えるだろう。

c. ドルが急 落しているので、ドルベースで貿易 収支をみると大きな赤字になってしまう。

12—A—(4) （こと）で due to the fact that

基本文

● 出 張でヨーロッパへ行った。

● アメリカが貿易赤字の減 少を発 表したことで、一時ドル買い・円売りが増えた。

新聞の例

a. 東南アジア、欧 州への輸 出 拡大で、同社の87年の輸 出 量は前年より約 3 万個拡大した。

b. 日銀はドル高が進行したことで、週明けの為替相場の動向に警戒体制を強めている。

12—A—(5) ため（に） in order to, on account of

基本文

● 事故のために電車が遅れています。

● 円高が続いたため、輸出 型 中 小企業の中で倒産するものが出た。

新聞の例

a. 《米国第三位の建設・エンジニアリング会社》パーソンズ社の日本支店を早 急に開設するため、清水建設が一連の手続きを支援する。

b. 円高に歯止めがかからないため、ドル先行きに対する懸念が広がっている。

c. 受 注は昨年の水 準から大幅に低下している。このためこのままでは景気後退に陥るとの不安感が広がる。

d. 《昭和》61年度の貿易黒字1000億ドル突破が確実なのは、 3 月の黒字幅が 2 月を上回る傾向があるためだ。

12—A—(6) とあって、もあって as being, on the ground(s) of

基本文

● 国際婦人年とあって、各地で婦人問題のシンポジウムが行われた。

● 87歳という高齢のうえ、効果もあまり期待できないという理由もあって、医師は手術を断念した。

● 技術的な問題があるこの計画は社長の反対もあって、結局実現しなかった。

新聞の例

a. 米バーモント州は十年ぶりの日本企業進出とあって歓迎しているという。

b. 利子源泉税の導入は自由な市場の育成という時代の流れに逆行するとあって、西ドイツの金融界は猛反対している。

c. ブラジル債務問題が一応解決したうえ、財務長官がベーカー氏からブレディー氏に交代したこともあって《中所得国の債務救済の》新方式を一般公開しても問題はないと米政府は判断している。

12—A—(7)　だけに　as may be expected from the fact that

基本文

● あそこは一流のホテルだけに、サービスが大変いい。

● 日本一と言われるだけに、富士山はほんとうに美しいですね。

● 期待が大きかっただけに、彼の失敗は両親に大きな打撃を与えた。

新聞の例

a. 国内の牛肉・かんきつ類産地は「自由化阻止」を建前にしてきただけに、「交渉が決裂しガットでのパネル設置に至ったことはやむをえない」との受けとめ方が一般的。

b. 《牛肉・オレンジ輸入に関して》今後、自由化は避けられない流れだけに、農水省は国内関連対策を急ぐよう迫られている。

c. 金利上昇懸念で大型株が買いにくいだけに、とりあえず柱になりうるのは、業績好調のハイテク《ハイ・テクノロジー》株とみて、《ソニー、パイオニアなど》買いが入った。

12—A—(8)　なった　resulted in, turned out
　　　　　　　～トなった

基本文

● 半導体の生産過剰が値くずれの原因となった。

● 無計画な資金運用が倒産を招く結果となった。

● 説明不足が誤解のもととなった。

a. ヤマハの《昭和》63年3月期の連結決算は純利益が22%減り、単独の税引き後利益が35.6％と増えたのは対照的な結果となった。

b. 欧米各国通貨当局の連日の西独マルク買い・ドル売り介入で当面のドルの底値を探る展開となった。

12—A—(9)　～結果　with the result that, as a result

基本文

● 長年努力を重ねた結果、ついに実験に成功した。

● 話し合いは5時間にも及んだ。その結果、両者は合意に達した。

新聞の例

a. 米連邦準備理事会（FRB）がきつめの金融調節に踏み切り、インフレ懸念の抑制に努めた結果、日本、欧州各国との金利差が拡大、ドル買いの魅力が高まった。

b. オフィス床の需要は200ヘクタールとはじいている。この結果霞が関ビル13棟分が供給過剰になる計算という。

c. 大豆についても、ミシガン、アーカンソーなど合わせて10州で収穫高が前年の25—50％減になるとの調査結果が出た。

12—A—(10)　もたらす　to bring about, to cause
　　　　　～ヲもたらす

基本文

● 不断の努力が彼の人生に幸運をもたらしたといえる。

● この会社に今日の繁栄をもたらしたのは、柔軟な経営戦略によるところが大きい。

● 台風10号は四国、関西方面に大きな被害をもたらした。

新聞の例

a. 大量投資、大量生産を背景に、輸出市場でのシェア拡大と単価引き下げを並行して進める企業行動が、低価格輸出、輸出量の急増をもたらした。

b. 農産物の過剰は国内生産や輸出などに対する《豪州政府の》各種補助金によってももたらされた。

12—A—(11)　陥る　to fall into
～ニ陥る

基本文

- 東京にふたたび大地震が起った場合、大混乱に陥ることが予想される。
- 一時は営業不振に陥ったこの会社は、徹底的な合理化を図り、立ち直った。

新聞の例

a.　6月新国債の売れ行きが不調なことから、資金不足に陥った銀行も出ている。

b.　豪州石炭生産者は、輸出用石炭の生産コストを何とかカバーできても生産拡大への再投資ができない状態に陥っている。

12—B　Opportunity, Basis

12—B—(1)　きっかけ（に／で）　chance, taking advantage of～
～ヲきっかけに

基本文

- 彼とは取り引き先の会社で会ったのがきっかけで、友達になりました。
- この会社の営業合理化は、1970年代のオイル・ショックがきっかけとなって進められた。
- 社長の発言をきっかけに、組合側は一斉に「首切り反対」と叫んだ。

新聞の例

a.　この日のレート上げのきっかけは「日銀が金融機関の7—9月期貸出増加額を絞り込む」との情報が流れたこと。

b.　昨年10月の株式市場の大暴落は先進国の政策協調に乱れが生じ、市場の不信感を招いたことがきっかけとなった。

c.　円相場は対欧州通貨での上昇をきっかけに、対ドルでも徐々に買い圧力が高まってきた。

12—B—(2)　よって、より、よる（と）　because of, due to, according to
～ニよって／より／よると

基本文

- 円高によって倒産する輸出型中小企業が続出した。

● 企業の自己資金の増大により、銀行の貸し出しが縮小した。
● 彼の成功は不断の努力によるものと思われる。
● 企業がどのような商品を生産するかは、消費者の好みによって決められる。
● 実験の結果によっては、この企画はとりやめになるかも知れない。
● 世論調査によると、現代の日本の若者は仕事より個人の生活のほうが大切だと考えている
　そうだ。

新聞の例

a. 油田開発の停滞によって生産量が激減した。
b. 電線を細かくすることにより電力抵抗を極小にすることに成功した。
c. 同社は下田ホテルを10億円で売却した。これにより12月最終損益は黒字に転換した。
d. クェートの産油量が急増しているのは、日本の商社が同国産原油をスポット（当用買い）
　で大量購入したことによる。
e. 大蔵省が発表した国際収支によると、貿易収支、経常収支はそれぞれ黒字となった。

12—B—(3)　もとに　on the basis of
～ヲもとに

基本文

● 平仮名・片仮名は中国の漢字をもとにしてつくられました。
● 自由・平等などということばは、明治時代初期に入ってきた英語の意味をもとにつくられ
　たものです。

新聞の例

a. 同社は超電導を示す酸化物結晶の合成に成功した。この成果をもとに25人の研究員か
　ら成る特別プロジェクトを発足させる。

12—B—(4)　基づく、基づいて　to be based on, on the basis of
～ニ基づく／基づいて

基本文

● 日本の政治は日本国憲法にもとづいて行われる。
● この統計はアンケート調査の結果に基づくものです。

新聞の例

a. 西独内閣はソ連共産党書記長の提案に基づくINF（中距離核戦力）全廃の実現に向
　け精力的に動いている。

b. サミットでは、国際収支の指標に基づいて各国の経済政策をどう調整するかについて意見を交換する。

c. ＩＴＣ（米国際貿易委員会）に対する財政委の要請はロス上院議員の提案に基づく。

12—B—(5)　根ざす　to take root, to originate in
　　　　　　　　～ニ根ざす

基本文

● 人間同士の争いには偏見に根ざすものが多くみられる。

● 彼の性格は幼児期の生活環境に根ざしているのかもしれない。

新聞の例

a. 経常収支の大幅黒字は、基本的には、我が国の輸出指向など経済構造に根ざすものである。

12—B—(6)　踏まえて　in due consideration of
　　　　　　　　～ヲ踏まえて

基本文

● 発展途上国に対しては、それぞれの国の実情を踏まえて協力することが必要である。

● 現在、社会の高齢化が進んでいる。これを踏まえた福祉政策の実施が望まれる。

新聞の例

a. 外相会議は英首相の訪ソ、仏首相の訪米といった最近の動きを踏まえて、東西関係、中東問題などが主要議題とされている。

b. 東西ドイツ首脳は「理性と現実を踏まえて今後も関係を深める」という基本認識で一致した。

12—B—(7)　～以上　if ～ at all, once, so long as, now that

基本文

● あの会社に投資する以上、細かい調査が必要です。

● 仕事を引き受けた以上、途中で投げ出してはいけない。

● ブレーキ系統に欠陥が見つかった以上、販売した車をすぐ回収すべきだ。

a. 日本もここまで来た以上、欧米諸国と同じ土俵でスモウをとってもよかろう。

b. ＦＲＢ (米連邦準備理事会) 幹部は米国が金利上昇圧力の財政赤字の削減に努める以上「貿易黒字国の日本や西独が米国との金利差を維持する責任がある」と語った。

12─B─(8) ～次第(で) depend on, according to

基本文 ───

● このプロジェクトを続けるかどうかは、社長次第です。

● 交渉の進め方次第で、こちらに有利になる可能性がある。

新聞の例 ───

a. 投資に関する項目のないガット条文を改正するかどうかは今後の交渉次第。

b. 鉄鋼株相場は野村の出方次第といったところ。

c. 《米国債の》利回り次第では入札の検討をするところもある。

12─B─(9) 背景(に) with ～ as a background
～ヲ背景に

基本文 ───

● 勤労者の余暇時間が増えている。この傾向を背景にレジャー産業が発展している。

● 海外への旅行者が激増している背景には、円高の影響などがある。

新聞の例 ───

a. 今春闘は円高不況などを背景に、昨春闘より業種間の格差が拡大。

b. こうした動きの背景には、東京の国際都市化進展に伴う需要の根強さなどがある。

c. 米国政府内では保護主義がくすぶり出した。海外業務を拡大する日本銀行への反発が背景にある。

12─B─(10) 通じ(て) through
～ヲ通じ(て)

基本文 ───

● われわれは新聞、テレビ、ラジオなどを通じ世界の情報を得ている。

● 先日課長を通じてお願いした件ですが、お返事いただけますでしょうか。

a. 米ソ両首脳は歓迎式典でのあいさつを通じ、戦略核兵器半減問題などで妥協点を模索すると述べた。

b. 《韓国》羅副首相は「民間企業の自由的な活動を通じて今後の韓国経済を発展させていく」と指摘。

12—B—(11)　受けて　in response to

　　　　　～ヲ受けて

基本文

● 幹部の決定を受けて、各セクションは具体的な検討を始めた。
● 人工衛星打上げ成功の発表を受けて、関連株は一斉に値上がりした。

新聞の例

a. 暫定予算の成立を受けて国会の焦点は本予算案の衆院通過時期をめぐる与野党攻防に移る。

b. 10鉱のうち5鉱が閉山の見通し。これを受けて通産省は第二・第三の閉山を避けるよう全力をあげる。

12—B—(12)　として　regarding ～, as, by way of ～

基本文

● A社は、その土地売買は法律違反だとして、B社を訴えた。
● 新企画は将来の利益につながるとして、実行に移された。

新聞の例

a. 昭和シェル、出光石油などは、イラン石油を「割高」として相次いで契約更新を見送っていた。

b. 日本側は「金融版ココム（対共産圏輸出統制委員会）のような発想には同調できない」として対ソ融資規制を実施する考えのないことを伝えた。

12—B—(13)　あげて　all, as a whole

基本文

● 田中さんの家ではお客があると、一家あげて歓待するのが習慣である。

●第二次大戦後の日本では、国をあげて経済発展のために、働いてきた。

新聞の例 ────────────────────────────

a. 今や米ソ両国は総力をあげて原子戦争のために武装している。

b. 大蔵省は13日、株式売買の仮名口座を排除する証券局長通達を日本証券業協会長あてに出した。これを受けて《証券業協会は》業界あげて仮名取引の排除に力を入れる。

13. 時、状況

13—A 時の範囲
Scope of Time

  13—A—(1) ～期

  (2) ～前、以前、控え

  (3) ～後、以来、以降

  (4) 前半、後半、半ば、～旬

  (5) ～内、以内

  (6) 一時

  (7) 当面

  (8) 当分の間、しばらくは

  (9) わたり

  (10) かけて

  (11) これまで、これまでのところ、従来

13—B 時・状況の限定
Definition of Time and Situation

  13—B—(1) 近く

  (2) 直ちに、早急に　ほか

  (3) 早ければ、早くても

  (4) ～明け

  (5) 当初

  (6) とりあえず

(7) 最終的、最後に　ほか

(8) 時点、～時

(9) 現在

(10) 今のところ、このところ　ほか

(11) ところ

(12) 続き

(13) ～次第

(14) 向けて、向こう～

(15) ～ぶり(に)

(16) ～ごと(に)

(17) すでに、もはや

(18) 先に、先立ち、先がけて

(19) 依然

(20) ここにきて

(21) 場合

(22) 際(に)

(23) おり(に)

(24) 機に

(25) 中(で)

(26) うえ(で)

(27) 当って

13—A—(1) ～期 period, term

基本文 ─────────────────────────────────

● 上半期は1年の前半6か月の期間、下半期は後半6か月の期間をいいます。

● 四半期というのは1年を4つに分けた期間、3か月をいいます。

● 第一四半期は1年のはじめの3か月です。3月決算の場合は、4、5、6月の3か月です。

新聞の例 ─────────────────────────────────

a. 日野自動車工業は前期までに進めてきた合理化努力が今期になって寄与してくることも
あり、経常利益は過去最高を更新しそう。

b. 《総合土地対策要綱の最終案》大深度地下利用の法律案を次期国会に提出するよう準備
を進めている。

c. 先行きの製造業の売上高は、内需が伸びることから今年度下期も上期に比べ堅調に増加
する。

d. 東急百貨店は今上期は前年同期比8％の増収を確保できる見通しだ。

e. 郵政省は、四半期ごとの市内交換機のID化(発信者識別信号)の状況などについて《N
TTや新電電 (新電信電話)に》報告を求める。

13—A—(2) ～前、以前、控え
before, previously, having ～ near at hand
～ヲ控え

基本文 ─────────────────────────────────

● 山田さんはほんの少し前出かけました。

● 彼女は出産直前までいつもと変らず出勤していた。

● 昭和50年以前の書類なら、倉庫に入れてあります。

● 以前、事務所は丸の内にありました。

● 1980年代になって禁煙運動が盛んになった。それ以前は、喫煙はどこでも自由だった。

● 大学の入学試験を控え、息子は徹夜で勉強している。

● 決算期を控え、午後11時を過ぎても経理部の人は仕事が終りそうもない。

新聞の例 ─────────────────────────────────

a. 29日からの首相の訪米前に《昭和》62年度予算案の衆院通過を図る。

b. ガルーダ航空ＤＣ９機が着陸する直前、高圧線に触れて墜落した。

c. 一任業務の資格審査は、《昭和》60年12月以前に設立された業者を優先して審査、それを認可する第一陣にすることにした。

d. フランス政府は90年から、抜本的な税制改革に着手する。92年の欧州市場統合を控え、欧州各国との税制の調和が必要になるためだ。

13—A—(3)　〜後、以来、以降　after, since, on and after

基本文

●第二次大戦後、日本人の価値感が変った。

●日本に来て１週間後、この家に移りました。

●彼には卒業以来会っていません。

●新幹線の開通以来、日本国内の旅行が便利になった。

●この仕事が完成するのは、12月以降になると思います。

●今週は予定が一杯なので、パーティーは来週以降にしてくださいませんか。

新聞の例

a. 《アパレル大手のワールド》３年後にはこの分野《生活用品・雑貨》で200億円の売上げを目指す。

b. ＮＴＴは民営化後４年目を迎えている。

c. 産業天気図によると「晴れ」の業種は、昨年４—６月以来姿を消したままになっている。

d. メキシコ政府は同国産業界代表との間で物価、賃金の凍結期間を６月１日以降、９月末まで３ヵ月間延長すると合意。

13—A—(4)　前半、後半、半ば、〜旬
the first half, the latter half, the middle of, a period of ten days

基本文

●あの映画は前半はつまらなかったが、後半は面白くなった。

●外国語の入門コースは後半になると人数が半減することが多い。

●10月半ばに山のもみじを見に行こうと思っています。

●正月の準備は12月初旬からはじまる。

●今月中旬には交渉が合意に達するだろう。

a. 今週前半、日米欧各国が積極的にドル売り・マルク買いに出動。

b. 農地の宅地並み課税は《昭和》40年代後半から何度も検討されてきた。

c. 次世代超音速輸送機の日米共同開発が1990年半ばにも動き出す。

d. 米比《米国・フィリピン》基地協定の5年ごとの見直し交渉が、4月初旬からマニラで始まった。

e. 手形一カ月物金利が9月上旬さらに上昇するとの観測も出ている。

f. 石油元売り、商社が5月中旬以降、ナフサ、軽油などを中東諸国から積極的に輸入した。

g. CD（都銀の譲渡性預金）新発プレートは6月半ばにかけていったん下げたあと、下旬に再び上昇すると見られる。

13─A─(5)　～内、以内　within

●この研修期間内にレポートを三つ出さなければならない。

●年内には会社設立の許可が出そうだ。

●1時間以内で通勤できるところに家を探しています。

●室内でタバコを吸わないでください。

●400字詰め原稿用紙20ページ以内で論文を書いてください。

a. 売上税は年度内実施は断念する。

b. 包括通商法案に対する大統領の拒否権発動は《13日（金）の》法案送付から10日以内（日曜を除く）となっており25日が期限となる。

13─A─(6)　一時　for a while, temporarily

●一時回復した病状が、また悪化した。

●ドライバーは、小さい道から大きい道に出る時、一時停止をしなければならない。

a. 《債券相場》105回債は28日、一時、約50日ぶりに額面を回復した。

b. イランはもはや日産600万バーレルの生産水準を維持する能力を失い、産油量は、一時はほとんどゼロに落ち込んだ。

13—A—(7)　当面　for the present

基本文

● 定年退職後、当面退職金で生活できますが、やはり再就職したいと思っています。
● 海外に進出したこの企業は当面日本から部品を輸入して組立てだけを行う。

新聞の例

a. ユーロ円CPは当面、発行を一定以上の格付けを取得した海外企業に限定するが、早期に国内企業にも発行を認めたい考え。

b. FRB（米連邦準備理事会）は当面、現在の金融引き締め基調を続けながらこれまで以上に物価に注意を払うことがはっきりした。

13—A—(8)　当分の間、しばらくは　for a while, for quite some time

基本文

● 当分の間アパートに住んで、将来は一戸建ての家を建てるつもりです。
● 日米貿易摩擦は当分の間続きそうだ。
● しばらくは、東京支店勤務ということになりますので、どうぞよろしく。
● ここしばらくは、晴れたり曇ったりでしょう。

新聞の例

a. 《ギリシャ》財政収支は依然、大幅な赤字を続けており、当分の間大幅な削減は見込めない。

b. TDK《東京電気化学工業》などは9月までの予約をほぼカバーしており、しばらくは輸出予約を手控える。

13—A—(9)　わたり　extending, covering
　　　　　　～ニわたり／わたって

基本文

● 大統領の演説は約1時間にわたって行われた。
● 彼の負傷は意外にひどく、三回にわたって、手術が行われた。

- 午前5時ごろ関東一円にわたって、地震が感じられた。
- この本には約300ページにわたって、日本企業の特徴が説明してある。
- 彼の趣味は茶道、盆栽からテニス、ゴルフなど広範囲にわたる。
- 社長は政治家、学者から芸能人まで広範囲にわたる人々との交友関係がある。

新聞の例

a. 4日から1週間にわたったフィジーの総選挙で野党連合が勝った。

b. シティバンクは静銀《静岡銀行》に対し、3ヵ月間にわたってALM《資産・負債の総合管理》を中心にしたコンサルタントを実施した。

c. ソ連はウラル地方のベルミで2回にわたり地下核実験を行った。

13—A—(10)　かけて　over, (from～) to～

～カラ～ニかけて

基本文

- 3時ごろから夕方にかけて雷が鳴り激しい雨が降った。
- 6月の終りから7月の中頃にかけては梅雨の季節で、毎日のように雨が降ってむし暑い。

参考

- 東京から横浜にかけて、午後4時ごろ、激しい雷雨があり、一時交通機関が不通になった。

新聞の例

a. 円相場は来年にかけて現行水準よりさらに上昇するだろう。

b. 竹下首相は《牛肉・オレンジ自由化問題の》早期決定が望ましいとの観点から、今週末から来週にかけて党内の説得を進める考え。

c. 運輸省は地方空港から直接、海外へ旅行できるような国際チャーター便の運航を促進するため「モデルプログラムチャーター」を今年10—12月にかけて実施することを決めた。

13—A—(11)　これまで、これまでのところ、従来

until now, so far, conventionally

基本文

- これまで勉強したところを、はじめから復習しましょう。
- 定年退職後はこれまでの経験を生かせる仕事をしたいと思っています。
- これまでのところ、事故による被害ははっきり分かっていません。

● 終身雇用・年功序列などという従来の日本企業の特徴はだんだん消えていく。

新聞の例 ─────────────────────────────────

a. これまでの円売り・ドル買い介入規模では《昭和》60年9月の五ヵ国蔵相会議後のドル売りが大きかった。

b. これまでのところ国公有地の公開入札による売却は地価の押し上げ要因となっている。

c. 郵政省は従来第二KDD参加を主張する英国C&W（ケーブルアンドワイヤレス）の経営参加には否定的だった。

13—B Definition of Time and Situation

13—B—(1) 近く shortly, before long

基本文 ─────────────────────────────────

● 近く人事異動が発表される予定だ。
● この地方銀行は、近く大手銀行と合併の交渉に入ることになった。

新聞の例 ─────────────────────────────────

a. 近く特別委員会を設けて業界の考えをまとめる。
b. 政府機関の地方移転について政府は国土庁を中心に近く、具体的な移転計画策定に着手する。

13—B—(2) 直ちに、早急に　ほか immediately, promptly, etc.

基本文 ─────────────────────────────────

● 会談が合意に達すると、直ちに事務的作業に移ることになっている。
● ご質問については、直ちに調査して後日お答えいたします。
● 早急に検査して手術の方法を決めましょう。
● 毒性廃棄物の処理については、早急な対策が求められている。
● エンジンの不調で、飛行機は緊急着陸した。

新聞の例 ─────────────────────────────────

a. 損保会社は国債の窓販《窓口販売》に備え、直ちに準備を進める。

b. 石川日商《日本商工会議所》会頭は外国人労働者受け入れ問題について「政府は早急に受け入れ基準を示すべきだ」と述べた。

c. 同委員会《米・関係省庁による干ばつ対策委員会》は、干ばつの現状を緊急に調査し、対応策を大統領に勧告する。

d. 牛肉・オレンジ自由化問題について竹下首相は時期の明示はさけたが、早期決着への決意を改めて強調した。

13—B—(3)　早ければ、早くても　if things go well, at the earliest

基本文

● 大統領の中国訪問は早ければ年内に実現する見込みだ。

● 早ければ90年代に癌の特効薬が開発されるだろう。

● 新工場の完成は、不況のために、早くても来年になりそうだ。

新聞の例

a. 電子資金取引（EFT）のための新しい法律は、早ければ《昭和》64年度にも成立の見通しだ。

b. 《半導体、1M（1メガビット）に関して》各メーカーが今春から実施した設備投資の増加効果が出始めるのは、早くても年末以降になる見通し。

13—B—(4)　～明け　the end of, after

基本文

● 今年はつゆ明けが遅れている。

● 週明けの株式市場は午前中閑散、午後から「買い」が目立った。

● 年が明けたら、新事業を発足する予定だ。

新聞の例

a. 5月の連休明けには需要が上向く。

b. 《政府機関移転に関して》最終的な移転対象機関のとりまとめは週明けにずれ込む見通しとなった。

13—B—(5)　当初　original, initial, first, at first

基本文

● 今年は内需が伸び、収益は当初の予測を大きく上回った。

●日本に来た当初は習慣が違うので少し困りましたが、もう慣れました。

a. 《昭和》62年度暫定予算が未決成立した。歳出額は、《昭和》62年度当初予算の16.3%に当たる。

b. 政府機関の移転問題は各省庁の抵抗が強く、当初の「200の対象機関のうち100程度を移転」という目標を大きく下回ることになる。

c. 88年通年のEC向け自動車輸出自主規制枠については当初、前年並みの数量にとどまるという見方が有力だった。

13―B―(6)　とりあえず　as a first step, without delay, for the time being

基本文

●講演のハンドアウトはとりあえず100部だけ作っておきました。必要があればすぐ追加します。

●この問題はとりあえず部長に報告したほうがいい。

a. 相場がこのまま上げを続けると信用取引の第三次規制が発動される可能性が強いため、とりあえず利食いに動く向きもでた。

b. JR東日本社は、輸送力をアップさせる新しい列車運行システムを《昭和》70年《1995年》までに東京周辺のほぼ全線に導入する方針を決めた。とりあえず12月に暫定開業する京葉線で始動させる。

13―B―(7)　最終的、最後に　ほか　lastly, eventually
　　　　　　　～ヲ最後に

基本文

●会長の発言に強い反対意見も出たが、最終的には全員の合意を得た。

●この店は今回の記念セールを最後に閉店することになった。

●SOSの信号を最後に、航空機は交信を絶った。

●交渉が大詰めを迎え、会場周辺の記者団の動きが活発になってきた。

●時間ギリギリまでかかって、やっと試験の答えを書き終えた。

●今朝はとくに道がこんでいたので、ギリギリで会議の時間に間に合った。

参考

●社長、これが私たち組合のギリギリの条件です。これ以上、ゆずることはできません。

● 地価の高い東京では土地の境界線ギリギリに家を建てることが多い。

a. 首相は衆院予算委での自民党による予算案の単独強行採決の可能性に触れ、「最終的にはできるだけ円満に落着するようにしたい」と述べた。

b. 新日鉄は《昭和》45年以後300～400人の高卒者を採用してきた。しかし《昭和》61年度（400人の採用）を最後に採用を見送ってきた。

c. 低めの税率や非課税を求める声は審議が大詰めを迎えるにつれ、一段と高まりそうな気配だ。

d. 有価証券取引税引き下げ案について証券界はギリギリまで一段の引き下げの要望を続ける方針。

13—B—(8)　時点、～時　a point of time, at the time of

基本文 ──────

● 結論は以上の通りです。何か問題が起った時点でまた検討したいと思います。
● 計画の大枠が決まった時点で、分科会に分かれて討議を続けましょう。
● 予測できない災害時の避難場所を家族で決めておくべきだ。
● 一般に入社時の給料には男女差があまりない。

新聞の例 ──────

a. 法律が施行された時点で、外国人保有資産の報告を義務づける。

b. 《広島銀行の女子行員の再雇用に関して》資格や給与体系は退職時の水準を引き継ぐほか転勤もあり正社員と同じ条件にする。

c. ホテル完成時には高架の環状線の駅や近隣のビルと空中の回廊で結ばれる。

13—B—(9)　現在　present, presently, now, as of

基本文 ──────

● この用紙に現在の住所と電話番号を書いてください。
● 今日現在申し込み者は62名です。あと8名で定員になります。
● 受験戦争が激しくなっている現在、教育制度の抜本的な見直しが必要だ。

新聞の例 ──────

a. シンクロトロン放射光（SOR）技術は現在、半導体の加工で主流となっている紫外線に代わる新たな電光技術。

b. 長短金利差は7月以降急ピッチで縮小してきた。18日現在新規発行のCD3ヵ月物金利と105回国債の利回りとの比較で0.2%強にまで縮まっている。

c. 《グラス・スティーガル法》制定時には存在しなかった金融商品が増えている現在、同法の修正が余儀なくされている。

13—B—(10)　今のところ、このところ　ほか　at present, lately, now, etc.

基本文

● 入社直後の研修中なので、今のところどの部で働くか決まっていません。
● このところ地価が値下がりの傾向を見せはじめた。
● このほど、名古屋へ移転することになりました。

新聞の例

a. 地価を安定させるはずの民活政策もいまのところは裏目に出ている。

b. 東京の金は、このところ3日連続の下げで、底値感が強まった。

c. 外貨不足に陥っているキューバ政府は、このほど日本に貿易相次官を団長とするミッションを派遣した。

13—B—(11)　ところ　a case, an occasion when

基本文

● お忙しいところを、わざわざお出かけくださって、ありがとうございました。
● ちょうど今、帰ってきたところです。

新聞の例

a. たとえば、1マルク＝74円の時点で10億円のローンを組んだところ、償還時に1マルクイコール75円と1円安・マルク高となったとする。

13—B—(12)　続き　following
　　　　　　　　～ニ続き

新聞の例

a. 西独大統領の訪ソに続き、ソ連外相の訪独も日程にのぼっておりソ連との関係は今後急ピッチで進もうとしている。

b. 日米自由貿易に関してITC（米国際貿易委員会）はこのほど日本に調査団を派遣したのに続き、27日にワシントンで公聴会を開催する。

13—B—(13)　～次第　as soon as～

基本文

- 資料が手に入り次第、お届けいたします。
- 部長が会社に戻り次第、ご連絡いたします。

新聞の例

a. 当面、日本から部品の9割を送り生産するが、現地《韓国》での部品メーカーの手当てがつき次第、部品調達比率を70~80%に引き上げる方針。

13—B—(14)　向けて、向こう～　for～, next～
　　　　　　　　　～へ／二向けて

基本文

- オリンピック開催に向けて、市当局は警備を強化している。
- 東京湾横断道路の建設は、着工に向けて準備が進められている。
- 向こう3年間の内に生産高を倍増する計画だ。

新聞の例

a. 今期末へ向けて回復の糸口を模索することになろう。
b. 《トロント・サミット》農業問題討議では、米国が年末までに向こう10年間の農業助成《補助金、輸入障害など》全廃プログラムをまとめるよう提案した。

13—B—(15)　～ぶり(に)　after an interval of

基本文

- 長い雨がやんで、半月ぶりにいい天気になった。
- イラン・イラク両国が停戦に合意し、8年ぶりの平和に人々はよろこんでいる。
- 企業の設備投資ブームと輸出の回復で、工作機械メーカーは受注が4年ぶりの高い伸びを続けている。

新聞の例

a. 14日の東京外為市場ではマルクが1ドル＝1.84台後半と9ヵ月ぶりの安値をつけた。
b. 共和電業の《昭和》63年12月期の経常利益は7期ぶりに最高益を更新する見通しだ。

13—B—(16)　〜ごと（に）　every, each time

基本文

● これは、4時間ごとに飲む薬です。
● 運転免許証は3年ごとに書きかえなければならない。

参考

● あの団体は、1軒ごとに回って寄付を集めている。
● この本は各章ごとに参考文献がのっている。

新聞の例

a. 報告が期限から1週間遅れるごとに最高1万ドルの罰金を科す。
b. 米比《米国・フィリピン》基地協定の5年ごとの見直し交渉が4月初旬からマニラで始まった。

13—B—(17)　すでに、もはや　already, now

基本文

● 駅に着いた時、列車はすでに出た後だった。
● 地方選挙の開票1時間後、すでにかなりの当選確実者が出た。
● 毎日残業が続いて、彼の体力はもはや限界にきている。
● あの会社は2回も不渡り手形を出して、もはや再建は絶望となった。

新聞の例

a. 農水省はすでに今年度の補正予算で牛肉自由化緊急対策の柱として子牛価格安定基金の積み増しを要求する方針を固めている。
b. 旭硝子とコーニング社は、日米を代表するガラスメーカーで、耐熱ガラス食器ですでに提携関係にある。
c. イランはもはや日産600万バーレルの生産水準を維持する能力を失い、産油量は一時ほとんどゼロに落ち込んだ。

13—B—(18)　先に、先立ち、先がけて
previously, prior to, ahead of, in advance
〜ニ先立ち／先がけて

基本文

● 先に文書でお知らせした新委員をご紹介いたします。

- 海外進出に先立ち、１年間の現地調査を行った。
- 日本の会社では重要な会議に先立って、根回しが行われる。
- この会社は他社に先がけて、ソフト不要のパソコン《パーソナル・コンピューター》発売を発表した。
- 季節に先がけて、夏物商品がショーウィンドーに並ぶ。

新聞の例

a. 夕張炭鉱労組は夕張市の山元で組合大会を開き、先に会社側から提案のあった合理化案を条件付きで受け入れる方針を決めた。

b. 第112通常国会は25日開幕する。これに先立ち24日夕減税の法案処理をめぐる与野党幹事長、書記長会談を開いた。

c. 株式の委託手数料に先がけて国債の先物取引の手数料引き下げを実施する可能性が大きい。

13—B—(19)　依然　still, as ～ as ever

基本文

- ４日前からの雨はいぜん降り続いている。
- 水質検査ではかなりきれいになったというが、東京の川は依然黒く濁っている。

新聞の例

a. 依然国内のインフレ懸念は解消しておらず、《米国債は》今後一気に上昇相場に乗るかどうかは疑問視する声もある。

b. 総額280億ドルの米国債入札は11〜13日に実施されることが決まったが、生保、信託銀行など機関投資家は、新規投資にはいぜん慎重なところが多い。

13—B—(20)　ここに来て　at this point

基本文

- 低迷していたドルがここにきて上昇してきた。
- 招待状も出してしまったし、ここにきての大会中止はもう無理です。

新聞の例

a. ここに来てユーロ市場での邦銀のシェアが拡大、英米との金融摩擦激化の兆しが出て来た。

b. ここに来ての円高により、貿易黒字がさらにふえるのは確実。

c. 500億ドルを超す対外債務を抱えるアルゼンチンはここへきて民間銀行へ利子返済が遅れ
　　るなど再び資金繰りが困難になっている。

13—B—(21)　場合　in the case of

基本文

- 地震の場合、外に出ないでしずまるのを待つほうがよい。
- 通帳やキャッシュカードをなくした場合には、すぐに届け出るようお願いします。

新聞の例

a. 外国銀行や外国政府が短期国債や証券を購入した場合、証券会社や銀行などの帳簿に名
　　義をさらすことになる。
b. この会談が不首尾に終った場合の対抗措置として日本製電話交換機の発注取り消しを検討
　　中と伝えた。

13—B—(22)　際(に)　at the time of

基本文

- 当ゴルフクラブは入会申し込みの際、会員の紹介が必要です。
- この機械をご使用の際には、必ず使い方の説明をお読みください。

新聞の例

a. 英国の不動産会社CMDがロンドンで不動産事業を進める際に日本企業の技術や資金な
　　どを投入する。
b. ADB《アジア開発銀行》によると加盟申請があった場合、まず理事会で検討し総会に
　　諮る。その際加盟には75％の賛成が必要。

13—B—(23)　おり(に)　(on) the occasion, when

基本文

- 近くにお出かけの折には、どうぞお立寄りください。
- 会社が業績不振のおり、組合側も大幅な賃上げ要求はできないとしている。

新聞の例

a. 欧米と日本の間の金融摩擦が高まっているおりだけに、関係者は「入札の相互乗り入れ
　　が進めば摩擦解消に役立つ」と評価している。

13—B—(24) 機^きに taking advantage of an opportunity

〜ヲ機に

基本文

● イラン勤務^{きんむ}を機^きに、彼^{かれ}はイスラムの歴史^{れきし}の勉強^{べんきょう}を始^{はじ}めた。

● オイル・ショックを機^きに、非産油国^{ひさんゆこく}は代替^{だいたい}エネルギーの開発^{かいはつ}に力^{ちから}を入^いれ始^{はじ}めた。

新聞の例

a. スイスユニオン銀行^{ぎんこう}のセン会長^{かいちょう}は、東京証券取引所^{とうきょうしょうけんとりひきじょ}の会員権取得^{かいいんけんしゅとく}を機^きに東京戦略^{とうきょうせんりゃく}を強化^{きょうか}する方針^{ほうしん}を明^{あき}らかにした。

b. 事業部制^{じぎょうぶせい}を導入^{どうにゅう}したのを機^きに、情報機器類^{じょうほうききるい}の設置^{せっち}に踏^ふみ切^きった。

c. 英国保守党議員^{えいこくほしゅとうぎいん}が貿易担当相^{ぼうえきたんとうしょう}に「シティーの金融分野^{きんゆうぶんや}から日本^{にほん}の金融機関^{きんゆうきかん}を締^しめ出^だせ」と迫^{せま}り、同担当相^{どうたんとうしょう}は「これは報復措置^{ほうふくそち}をとれる分野^{ぶんや}だ」と答弁^{とうべん}した。これを機^きに日本^{にほん}の金融機関締^{きんゆうきかんし}め出^だしが一気^{いっき}に高^{たか}まった。

13—B—(25) 中^{なか}(で) in the midst of, when

基本文

● 支持者^{しじしゃ}が雨^{あめ}の降^ふる中^{なか}(で)、野外集会場^{やがいしゅうかいじょう}に集^{あつ}まった。

● 金融自由化^{きんゆうじゆうか}が進展^{しんてん}する中^{なか}で、銀行^{ぎんこう}のスタッフは証券業務^{しょうけんぎょうむ}、金融商品^{きんゆうしょうひん}など新分野^{しんぶんや}の学習^{がくしゅう}に忙^{いそが}しい。

新聞の例

a. 「通信事業^{つうしんじぎょう}に過大^{かだい}な幻想^{げんそう}を抱^{いだ}いているのではないか」と郵政省^{ゆうせいしょう}が驚^{おどろ}く中^{なか}、今^{いま}でも毎週^{まいしゅう}1〜2社^{しゃ}ずつ《新事業開設^{しんじぎょうかいせつ}の》届^{とど}け出^でが出^でている。

b. インド企業^{きぎょう}と外国企業^{がいこくきぎょう}の提携^{ていけい}が頭打^{あたまう}ちになって来^きた。国別^{くにべつ}に見^みると米国^{べいこく}、フランスなどが投資件数^{とうしけんすう}、金額^{きんがく}とも減少^{げんしょう}した。こうした中^{なか}で西独^{せいどく}は件数^{けんすう}、金額^{きんがく}とも増加^{ぞうか}した。

13—B—(26) うえ(で) so far as 〜 be concerned, after

基本文

● 人事^{じんじ}を考^{かんが}えるうえで忘^{わす}れてならないのは、適材適所^{てきざいてきしょ}ということである。

● その件^{けん}については部長^{ぶちょう}と相談^{そうだん}したうえで、お返事^{へんじ}いたします。

新聞の例

a. 原子力発電所^{げんしりょくはつでんしょ}の安全性^{あんぜんせい}を改善^{かいぜん}するうえで西独企業^{せいどくきぎょう}がノウハウを提供^{ていきょう}する。

b. 《ＦＳＸに次ぐ装備日米共同開発》米側の基本的考えを聞いた<u>うえ</u>、日本の技術の現状を説明する。

c. 具体的な証券業の内容については「先物やオプション取引を積極的に扱いたい」と述べた。その<u>うえ</u>で「国債に加え社債の引受け業務にも力を入れる」と強調した。

13—B—(27)　当って　on the occasion of, in　-ing
　　　　　　　　～ニ当って

基本文

● 首相は出発に当って、空港で見解を述べた。

● この計画を進めるに当っては、十分な調査が必要です。

新聞の例

a. ＶＡＮ事業者のデジタル交換機や光ファイバーの取得<u>に当って</u>、30％の特別償却や7％の税額控除、取得後5年度分の固定資産の半減などの措置をとる。

b. 《米国際貿易委員会（ＩＴＣ）の日米自由貿易協定に関する》調査<u>にあたって</u>は、内外専門家とインタビューするほか公聴会を開いて幅広く意見を集める。

14—A 話題の中心
Focusing the Topic

14—A—(1) 柱

(2) 骨格

(3) 骨子

(4) 中心

(5) 軸

(6) 主流

(7) 焦点

(8) 点

(9) ポイント ほか

(10) 的(を絞る)

(11) 面

(12) 目玉

14—B 話題・対象の限定
Defining Topic and Object

14—B—(1) ついて、つき

(2) 関し(て)、関する

(3) かかわる

(4) めぐって、めぐり

(5) からんで

(6) で

(7) として

(8) とって

(9) 対して、対する

(10) 対象

(11) 向け

(12) 限定する、限る

(13) となると

(14) 問わず

(15) おける

(16) とりわけ、特に

(17) 中でも

(18) 何と言っても

(19) だけしか、のみ、くらい

14—A Focusing the Topic

14—A—(1) 柱 pillar, basis

基本文

● 昔の家には中心に大黒柱という、家全体を支える太い柱があった。

● この製薬会社は抗癌剤の開発を研究の柱としている。
● 銀行業務では、預金、為替、貸し出しが3本の柱となっている。

新聞の例

a. 中小企業庁の今年度の《中小企業情報化対策の》新規事業の柱は、中小企業ソフトウェアーアドバイザー事業。13府県が対象地域となっている。

b. グラス・スティーガル法は大恐慌直後の1933年に導入され、米国金融制度の柱となってきたが、銀行界が廃止を強く要求している。

c. 自民党は14日消費に薄く広く課税する新しい形の間接税の導入を柱とした「税制抜本改革大綱」を正式に党議決定した。

d. 特別ヒアリング後の土地融資の監視体制は各金融機関の内部チェックと、大蔵省によるチェックの二本柱となる。

14—A—(2) 骨格 framework, outline

基本文

● 古代の日本には現在より骨格の大きい人間が住んでいたらしい。
● 東京湾沿岸の土地利用を目的とするウォーター・フロント計画の骨格が明らかになった。

新聞の例

a. トロントでの先進国首脳会議（サミット）で選択する政治宣言の骨格が16日明らかになった。

b. サミット政治宣言は20日発表される運び。事前の事務レベル折衝で固めた骨格に沿ったものになる公算が大きい。

■ 骨組

14—A—(3) 骨子 essential part, substance

基本文

● 発展途上国の累積財務に対する解決策の骨子がまとまった。
● 今年度の事業計画の骨子は海外進出と新製品の開発である。

新聞の例

a. 日本損害保険協会は16日、株式のインサイダー取引に関する自由規制ルールの骨子を固めた。

14—A—(4)　中心　center
～ヲ中心に

● 東京は日本の政治、経済の中心である。
● このプロジェクトは田中部長を中心にして進められた。

新聞の例

a. インド・西独両国首脳が会談した。経済協力の拡大が中心テーマで、協力促進を検討するための作業グループを設けることで合意。

b. 米国には貿易摩擦を背景として議会を中心に円高を求める圧力も強い。

c. 富士銀行はフランクフルトに現地法人を設立、今秋から証券業務を中心とした営業を開始する。

d. 新会社《ＪＲ東日本企画》は当面、ＪＲ東日本の既存設備を利用した広告事業が中心となる。

e. 日興証券は仏有力銀行が中心になって設立する株価指数先物、オプション取引機関に創設メンバーとして参加する。

14—A—(5)　軸　axis, main point
～ヲ軸に

基本文

● 地球はその軸を中心にして24時間に１回転している。
● 1987年10月にＧ７は国際通貨の安定を軸とした討議を行ない、同年２月のルーブル合意が再確認された。

新聞の例

a. 日本政府は米国が提案した「緊急輸入制限」を軸に交渉を進める方針を固めた。

b. 国際決済銀行（ＢＩＳ）は13日の報告で、先進各国の経済政策を、財政・金融政策のポリシー・ミックスを軸としたインフレ抑制型に移行するよう提案した。

14—A—(6)　主流　main current, main element, superior

基本文

● コンピューターの研究では現在ファジー・コンピューターの開発が主流となっている。

a. 自動車業界では営業体制を車種別から地域別へ改める動きが<u>主流</u>になっている。

b. 市場では「中期的なインフレ懸念は消えておらず、十年先物はこのまま買い上がるのは難しい」との見方が<u>主流</u>。

14—A—(7) 焦点 focus

基本文 ──────────────

● 今日は、1990年代の国民生活のうち、とくに、高齢化社会に<u>焦点</u>を絞ってお話ししたいと思います。

新聞の例 ──────────────

a. 今後、<u>トヨタ</u>と<u>ＶＷ</u>《フォルクスワーゲン》両社提携の<u>焦点</u>は乗用車の相互供給などに移る。

b. 牛肉の輸入を自由化した後の国境措置（輸入課徴金）問題は、佐藤農相とヤイター米通商代表部代表との会談で最大の<u>焦点</u>になった。

c. 《新聞接税に関し》教育では授業料・入学金、福祉では福祉事業の負担などの扱いが<u>焦点</u>となる。

d. 国際化時代にふさわしい農業政策を推進すべきである。この場合今後育成すべき担い手に<u>焦点</u>を当てて施策の集中・重点化をはかる。

e. 先進各国によるブラジル救済が実現することにより、累積債務問題の<u>焦点</u>は経済危機に陥っているアルゼンチンに絞られる。

14—A—(8) 点 point, in respect to

基本文 ──────────────

● この計画の問題<u>点</u>は十分な準備時間がないことだ。

● 便利さの<u>点</u>では都市生活がまさるが、やはり、田舎は静かでいい。

新聞の例 ──────────────

a. 日米政府間協定を結ぶ交渉に早急に入る<u>点</u>で意見がまとまった。

b. 臨時国会や次期国政選挙への対応の再検討を迫られており、同夜の自民党首脳の会談ではこれらの<u>点</u>も話題になったとみられる。

c. 《イランや湾岸諸国の》石油資源の帰属が争<u>点</u>として浮上してきた。

14—A—(9)　ポイント　ほか　the point, the important point, priority

基本文

- この論文は、ポイントをはっきりさせて、もう一度書き直してください。
- 来年度は経費の削減に重点をおいていきたいと思います。

新聞の例

a.　財源となる新型間接税の税率や非課税範囲の調整が最大のポイントとなってきた。

b.　《インド・西独首相会談で》両国間の協力促進を検討する作業グループを設けることで合意した。作業グループではハイテク分野での協力に重点を置いて調査する。

14—A—(10)　的(を絞る)　mark, target, to set up a goal

基本文

- 現在は金融商品の開発に的を絞っています。

新聞の例

a.　米国の大手建設・エンジニアリング会社のベクテル社は、日本の大規模プロジェクトの受注をめざし、大成建設と共同で市場調査に着手した。当面は羽田空港沖合展開工事の受注に的を絞る。

14—A—(11)　面　side, aspect

基本文

- このメーカーはアフターサービスの面に力を入れている。
- 新社長は、経営面での経験が不足している。

新聞の例

a.　これらの企業に対しては、流動資産の貸付け、株式・債券の発行などの面で優遇措置がとられる。

b.　予算の歳入面では中央銀行からの借入れを一挙に2倍以上に増やす意向。

14—A—(12)　目玉　loss leader, striking point

基本文

- 彼女は広告を広げて、目玉商品にマークをつけた。

● このディスカウント・ショップの目玉_{めだま}は小型電算機_{こがたでんさんき}だ。

新聞の例 ──────────────────────────────

a. 竹下首相_{たけしたしゅしょう}は特_{とく}に日本_{にほん}の国際貢献_{こくさいこうけん}に力点_{りきてん}を置_おき、累積債務問題_{るいせきさいむもんだい}での新提案_{しんていあん}を今回_{こんかい}のトロントサミットの目玉_{めだま}に据_すえる考_{かんが}え。

b. ＪＲ東日本_{ひがしにほん}は新_{あたら}しい列車運行_{れっしゃうんこう}システムを《昭和_{しょうわ}》70年_{ねん}までに東京周辺_{とうきょうしゅうへん}のほぼ全線_{ぜんせん}に導入_{どう}_{にゅう}する方針_{ほうしん}を決_きめた。新_{しん}システムの目玉_{めだま}、ＡＴＳ－Ｐ型_{がた}はマイコン《マイクロ・コンピューター》技術_{ぎじゅつ}を駆使_{くし}し、従来_{じゅうらい}のＡＴＳ（自動列車停止装置_{じどうれっしゃていしそうち}）に大幅_{おおはば}な改良_{かいりょう}を加_{くわ}えたもの。

14—B   Defining Topic and Object

14—B—(1)   ついて、つき   about
　　　　　　　　～ニついて／つき

基本文 ──────────────────────────────

● いま日本企業_{にほんきぎょう}の人間関係_{にんげんかんけい}について研究_{けんきゅう}しています。

新聞の例 ──────────────────────────────

a. 為替相場_{かわせそうば}についてはパリ合意_{ごうい}の表現_{ひょうげん}を改_{あらた}めて確認_{かくにん}する。

b. コメ・牛肉_{ぎゅうにく}などの市場開放_{しじょうかいほう}についての意見交換_{いけんこうかん}をする。

c. 「この目標_{もくひょう}を追求_{ついきゅう}するための方法_{ほうほう}につき協議_{きょうぎ}していくことを誓_{ちか}う」と結_{むす}んでいる。

14—B—(2)   関_{かん}し（て）、関_{かん}する   regarding, concerning
　　　　　　　　～ニ関して／関する

基本文 ──────────────────────────────

● そのことに関_{かん}しては田中_{たなか}さんにきいてください。
● 彼_{かれ}は音楽_{おんがく}・美術_{びじゅつ}に関_{かん}する知識_{ちしき}が広_{ひろ}い。

新聞の例 ──────────────────────────────

a. 自由化_{じゆうか}の度合_{どあい}などに関_{かん}し、日米間_{にちべいかん}の姿勢_{しせい}に依然隔_{いぜんへだ}たりが大_{おお}きく、《日米航空_{にちべいこうくう}》交渉難航_{こうしょうなんこう}も予想_{よそう}される。

b. シカゴオプション取引所_{とりひきじょ}は株価指数_{かぶかしすう}オプション分野_{ぶんや}では圧倒的_{あっとうてき}な強_{つよ}さを誇_{ほこ}るが、個別株_{こべつかぶ}オプションに関_{かん}してはアメリカン証券取引所_{しょうけんとりひきじょ}に押_おされ気味_{ぎみ}だ。

c. 証券界、金融界が一斉に株式のインサイダー取引(内部情報を利用した不公正取引)に関する自主規制ルール(ガイドライン)の作成に動きだした。

14―B―(3) かかわる to be concerned with
~ニかかわる

基本文

●簡単な手術で、生命にかかわるような危険はありません。
●こんどの交渉は会社の存亡にかかわる重要なものである。

新聞の例

a. 欧州からのINF撤去後、ソ連の欧州での査察権をどこまで認めるかも、欧州諸国の主権にかかわる問題である。
b. 秘密特許制度は国立研究機関だけでなく、民間や個人が申請した特許でも国が軍事秘密にかかわると判断した場合には、特許を非公開にするという。

14―B―(4) めぐって、めぐり concerning, regarding
~ヲめぐって/めぐり

基本文

●この会合では都市の環境保護をめぐる問題が討議された。
●仲のよかった兄弟が、遺産相続をめぐって、争いを続けている。

新聞の例

a. 米ソ間の軍備管理・軍縮交渉ををめぐっては「平和維持に核抑止力が引続き必要」と再確認。
b. 円高・ドル安の歯止め策をめぐり、日米金融当局による水面下での駆け引きが活発になってきた。
c. 農産物12品目をめぐる日米交渉が決着した。

14―B―(5) からんで twine around, in connection with, involving
~ニからんで

基本文

●私のおじは、つたのからんだ古い家に住んでいる。
●あの会社の倒産のいきさつには暴力団がからんでいるらしい。

KODANSHA
The Way To
Master Japanese

Kodansha International

I TEXT: 216 pages, 182 × 257 mm, $19.95　TAPE: C30 × 4, $55.00
II TEXT: 420 pages, 182 × 257 mm, $22.95　TAPE: C60 × 6, $100.00

A READER OF
HANDWRITTEN JAPANESE

P.B. O'Neill

How many of you have had what should be a pleasurable
receiving a simple postcard or letter turn into an arduous
difficulties of deciphering handwritten Japanese?
At last, the frustrated recipient can turn to *A Reader of Ha*
the only book available in English providing instruction in
Japanese. Designed for either classroom or self-study, 100
tions with grammatical notes are presented along with adv
degrees of formalities and for responding appropriately in
must for those who wish to correspond in written Japanes

267 pages, 182 x 257mm, $30.00

a. ポーランド国会は19日開会するが、ストを招いた経済的混乱の責任に絡んでメスネル首相の進退が焦点になりそうだ。

b. 米ソ首脳会談の残された問題は海洋発射巡航ミサイル（ＳＬＣＭ）、弾道弾迎撃ミサイル（ＡＢＭ）制限条約にからんだ宇宙防衛条約、ミサイル個別制限枠の三つとなった。

14—B—(6)　で　in respect of

基本文

●新会社の設立について、両社が50％ずつ出資するということで合意に達した。

新聞の例

a. インド・西独両首脳は、両国間の協力促進を検討する作業グループを設けることで合意した。

b. 英国は最近、過去に破壊された外交関係施設の補償でイランと合意した。

c. 日本信販と三菱商事はすでに国内のニュービジネスの共同開発で提携しているが、アジア地域でもニュービジネス展開の素地ができたと判断し、ＤＢＳ（シンガポールデベロップメント銀行）との提携に踏み切った。

14—B—(7)　として　as ～

基本文

● 京都は古い歴史的な都市として知られている。
● 私個人としては、その意見には反対ですが…。
●石油に代わるエネルギーとしては、太陽熱の利用が考えられる。

新聞の例

a. 支援の方策としては、民間資金の導入などを盛り込んでいる。

b. 米企業が好業績継続のために利益率重視の構造転換を急いでいる。その結果として米成熟産業の外国企業支配が一段と強まりそうだ。

c. 米国政府はローカル・コンテント（部品の現地調達）義務はモノの輸出入数量制限と同じ効果を持つので、原則として廃止すべきだと主張している。

d. 配偶者特別控除は主として妻が働いていないサラリーマン世帯に恩恵が及ぶ。

14—B—(8)　とって　to, for
～ニとって

基本文

● 私にとって、仕事より個人の生活の方が大切です。

● 世界平和にとって、東西の緊張緩和が何より重要なことです。

新聞の例

a. 多くの産油国にとって、市況さえ安定していれば、サウジが主張する生産枠拡大の方が石油収入増につながる。

b. また、同氏は「日本にとって有益な外圧なら受け入れられる」と語った。

c. 株式指数ワラントは、日本株に投資している機関投資家にとっては、日本株全体の変動に対する危険回避策にもなる。

14—B—(9)　対して、対する　against, to
～ニ対して／対する

基本文

● 労働者は工場の合理化に対して反対している。

● 発展途上国に対しては、経済援助だけでなく、技術援助も必要です。

● この頃、若者の政治に対する関心が低くなった。

新聞の例

a. トロントでの先進国首脳会議は、日本に対して税制改革、金融自由化、住宅建設の促進を求める。

b. これらの企業に対しては流動資金の貸付けなどの面で優遇措置がとられる。

c. 仏国内ではルノー、プジョーなどの大手メーカーが仏政府に対し日本車の輸入規制を緩和しないよう圧力をかけており、英国日産車《日産製の自動車》に対しても厳しい態度で臨んでいるとみられる。

14—B—(10)　対象　object, subject, target

基本文

● このマンションは高齢者が対象で、プール、テニスコート、病院などの施設が完備している。

a. 米上院が米国の建設企業に市場を閉ざしている国に対し、米国内の公共事業から締め出す条項を可決したことについて建設省首脳は、「日本を対象にしたものではないと思う」と語った。

b. 公正取引委員会は、米政府や業界団体が日本市場参入の障害と批判していた企業の販売促進活動に対する規制を大幅に緩和する。対象になるのは商品の購入者全員に景品を出す総付景品の広告で、これまで商品価格の一割相当分だった上限を、同一商品を景品にする場合は撤廃、これにより「もうひとつ無料でプレゼント」などの広告が可能になる。

14—B—(11) 向け for ～

基本文

● これは子供向けの雑誌です。
● これは輸出向けの車なのでハンドルが左側についている。

新聞の例

a. 自動車業界が注目しているのは米国製日本車の欧州向け輸出への各国の対応。

b. 通産省は貿易保険の引き受けを停止している累積債務国向けに来年度から新たに経済開発特別枠を設けて引き受けを再開する方針を決めた。債務国向けの民間資金還流を促し、経済再建を支援するのが狙いである。

14—B—(12) 限定する、限る to limit

～ニ限定する／限る

基本文

● この施設を利用できるのは会員に限定されている。
● 長い学生生活も今日限りとなった。
● 会員に限りこの施設を利用することができる。

新聞の例

a. 経済企画庁は厳しい土地利用計画を作成し、オフィス開発は一定の地域に限定することを主張している。

b. 《牛肉・オレンジ自由化問題に関し》日本側が恒久的な制度にすることを求めているのに対し米国側は最大3年間の「激変緩和措置」に限ると主張している。

c. 損保各社は国債の窓販《窓口販売》に備え直ちに準備を進めるが、対象となるのは自己引受けの新規発行の長期国債に限られ、販売窓口も自社の営業拠点だけになる見込み。

d. 通産省は貿易保険の引き受けを再開するにあたって国別の限度額を設定し、外貨獲得産業の育成に役立つなど一定の条件を満たす案件に限って引き受ける。

14—B—(13)　となると　speaking of, concerning

基本文

● 少々の金額ならお貸しできますが、大金となると、ちょっと無理ですね。

● 言いたいことはいろいろあるが、話すとなると自分の気持を正確に表現するのはむずかしい。

新聞の例

a. 大企業ではすでに年間休日が100日に達しているというが、休みの過ごし方はとなると、帰省か1・2泊の小旅行が大勢を占める。

14—B—(14)　問わず　irrespective of
　　　　　　　　～ヲ問わず

基本文

● 24時間営業のコンビニエンス・ストアーは、時間を問わずいつでも買い物ができるので便利だ。

● この企業では、学歴・性別を問わず将来性のある人材を積極的に採用している。

新聞の例

a. 富士通はコンピューターなどで技術者の中途採用に乗り出す。大卒、高卒を問わず、すぐに現場に配置できる経験者を8月中旬から新聞広告などで募集する。

b. 日本企業の米国工場では日本人のほか、白人黒人が老若、男女を問わず同じ場所で、同じ仕事をしている。

14—B—(15)　おける　in, at
　　　　　　　　～ニおける

基本文

● 最近海外における日本企業の事務所開設がさかんである。

● 他の先進諸国に比べると、日本社会における女性の地位はまだ低い。

新聞の例 ─────────────────────────────────

a. ゴルバチョフ書記長は1992年に予定されている欧州共同体(ＥＣ)の共同市場創設問題や西欧諸国における軍事面での統合の動きを取り上げ、ソ連が大きな注意を払っていることを強調した。

14—B—(16) とりわけ、特に especially, above all

基本文 ──────────────────────────────────

● 日本人は古代からさまざまな文化を取り入れてきた。とりわけ中国、韓国の文化の影響が大きい。
● 東京の交通機関はいつもこんでいる。とくに、通勤時間は動けないほどだ。

新聞の例 ─────────────────────────────────

a. 日銀はドル高が進行したことで、週明けの為替相場の動向に警戒姿勢を強めている。とりわけ日銀が注目しているのはマルクの動き。

b. レーガン大統領は農業問題解決への協調をとくに列挙した。とりわけ農業問題については農業保護政策など各国政府の介入を減らして市場の需給にゆだねるべきだと主張した。

c. 《ロンドン・シティーでは》86年はとりわけ保険分野の伸びがめざましく、43億ポンド48％増加、収益全体の46％を占めた。

d. レーガン大統領は、サミットに臨む方針の中で、日米間の農業問題とアフガニスタン難民の援助を特に強調した。

14—B—(17) 中でも especially, above all

基本文 ──────────────────────────────────

● クラシック音楽なら何でもいいですが、中でもモーツアルトが一番好きです。

新聞の例 ─────────────────────────────────

a. 「エクスポート・ナウ（さあ、輸出しよう）」──ペリティ米商務長官が今年の商務省最大のテーマに選んだのが、米国をあげての輸出促進キャンペーンだ。中でも、米国の貿易赤字の４割を占める日本への輸出拡大は重要な柱。

14—B—(18) 何と言っても　after all

基本文

● 日本の山の中で一番美しいのは、何と言っても富士山でしょう。

● 疲れた時は何と言っても、ビールを飲んでゆっくり休むのが一番いい。

新聞の例

a. ドイツ銀行の強さは何と言っても、財務力とドイツ企業とのつながりにある。

14—B—(19) だけしか、のみ、くらい　only

基本文

● あの野球練習場は夜間照明がないから、昼間だけしか利用できない。

● 証券取引所では会員だけしか有価証券の売買ができない。

● 休暇をとる人が増えたといっても、今年の夏の休暇も4～5日のみというのが普通だ。

● そんな古い考え方をするのは、お父さんくらいです。

新聞の例

a. 住宅ローン債券の売却は現在、住宅金融専門会社だけしか認められていない。

b. 一人当たりの行政投資額をみると、前年度に比べて減ったのは10県のみ。

c. 欧州で英国に続きインフレ対策の強化を鮮明に打ち出しているのは、今のところスエーデンくらい。

15. 疑問文を含むもの

15—A　～か、～かどうか
　　　　　　If (or Not)

　15—A—(1) ～か

　　　　(2) ～かどうか

　　　　(3) ～ではないか

15—B 疑問詞＋か
　　　　　　Interrogative＋ka

　15—B—(1) だれ、なに、どこ

　　　　(2) どう、どのように

　　　　　　どの、どういう、どれ

15—A If (or Not)

15—A—(1) ～か if

基本文

●報告書が締め切りに間に合う<u>か</u>（どうか）が心配だ。

●この仕事を続ける<u>か</u>、転職する<u>か</u>迷っている。

新聞の例

a. 経済改革を完全に実施できる<u>か</u>が大きな課題である。

b. 《国立大学入試に関して》試験内容を同じにすべき<u>か</u>、変えるべき<u>か</u>など検討を加えるべき点が多い。

c. 仏大統領選挙が8日行われる。現職のミッテラン大統領が再選を果たす<u>か</u>、シラク首相が勝つ<u>か</u>…。

d. 同長官は①対日制裁措置は自由貿易から逸脱したものの<u>か</u>、②日米間には貿易戦争（トレードウォー）が存在する<u>か</u>という二つの質問を設定した。

15—A—(2) ～かどうか if ～ or not

基本文

●これ以上のＯＡ化が必要<u>かどうか</u>、もう少し検討しましょう。

●新工業団地に工場を移転する<u>かどうか</u>について検討した。

新聞の例

a. 四日目決済が実現する<u>かどうか</u>はともかく、これまでのような超短期のディーリング商いは難しくなる。

b. 《防衛庁の潜水艦・釣り船衝突事故予防策》救命ゴムボートに船外エンジンが取り付けられる<u>かどうか</u>についても検討する。

15—A—(3) ～ではないか it is supposed that

基本文

●失礼ですが、田中さん<u>ではありませんか</u>。

●水害による農作物の被害は予想以上<u>ではないか</u>とみられている。

a. 米側は「市場開放の市場の市の字も出てこないのではないか」と強い不満を示した。

b. 「日銀は金利先安感が消えないような調節をするのではないか」と銀行などではみている。

c. 《米の金融引き締め》もう1、2カ月様子を見たうえで政策を変更するのではないか、とする見方が大勢を占めている。

15—B Interrogative+*ka*

15—B—(1) だれ、なに、どこ who, what, where

基本文

●だれが新社長になるかはまだ決定していない。
●失敗の原因は何であったかを考えた。
●人事異動でどこへ行かされるかわかりません。
●新製品の発売はいつが適当か検討した。

新聞の例

a. 《大蔵省は、新日鉄との業務提携発表を前に三協精機製作所の株価が値上がりした問題について調査する。》まず売買手口のあった証券会社に対し、だれが売買したかを提出させる。

b. サミットに米国は何を期待するかについて次のように語った。

c. 《農水省はオレンジ自由化に対応して国内みかんの減反を拡大する方針》今年度中にどこの産地を残すか具体的な基準を作成する。

15—B—(2) どう、どのように、どの、どういう、どれ how, which

基本文

●感謝の気持をどう表わしたらいいか分かりません。
●彼の発言をどう解釈すべきか考えてみる必要がある。
●販路拡大をどのようにして進めるかについて討議した。
●消費者がどういう商品を好むのか市場調査した。

● 損失がどの程度出たか、くわしい数字を出してください。

新聞の例

a. 《シュルツ米国務長官と竹下首相、宇野外相との会談で》日本側は、8日の首相訪中でカンボジア問題をどうとりあげるかの戦略を練る考えだ。

b. 首相が経済体質の改善を軸とした同報告書をどのように受けとめているかを米国は注視している。

c. 大統領は同首相にどのようにして実行に移そうとしているかをただす意向である。

d. アジアNIES(新興工業経済群)製品が各地で猛威を振るっているが、その実力は一体どの水準にあるのか。

e. いつ、どういう形で田中派が分裂するかは予断を許さない。

f. 《昭和64年度消費税収の予測》納税額の試算には64年度の産業連関表を利用した。産業連関表は各産業が生産のためにどこから何をどれだけ投入し、産出したかをまとめたもの。

---

16. 条件の提示

16—A 条件の提示
Presenting a Condition

16—A—(1) 条件

(2) 仮に／もし ～ば／たら／と／なら

(3) (仮に／たとえ) ～ても、～としても

(4) 場合 (には／によっては)

(5) ～限り、～ない限り

(6) とする

16—A　Presenting a Condition

16—A—(1)　条件　condition

基本文

● まず、そちらの条件をうかがってから、契約の話を進めたいと思います。
● 入社までに運転免許を取得することを条件に彼の採用を決定した。

新聞の例

a. ユーロ円ＣＰを発行する企業は、ユーロ債と同様に適格基準として長期格付けでＡ格以上を取得することを条件にする。

b. 通産省・工業技術院は、年内に生命科学に関する国際共同研究をスタートさせる。研究テーマは国際共同研究チームを公募して決める。サミット参加国、欧州共同体加盟国のうち、3か国以上の科学者からなるチームであることが条件。

16—A—(2)　仮に／もし　～ば／たら／と／なら
supposing, if, in the case that

基本文

● 産油国がこのまま増産を続ければ、原油が値崩れを起こすことになりかねない。
● もし、大都市の電気系統の中心が故障したら、すべての生活機能が止まってしまう。
● もし、あなたがアメリカの大統領だったら、まずどんなことをしますか。
● 夏の天候が悪いと、米が不作になる。
● 今この株が天井なら、「売り」だ。
● 来月も売り上げが伸びないようなら、この商品の仕入れは停止しよう。

新聞の例

a. このまま年間8000万人のペースで人口が増え続ければ、1999年には60億人に達すると予測している。

b. 仮に売却することになれば、1億円余の特別利益が見込める。

c. もし将来円相場が1ドル＝100円を超えるようになれば、日本のドル表示のＧＮＰは世界一になってしまう。

d. 建設省首脳は「仮に10月以降も日本企業を《米建設市場から》締め出したら、5月末の《日本の建設市場開放についての》日米合意は白紙に戻すことになる」と述べた。

e. 仮に原油価格が1バーレル＝16ドルから20％上昇すると、それだけで卸売物価は16％上昇するとしている。

f. 日銀の市場介入で円の下落が止まらないようなら、短期市場金利の運営姿勢を一段と引き締め、現行の高め放置から高め誘導に切り替えることになろう。

16—A—(3) （仮に／たとえ）～ても、～としても　however, (even) if

基本文

● 日本では勤労者は有給休暇があっても、それを完全に消化する人は少ない。

● 他の先進国のすべてが公定歩合を引き上げたとしても、日本は当分上げるつもりはないと言っている。

新聞の例

a. 関税、酒税、流通マージンのため英国からウイスキーを1円で輸入したとしても、日本の消費者にわたる時は2600円になる。

b. 例えば、《昭和》63年度1—3月期の水準が高いと、63年度の各四半期が仮に1—3月と同水準で推移しても、その年度の平均上昇率は前年度に比べプラスになる。

c. 仮に利上げした場合でも、マルク安に歯止めはかかりにくいと見る向きが多い。

d. 自動車の名称は法律上は商標になる。自動車メーカーは、使えそうな名前を思いつくと、たとえ実際に使用しなくても、登記だけはしておく。

16—A—(4) 場合（には／によっては）
an occasion, according to circumstances

基本文

● 田中さんの送別会にご欠席の場合は、電話でおしらせください。

● キャッシュカードをなくした場合には、すぐに届け出てください。

● 出演者の都合により、場合によってはプログラムに多少の変更があるかもしれません。

新聞の例

a. 南ア産業界は米国議会で審議されている対南ア制裁法案が成立した場合、日本もこれに合わせて南アとの取引を厳しく制限することになると危機感を強めている。

b. 週明けの東京市場でなおドル高が進行した場合には、「早めの手が必要」との声もあり、《日銀が》円買い・ドル売り介入に出る公算が大きくなっている。

16—A—(5)　　～限り、～ない限り　as far as ～, except for～, unless

基本文

● 可能な限りのことをして、息子の命を助けたい。

● おたがいに自社の利益のみ主張している限り、この交渉は成立しないだろう。

● 両社のトップが話し合わない限り、これ以上の進展はないだろう。

新聞の例

a. 国内外を問わず、競争力のある生産者が生産コストと再投資に見合う利潤を得るという確かな期待がある限り、安定供給は保証される。

b. 米国の貿易赤字が顕著に減らない限り、ドル安は当面続く。

c. イランが停戦を受け入れることで、かつてのサウジ-イラン協調によるOPECの再結束も可能となる。ただ、その場合、イラクをOPECの協定に呼び入れない限りイランは納得しないだろう。

16—A—(6)　　とする　considering

基本文

● たとえば今、転職しなければならないとします。あなたはどんな仕事を選びますか。

● アメリカの貿易赤字が解消したとする。それでも貿易摩擦はなくならないだろう。

新聞の例

a. ドイツ銀行東京支店は、償還時の円-西独マルクレートによって償還金額が変化する新型の円建てローンを開発、取り扱いを始めた。

　　　償還元本は、円安・マルク高になった分だけ差し引く。たとえば1マルク＝74円の時点で10億円のローンを組んだところ、償還時に1マルク＝75円と1円円安・マルク高になったとする。

17—A 事柄を並べる　または　付け加える
Enumerating or Adding Items

17—A—**(1)** と、や～など

(2) また

(3) および

(4) さらに

(5) ～もちろん、～も／でも

(6) なお

(7) 文の接続（1）

(8) 文の接続（2）

(9) 並び、並行して

(10) ともに

(11) 加え（て）

(12) ほか

(13) だけでなく、ばかりでなく、ばかりか

(14) ～うえ

(15) 合わせ（て）、併せ（て）

(16) 同時に

(17) 同様に、同じく

(18) つつ、ながら

(19) 伴って、伴う

(20) つれ（て）

(21) 従い

(22) 続き

(23) 沿い、沿って、即し（た／て）

17—B 言い換える　または　補足修正する
Saying in Other Words or Supplementing and Revising

17—B—**(1)** つまり

(2) すなわち

(3) いわゆる

(4) いわば

(5) ただ、ただし

(6) もっとも

(7) しかも

17—C 選択または代替
Alternative or Substitute

17—C—(1) ～か～か

(2) もしくは、あるいは

(3) いずれか、いずれも

(4) むしろ

(5) ～よりも

(6) 代わる、代わりとして、代わりに

(7) 肩代わりする　ほか

17—D 逆接
Contrastive Connective

17—D—(1) ～が

(2) だが

(3) しかし

(4) ところが

(5) ものの

(6) にもかかわらず

(7) ながら(も)、つつ(も)

(8) とはいえ

(9) にせよ

(10) 逆に

17—E 前文全体を受けて続ける
Introducing Words for Follow-on Sentences

17—E—(1) こうした、そうした

17—A Enumerating or Adding Items

17—A—(1) と、や～など and, and so on

基本文

- 財産には有形財産と無形財産（と）がある。
- 東京や大阪や福岡などの大都市では、地価が上昇している。

新聞の例

a. 経済協力開発機構（OECD）閣僚理事会のコミュニケ案が固まった。この中で日米欧三極に対し、インフレなき成長と対外不均衡是正などを実現するために構造調整の推進を要求。日本に対しては内需拡大策の維持、農業や土地、税制、流通の構造調整を通じた市場開放の推進を求めている。

17—A—(2) また and, besides

基本文

- 週休二日制が実施されると、消費が増大する。また、サービス産業の求人も増えて内需が拡大することになる。

新聞の例

a. 上位1万社の申告所得総額は26兆5928億円で、57年以来最高の伸び率となった。また、上位1万社のうち、7667社が前年を上回る所得を申告した。

b. 従来、株式投資についてほとんどの銀行は政策投資と純投資を同一セクションで担当している。また、営業で担当企業を持つと「相手企業を知るために端株を買う慣行が今でも残っている」という。

17—A—(3) および and

基本文

- 若い人達の間で人気があるのは、金融、保健および情報、広告などの業種である。
- 日本は行政上1道、1都、2府、43県の47の地域に区分されている。2府は大阪府および、京都府である。

a. スタンダード・アンド・プアーズは日本火災海上保険の保険金支払い能力および長期債
をＡＡＡ（トリプルＡ）と格付けしたと発表した。

b. 本州製紙が売却するのは、釧路工場の土地と工場建屋、および生産設備すべてで、時
価1300億円にのぼる。

17―A―(4)　さらに　furthermore

基本文 ──────────────────────

● 世界の人口は、このままでいけば、さらに増え続けることが予想される。

● ワープロの新機種の売れ行きがいいので、さらに100台をメーカーに追加注文した。

新聞の例 ──────────────────────

a. 米国内には「対共産圏融資で、発展途上国への資金還流が細る」との懸念も出始めて
おり、問題がさらに拡大する可能性も少なくない。

b. 日本ビクター社と仏トムプソングループの合弁会社Ｊ２Ｔホールディングスは、英国に
あったＶＴＲ組立ラインを西独工場に移転、生産を効率化した。さらに、従業員の勤
務体制も一部手直しして、現行の一交代制勤務のまま年産100万台を達成する。

17―A―(5)　～もちろん～も／でも　not to mention

基本文 ──────────────────────

● 山田さんは英語はもちろん、中国語、韓国語もできる。

● 当英会話教室は経験のある方はもちろん、初めての方でもご希望の時に始められます。

新聞の例 ──────────────────────

a. 米企業が低収益の成熟部門を相次いで外国企業に売却している。家電はもちろん、重
電《重電機》、汎用機器でも外国企業が肩代わりする傾向が目立ってきた。

17―A―(6)　なお　further

基本文 ──────────────────────

● 金曜日に企画会議を開きます。なお、時間などくわしいことは、またご連絡いたします。

● 明日は横浜の工業団地へ見学に行きます。なお、バスは９時にここを出発しますので、時
間に遅れないように集まってください。

a. 全国の大学の工学系大学院で外国人留学生が急増し、深刻な問題になっている。国立大学工学部長を対象にしたアンケート調査では、早急な改善を求める回答が大半を占めた。なお、私立大学は態勢や制度が各大学で異なり、一律に比較できないが、国立大学と同様に態勢整備を迫られる大学が増えている。

17—A—(7) 文の接続（1） connecting sentences (1)

Omitting "～shite" *or* "～suru. Soshite" *before a following sentence.*

基本文

● 東京駅で新幹線に乗車、出張先の大阪に向かった。
● 日本は1982年約50年ぶりに銀行法を改正、金融自由化に向けて進みはじめた。

新聞の例

a. 蔵相は財政制度審議会を開催、財政運営見直しを諮問する。
b. 貿易不均衡の理由の一つである日本経済の輸出依存体質を転換、内需拡大を進めるうえで余暇の果たす役割は大きい。

17—A—(8) 文の接続（2） connecting sentences (2)

Omitting "～masu" *before a following sentence. In the case of* "～teimasu," *it changes into* "～teori", *and the negative form of* "～teori" *is* "～teorazu."

基本文

● 銀行へ行き、預金をおろした。
● 我が社は一昨年より海外に進出し、現地の雇用促進にも努力している。
● この会社は去年から業績が悪化しており、倒産の恐れも出てきた。
● 事前の根回しができておらず、会議は長引くことが予想される。

新聞の例

a. 債券市場も不安心理が広がり、89回国債を中心に売られた。
b. ソ連はチェルノブイリ原発と同型の原子炉の改造を進めており、それについても《日本の原子力専門家による》調査団は説明を受ける考えだ。
c. 中国はフランスなど20カ国と投資保護協定を結んでいるが、いずれの国にも内国民待遇（中国の国内企業と同等の扱いを認める待遇）を与えておらず、日本との交渉でも内国民待遇の供与に難色を示してきた。

17—A—(9) 並び、並行して　alike, in parallel with, as well as

～ト並び、ト並行して

基本文

- 大阪は東京と並び、地方からの人口流入が多い都市である。
- 新入社員の研修では業務内容の学習と並行して、実習を行っている。

新聞の例

a. ソ連最高会議は協同組合法を採択し閉幕した。同法は国家企業法と並び、重要な〝ペレストロイカ（改革）法〟になる。

b. 住友金属工業は、エレクトロニクスや新素材など多角化部門の事業を、鉄鋼と並ぶ事業に育てる計画を進めている。

c. 《建設省は地域情報基盤の整備に乗り出す。》地域への情報提供は、ファクシミリ、パソコン通信の利用など数種類の方法を考えている。ハード面の充実と並行して、地域情報センターの設立も検討する。

17—A—(10) ともに　together with, as well as

～トともに

基本文

- この研究センターで彼は新医薬品の開発とともに、実用化に向けての研究を続けている。
- 東京はニューヨーク、ロンドンとともに、金融の中心として注目されている。

新聞の例

a. OECD閣僚理事会は、日本に対しては内需拡大策の維持とともに、市場開放の推進を求めている。

b. オマーン原油は同じ中東産のドバイ原油とともに、欧米や東京市場で取引される代表的なスポット原油。

17—A—(11) 加え（て）　to add, to include, to join

～ニ～ヲ加え（て）

基本文

- このスープは味がうすいですからもう少し塩を加えてください。
- 総資本は自己資本に他人資本と当期利益を加えたものです。
- 1967年に6か国（仏、西独、伊、オランダ、ベルギー、ルクセンブルグ）で発足した欧州

共同体（ＥＣ）は、73年に3か国（英、アイルランド、デンマーク）を加え、さらに81年に1か国（ギリシア）、86年に2か国（スペイン、ポルトガル）が加わって、12か国となった。

新聞の例

a. 竹下首相はこの日の代表質問を通じて消費税導入の必要性に加え、国会審議の重要性を強調。

b. 日米ともに景気が堅調なことによる金利先高観に加えて、今週は米国債入札や、各種の米国経済指標の発表が行われることからディーラー、投資家とも大口の売買を手控えた。

c. 都市銀行各行は中小企業を対象にしたファームバンキング（ＦＢ）用端末機の販売に力を入れ始めた。1日に踏み切った太陽神戸銀行を加え都銀11行が電機メーカーと共同して共同開発し、販売に乗り出した。

17—A—(12)　ほか　except, besides, as well as

基本文

●営業部には正社員のほか、3名のパートタイマーが働いている。
●Ａ社は都内数か所の店舗で営業しているほか、通信販売も行っている。

新聞の例

a. 《昭和》62年度税増収は景気の回復を背景に法人税、物品税などが伸びているほか、地価上昇で相続税も大幅に増えている。

b. 東京電力は今週早々にも《事業債の》起債を正式に表明、引受証券会社との交渉に入る。このほか、他の電力会社も5社前後が300億円の発行を、ＮＴＴは1000億円程度の起債を検討中。

17—A—(13)　だけでなく、ばかりでなく、ばかりか
　　　　　　　not only ～ but ～, ～as well

基本文

●東京は政治だけでなく、経済の中心です。
●自分の意見を言うだけでなく、ひとの考えも聞いて下さい。
●薬屋はふつう薬ばかりでなく、化粧品なども売っている。
●一生懸命働くばかりでなく、休むことも大切です。

● 社長は自分の有価証券ばかりか不動産も売って、会社の危機を救った。

a. 《建設省は地域情報基盤の整備に乗り出す。》地域への情報提供はCATV (有線テレビ) だけでなく、VTRを使ったもの、ファクシミリ、パソコン《パーソナル・コンピューター》通信の利用など数種類の方法を考えている。

b. 中国は鋼板などの鋼材も日本からだけでなく最近、接近を図っている韓国から大量に購入しようとしている。

c. 栗山審議官は「日本の安全ばかりでなく西側全体にも役に立っている」と日米安保《安全保障》体制の意義を強調。

d. 1日の短期金融市場で、日銀は円の下落を防ぐため手形金利の引き上げに踏み切った。ところが円安に歯止めがかからなかったばかりか、株式債券相場の急落を招くという結果に終った。

17—A—(14)   ～うえ   in addition to

● この店の料理は味がいいうえ、値段も安いのでいつもお客でいっぱいです。
● 彼は仕事が速いうえ、正確なので皆に信頼されている。

a. 西独は国内景気の足取りが鈍いうえ、利子源泉課税の導入を嫌って資金が海外に流出している。

b. 欧州通貨に対して円相場の上昇が加速してきたのは、日本の景気が好調なうえ、インフレ懸念も欧米に比べ広がっていないため。

c. 今回の入札では為替相場が安定的に推移しているうえ、内外金利差も大きい。

17—A—(15)   合わせ(て)、併せ(て)
in all, together with, at the same time
～ト／ニ合わせ(て)、～ト併せ(て)

● 彼の財産は有価証券と不動産など合わせて数億円になる。
● 連結決算というのは親会社と子会社の収益や財務の状況を合わせて作成した決算報告である。

- 事前に消費者のニーズを調査し、これに合わせて商品を開発、生産するのが望ましい。
- 農村の秋祭りはその年の収穫を神に感謝し、併せて次ぎの年の豊作を祈る伝統的な行事である。

a. ディーリング用の在庫と合わせ都銀は3000億円弱の残高がある。
b. 米国内では「竹下首相は市場開放に消極的なのか」との見方も出て来た。ヤイター代表はこうした見方を打ち消し、併せて日本に協力を促したとみられる。
c. 《昭和》62年度に導入した引受額入札方式（定率公募）と併せて、外国勢の日本国債引き受けへの門戸はかなり広がる。

17—A—(16) 同時に at the same time, as well, while
～ト同時に

基本文

- この町は開発を進めると同時に、古い町並みを残すことに心掛けている。

新聞の例

a. 旭硝子の香港販社は全額融資で、建設ブームに沸く現地市場に食い込むと同時に、香港の中国返還をにらんで中国本土への販売拠点に育てる。

17—A—(17) 同様に、同じく as well as, also, too
～ト同様に、～ト同じく

基本文

- ファジーコンピューターは人間の脳と同様に、あいまいな情報を理解できるのが特徴だ。
- 従業員の労働条件についてのアンケート調査では、対象25社からほぼ同様の回答があった。
- 彼は私と同じく経済が専門です。
- 片仮名は平仮名と同じく、日本人が漢字からつくった文字である。

新聞の例

a. 所得税の税率構造を抜本的改革案と同様に5段階に簡素化する。
b. 大蔵省はプリペイド（代金前払い）カードは物品切手（商品券やビール券）と同じく非課税扱いにするのが適当と判断した。

17—A—(18)　つつ、ながら　-ing, while, as

基本文

- 会社は内部の合意を図り<u>つつ</u>、合理化を進めていった。
- 地方都市の開発は、自然環境との調和をとり<u>つつ</u>行うことが大切だ。
- 彼は昼間働き<u>ながら</u>、夜高校に通っている。

参考

- 半導体メモリー分野での日米の技術格差は広がり<u>つつ</u>ある。
- 日本の金融制度は、今少しづつ自由化の方向に向かい<u>つつ</u>ある。

新聞の例

a. 国際的要請を踏まえ<u>つつ</u>、ぎりぎりの努力をしてきたが、残念ながら米国の理解は得られなかった。

b. 竹下首相は「売上税廃案の経緯を踏まえ<u>ながら</u>、審議し<u>つつ</u>国民の《消費税に対する》理解を深めていきたい」と明言を避けた。

c. 5月末までに確定する税収の行方をみ<u>ながら</u>、赤字国債発行が最小限ですむよう調整する。

17—A—(19)　伴って、伴う　ほか
accompanied by, in accordance with, to accompany, to involve, to result from
~ニ／~ヲ伴って、~ニ／~ヲ伴う

基本文

- この手術には多少の危険が<u>伴う</u>。
- 現在、信号の故障に<u>伴う</u>電車の遅れが出ています。
- 企業の海外進出に<u>伴って</u>、従業員も現地で採用する場合が多くなってきた。
- 経済の発展に<u>伴い</u>、社会保障制度も徐々に整ってきた。

新聞の例

a. 証券取引所の平日の立合時間の延長は、来年2月から完全週休二日制になるのに<u>伴って</u>、売上高の低下を防ぎ、顧客サービスを向上させるための対策。

b. 機関投資家の多くが米国内のインフレ懸念に<u>伴う</u>金利先高感の台頭を警戒、慎重な姿勢を強めている。

c. 同社は日本からの欧州向けカラーテレビ輸出を止め現地生産に切り替える。これに<u>伴い</u>英国の現地会社のテレビ生産ラインを拡張する。

d. 大亜湾原発計画は、中国では最大規模の海外資金調達を伴うプロジェクトとなる見通し。

17—A—(20)　つれ(て)　as, with
　　　　　～ニつれ(て)

基本文 ─────────────

● 日本の生活に慣れるにつれて、友人も増え、行動半径も広がった。
● 東京が金融・経済の中心として発展するにつれて、支店を開設する外国の金融機関が多くなった。

新聞の例 ─────────────

a. 資金市場の拡大につれ、いくつかの問題も顕在化してきた。
b. 市場の急速な拡大につれて、「今後十分な増産体制をとれるかどうかが焦点」との声も出てきた。
c. 東西緊張の緩和を背景に、ソ連と西側各国企業との合弁企業が急増している。合弁が増えるにつれ、ソ連の厳しい外貨管理などに対する西側企業の不満も強まっている。

17—A—(21)　従い　in accordance with, as
　　　　　～ニ従い／従って

基本文 ─────────────

● 交通法規に従って、安全運転をしましょう。
● この町では伝統に従い、200年も祭りを続けている。
● 子供が大きくなるに従って、この家もだんだん狭くなってきた。
● 5月5日は子供の日で、国民の休日です。従って、官庁、会社、商店、学校などすべてお休みです。

新聞の例 ─────────────

a. 《OECD閣僚理は相互監視（サーベイランス）を開始する。》農業は昨年の閣僚理合意に従い、保護を縮小していく。

17—A—(22)　続き　subsequently
　　　　　～ニ続き

＊基本文は10—A—(11)参照

a. 乳製品は品不足の状態が一段と強まり、元卸相場はじり高歩調をたどり続けている。農水省は相場を冷やす目的で、5月に脱脂粉乳を緊急輸入したのに続き、さらに脱脂粉乳とバター6000トンずつを輸入をすることを決めた。

17—A—(23)　沿い、沿って、即し(た／て)

along, in accordance with, adapted to

～ニ沿い／沿って、～ニ即し(た)

基本文

● 海岸に沿って、高速道路が走っている。
● 輸出向けの製品は相手国の基準に沿い、設計・生産されることが多い。
● 経営者は、常に状況に即した決断を求められる。
● 高度情報化時代に即して、企業戦略を見直す必要がある。

新聞の例

a. 関税貿易一般協定(ガット)の多角的な貿易交渉(ウルガイラウンド)に沿い、貿易を自由化する。

b. 住友金属工業は、新素材など多角化部門の事業を鉄鋼と並ぶ事業に育てる計画を進めている。この方針に沿って、今年6月末、総合技術研究所を鉄鋼技術研究所と未来技術研究所に分離した。

c. 通産省は輸出価格調査を踏まえて、摩擦を引き起こす可能性のある商品に対し、国際的見通しに即した生産調整、投資調整も検討する。

17—B　Saying in Other Words or Supplementing and Revising

17—B—(1)　つまり　that is to say, in short

基本文

● 彼は父の妹の息子、つまり私のいとこです。
● お話はよく分かりました。つまりこの意見に反対なのですね。

a. 全体として日本経済が内需志向型の成長に切り替わっているものの、外需、つまり輸出
などによる需要の減り具合が鈍っており対外不均衡是正の先行きに不安を残している。

17—B—(2)　すなわち　namely, that is to say

基本文 ───────────────

● 日本の内閣総理大臣、すなわち首相は現在竹下登氏である。

● 高度成長期、すなわち1955年からの約20年間、日本は鉄鋼、アルミ、セメントなどの素材
産業が大きく発展した。

新聞の例 ───────────────

a. 日本と西独。この２国は他の国以上に〔パックスアメリカーナ〕の恩恵を受けてきた。
すなわち、米国が経済、政治、軍事の各面で世界の主役を演じてきた時代の恩恵である。

17—B—(3)　いわゆる　what is called, so-called

基本文 ───────────────

● これは日本の債券市場で外国発行者が円建てで発行する債券、いわゆるサムライ・ボンド
です。

● いわゆる新人類というのは、年配の人々が最近の若い人達につけた呼び名です。

新聞の例 ───────────────

a. 韓国、シンガポール、香港、台湾のいわゆるNICS問題は２月に日本側が提起して以
来、議論が活発化、OECDとしての対応を閣僚理でも検討する。

b. 政府は中所得国を対象にした債務救済構想、いわゆる宮沢構想を今月下旬のIMF総会
で公表する意向を固めた。

17—B—(4)　いわば　so to speak, as it were

基本文 ───────────────

● 私にとって音楽は、いわば生活の一部です。

● 彼女は子供の時から私の家にいたので、いわば妹のようなものです。

a. 今回のトロントサミットはレーガン米大統領のいわば花道となるため、米ソ首脳会談での努力をたたえる表現をサミット政治宣言に盛り込む。

b. 《株式市場》この日の動きもいわば定石通りといえなくもない。

17—B—(5)　ただ、ただし　yet, however, only, it is just that

基本文

● その考えは非常に面白い。ただ、あまり現実的とはいえませんね。

● 集まりは何曜日でも結構です。ただ金曜日は、時によって都合が悪いこともあります。

● 当会の委員の任期は2年とする。ただし、2期以上の継続は認めない。

新聞の例

a. 在日外国銀行の収益が際立った回復をみせている。《昭和》63年の3月期の81行の決算によると、経常利益は前年比55.7％増の288億円になった。ただ、経費増も目立つ。

b. 東海カーボンの《昭和》63年6月中間期決算は、営業収益は1億6600万円の赤字となった。ただ、有価証券売却で穴埋めし経常段階では黒字を確保。

c. 「日本のコメ問題も多角的貿易交渉（新ラウンド）の議題に乗ることはやむを得ない」（食糧庁）としている。ただし、新ラウンドの議題にはしても、自由化に関しては拒否するという姿勢を崩していない。

17—B—(6)　もっとも　however, though

基本文

● あるドイツ人が毎日俳句を一句つくっています。もっとも、彼がつくるのはドイツ語の俳句ですが。

● 毎日、日本語の新聞を読んでいます。もっとも、読むのは経済・金融などの記事だけです。

新聞の例

a. 日米牛肉・オレンジ自由化交渉が決裂したことについて食品業界や大手商社には「こんな結果になって大変残念」という声が多い。もっとも、日米間の交渉が決裂してガットにゆだねられても「自由化への基本的な流れは変わらない」というのが一致した見方。

b. 《米商務省は輸出促進キャンペーンを開始、中でも米国の貿易赤字の4割を占める日本への輸出拡大は重要な柱》もっとも、全体の対日貿易赤字をこれで大きく減らせるとは、米商務省も思っていない。

17—B—(7)　しかも　what is more, and that

基本文

● こんな仕事をするのは、最初でしかも最後のチャンスだろう。

新聞の例

a. 日本の大学で学ぶ外国留学生は《昭和》58年以降、毎年3000人前後のペースで増加している。特に工学系の人気は高く、留学生総数の約2割が工学を専攻し、しかもその大部分は大学院生だ。

17—C　Alternative or Substitute

17—C—(1)　～か～か　or

基本文

● 彼は大学の研究室に残るか、企業で働くか迷っている。
● この企業は海外に進出したが収益が上がらず、生産を続けるか、撤退するかの決断を迫られている。

新聞の例

a. 《日米牛肉・オレンジ自由化問題の交渉で》関税か課徴金か、国境措置をめぐり駆け引きが本格化しそうだ。
b. 英サッチャー政権はインフレ抑制を優先するか、為替安定に金融政策の照準を切り替えるか、選択を迫られそうだ。
c. セメント、鋼材などの産業用素材市場に韓国、台湾などNIES（新興工業経済群）の対日輸出攻勢が強まっている。国内メーカーは、価格か、シェアかの二者択一を迫られている。

17—C—(2)　もしくは、あるいは　or, either ～ or ～

基本文

● 商品カタログをご希望の方は、葉書、もしくは電話でお申しこみください。
● 本の代金は銀行振り込み、あるいは現金書留で送金してください。

a. 海運大手各社のテヘラン事務所も戦火の拡大で閉鎖もしくは休眠状態となっているが、「落ち着いたら再開を考えたい」としている。

17—C—(3) 　いずれか　either
　　　　　　　　いずれも　both, all

基本文

● 新幹線と飛行機のいずれか席が取れたほうで行きましょう。
● 京都と奈良はいずれも歴史的な町で、古い建物がたくさん残っています。
● 預金、貸し出し、為替はいずれも銀行の本来の業務です。

新聞の例

a. 《日本航空は、'87年11月の完全民営化後、資金調達の道が狭められていた。》社債発行枠は、資本金および準備金の総額または純資産（前期末で1507億円）のいずれか少ない額の５倍だったのが２倍に引き下げられた。

b. 《インサイダー取引規制自主ルールに関して》従来、株式投資についてほとんどの銀行は政策投資と純投資を同一セクションで担当している。また、営業で担当企業を持つと「相手企業を知るために端株を買う慣行が今でも少し残っている」という。いずれも今後《自主規制後》は是正されることになる。

c. 午後に入ると「売り買いいずれも大きく動きづらい」との見方が広がり、商いは細り気味。

17—C—(4) 　むしろ　rather, rather than

基本文

● この部屋は涼しいというより、むしろ寒いくらいです。
● あなたの考え方は楽観的というより、むしろのんき過ぎると思いますよ。

新聞の例

a. 全体の対日貿易赤字をこれ《米商務省の輸出キャンペーン》で大きく減らせるとは、米商務省も思っていない。むしろ、米企業に今回のキャンペーンを通じて、輸出意欲を一段と高めることができれば、長期的に米国にプラスになると判断している。

b. 《株式市場》朝方注目を集めたのが川鉄の動き。一時769円をつけ期待感も高まった。しかし、その勢いも長くは続かず、むしろ「市場のエネルギー不足を見せつけられた」と相場全体に失望感を広める結果となった。

17—C—(5)　～よりも　than, rather than

基本文

● 一般に株式投資よりも国債などを買ったほうが危険性がなくてよいという考え方がある。

新聞の例

a. 《税制の抜本改革に関して》配偶者特別控除を大幅に引き上げるのは三控除（基礎・配偶者・扶養）の上げ幅を大きくするよりも、中堅サラリーマン層の税負担軽減に効果があると判断したため。

17—C—(6)　代わる、代わりとして、代わりに
replacing, in place of, instead of
～ニ代わる

基本文

● 石油に代わるエネルギーとして、原子力も利用されている。
● 銀行券（紙幣）は金の代わりとして、中央銀行が発行するものです。
● 部長の出張中は私が代わりに、業務の責任を取ります。

新聞の例

a. 米価審議会は昨年廃止になったパリティー（物価連動）方式に代わる新しい麦価算定方式の原案を固めた。

b. 中国政府はこのほど、都市住民に物価手当を支給する代わりとして、野菜、卵、豚肉、砂糖の4品目を自由化すると発表した。

17—C—(7)　肩代わりする　ほか　to take over, to substitute, etc.

基本文

● 弟の借金を肩代わりして、私が払ってやった。
● 発展途上国の累積債務の一部を、先進国が肩代わりすべきだという提案もある。

新聞の例

a. 米企業が低収益の成熟部門を相次いで外国企業に売却している。家電はもちろん、重電《重電機》、収益性の低い汎用機器でも外国企業が肩代わりする傾向が目立ってきた。

b. 全国信用金庫連合会は新事務センターに置くホストコンピューターと、全国17支店、海外の事務所3カ所を結ぶオンラインシステムを新設する。各ホスト機の間でデータベー

スは自由に共用できる。また故障に際しては、どの系統であっても瞬時に待機系のシステムが機能を肩代わりする。

c. マツダは米国でフォード製ボンネットバン型レジャーカー「ブロンコⅡ」をマツダブランドで販売する。米国に輸出している小型トラックが円高で採算が悪化したことから、フォード社で代替する。

17—D Contrastive Connective

17—D—(1) ～が though, but

基本文 ───────────────────────────

● 産業用廃棄物の処理が問題になっているが、解決方法は見出されていない。

新聞の例 ───────────────────────────

a. 軍用機が中国から台湾に亡命したケースは多いが、旅客機が乗っ取られて台湾に着陸したのは初めて。

b. 《株式市場》朝方は模様ながめ気分が強かったが、為替金利が引き続き落ち着いた動きをしているのを見て後場ジリ高となった。

17—D—(2) だが but

基本文 ───────────────────────────

● お金は大切だ。だが、お金では絶対に買えないものもある。

新聞の例 ───────────────────────────

a. ＦＲＢが1－2カ月以内に公定歩合を0.5％引き上げる可能性があるとの見方が出ている。だが、政府部内の別の金融当局者は「公定歩合引き上げは、大統領選挙を控えた政治情勢なども考えればとりにくい選択」と慎重な考えを示している。

b. イラン・イラク停戦の今後の交渉の過程で賠償問題が蒸し返されることも予想される。だが、国連の調停がイランの要求するだけの賠償金の支払いをイラクに迫るとは単純に考えられない。

17—D—(3)　しかし　however

基本文

●所得税の減税が実施される。しかし、独身者にとっては増税になる場合もあるようだ。

新聞の例

a. 東西緊張の緩和を背景に、ソ連と西側各国企業との合弁企業が急増している。しかし、大半の企業の出資規模《ソ連側との合計》は円換算で50億円以下にとどまっている。

b. 円は一時124円89銭まで下げた。しかしこの水準では為銀の値さや稼ぎのドル売りもあり、もみ合って取引を終えた。

17—D—(4)　ところが　nevertheless, as a matter of fact

基本文

●交渉が順調に進んで明日は契約ということになった。ところが、突然相手から延期を申し入れてきた。

●3年前の設立当時、この会社は成長すると期待されていた。ところが、去年2回も不渡り手形を出し、ついに倒産した。

新聞の例

a. 貿易保険制度は為替取引制限や破産など対外取引において生じる損失を補償する制度で、主として発展途上国に投資や輸出をする場合に利用される。ところが債務の支払い困難に陥る途上国が急増したため、現在では保険引き受けを停止しているのが50カ国、制限している国も50カ国ある。

b. 瓦防衛庁長官は、事故が起きた23日夜「責任をとりたい」と早期辞任を示唆していた。ところが、防衛庁幹部から「今辞めては、自衛隊が全面的に非を認めたような印象を受ける」とクギを刺され、早期辞任を思いとどまった。

17—D—(5)　ものの　although

基本文

●景気は回復してきたものの、失業率はまだ高い水準にある。

●原稿の締め切りは今月末と言われたものの、こう忙しくては間に合いそうもない。

a. 《ギリシャは》貿易赤字が大きいものの、観光収入など貿易外収入の拡大で国際収支も改善傾向にある。

b. 一時、大手証券の一角が積極的な姿勢を見せたものの、追随するディーラー、投資家は少なかった。

c. 《昭和》64年度3月期は繊維の売り上げが伸び悩むものの、インターフェロンなどを中心とする医薬部門などの売り上げが伸びそう。

17—D—(6)　にもかかわらず　in spite of

基本文

● この日は悪天候にもかかわらず、大勢の人が会場に集った。

● 各国の努力にもかかわらず、世界的不況はなかなか好転しない。

新聞の例

a. 日本側の二国間協議の努力にもかかわらず、ガット・パネル設置を要求した米国に日本政府代表は遺憾の意を表明した。

b. 日銀は5月の米貿易赤字がほぼ予想された範囲内の数字にもかかわらずドル高が進行したことで、週明けの為替相場の動向に警戒姿勢を強めている。

17—D—(7)　ながら(も)、つつ(も)
notwithstanding, for all, though, while

基本文

● 京都まで行きながら、見物する時間がなく、会議に出席しただけで東京に帰って来た。

● お手紙をいただきながら、お返事が遅くなりまして、失礼いたしました。

● 「せまいながらも楽しい我が家」という歌がはやったことがある。

● 日本語で話さなければと思いつつも、つい英語になってしまう。

新聞の例

a. 三菱商事は売上高では5位ながら、営業利益では三井物産に次ぐ2位を確保した。

b. 自民党の加藤委員長は、日米牛肉・オレンジ交渉決裂について「非常に残念だ」としながらも「佐藤農相の判断は今回の場合やむを得なかったと思う」との見解を示した。

c. 《首相は中国に対する奥野発言に関し》今後の対応について奥野《国土庁》長官自身の判断にゆだねる考えを示しつつも、閣僚の任命権者でもある首相自身の責任にも触れた。

17—D—(8)　とはいえ　though

基本文

● 大学で2年日本語を学んだととはいえ、流暢に話すことはまだできない。
● 職場での女性差別はかなり改善されたとはいえ、管理職までいける女性の数は極めて少ない。

新聞の例

a. 国内のコマーシャルペーパー（CP）発行は昨年11月のスタート以来、順調に成長してきたとはいえ「商品性の改善など課題は多い」（大蔵省）ようだ。

b. うるう年の要因があるとはいえ、1—3月の実質経済成長率が年率で11.3%という非常な高成長になったことは今回の景気拡大の力強さを改めて印象づけた。

17—D—(9)　にせよ　even if

基本文

● 計画を進めるにせよ、中止するにせよ、事前の合意が必要です。
● 日本は内需拡大を進めるにせよ、輸出産業が不振では生きていけない。

新聞の例

a. ディーラー主導の相場は、上下どちらの方向に動くにせよ、振れが大きくなる。

b. EC諸国および日本以外のパートナー《米国》の力が一時的にせよ衰えをみせ、不確実性が広がり始めたらこのパートナーを防風林のように使い続けるべきではない。

17—D—(10)　逆に　conversely, vice versa

基本文

● 輸入超過だった国が経済力をつけ、逆に、輸出を伸ばした。
● 先進国では今までの傾向とは逆に、社会福祉の予算を削減する国が出ている。

新聞の例

a. 新分野進出のため他企業を買収したり、逆に不採算部門を他社に売却するなどドライな企業売買も出てきた。

b. 先物は106円57銭で取引を終えた。朝方は現物同様続落して始まり、一時105円80銭まで下落した。ただこの水準になると売り込みづらく、逆に売り方の買い戻しで値を戻した。

17—E—(1) こうした、そうした such

基本文

● チェルノブイリの事故以来、日本人の原子力発電に対する不信感が強くなった。こうした傾向は世界的にみられるものである。

● 「鶏が先か、卵が先か」。主題は違っても、そうした論争が昔から繰返されている。

新聞の例

a. プリペイド(代金前払い)カードはテレホンカード、JRのオレジカードが代表的だが、こうしたサービス用に加え、自動販売機で清涼飲料など物品を購入できるカードも出始めた。

b. 米国の1―3月期の実質経済成長率が年率3.9%と大幅に上方修正された。問題はこうした成長が続くと先行景気過熱の懸念が強まることだ。

c. インド企業と外国企業の提携が頭打ちになってきた。国別に見ると米国、フランスなどが投資件数、金額とも減少した。こうした中で西独は件数、金額とも増加した。

d. ゴルバチョフ書記長のペレストロイカ政策で国民の意識改革が進んでいるとの指摘がある一方で、現実の消費生活は一向に改善しないことに市民の不満が高まっている。そうした問題に対応する一つの手段が協同組合企業の育成だ。

18. 慣用的な表現

18—A 慣用的な表現（1）
Idiomatic Expressions (1)

- 18—A—(1) 腕をふるう
- (2) 影響を及ぼす／与える／受ける
- (3) 尾を引く
- (4) 脚光を浴びる
- (5) 口火を切る
- (6) 雲行きになる
- (7) 採算がとれる／合う
- (8) しのぎを削る
- (9) しり込み(を)する
- (10) 戦略を練る
- (11) 宙に浮く
- (12) 安／高値をつける、値を崩す
- (13) 波紋を投げかける
- (14) 目が離せない
- (15) メスを入れる
- (16) 躍起になる／となる
- (17) やり玉にあげる／あがる
- (18) 余儀なくされる
- (19) 余地がある／ない
- (20) ホコ先をかわす
- (21) 頭を痛める
- (22) やりくりする

18—B 慣用的な表現（2）
Idiomatic Expressions (2)

- 18—B—(1) 一進一退
- (2) 一本調子
- (3) 腰くだけ
- (4) 水面下
- (5) 周知の通り
- (6) 不可欠、欠かせない
- (7) 左右する
- (8) 食い込む
- (9) 食い止める
- (10) 詰める、詰め
- (11) こぎつける
- (12) 追い込まれる
- (13) 迫る、迫られる
- (14) うかがう、うかがわせる

18—A　Idiomatic Expressions (1)

18—A—(1)　腕をふるう　to use one's skill; to show one's capability

基本文

- キャンプのときは、いつも父がバーベキューに腕をふるう。
- 彼は社長就任以来、倒産寸前の会社の建て直しに腕をふるった。

新聞の例

a. 投資顧問は単に助言するだけでなく、投資家に代わってかなり自由に運用の腕をふるうわけだから責任も重い。

■ 腕をあげる、腕が落ちる

18—A—(2)　影響を及ぼす／与える／受ける　to influence, to be influenced

基本文

- 彼は祖父の影響を受けて歴史に深い興味を持つようになった。
- 新聞・ラジオ・テレビなどマスコミが国民に及ぼす影響は非常に大きい。

新聞の例

a. 9月中に実施される参院福島選挙区補欠選挙の結果は税制改革の行方にも影響を及ぼしそうだ。

b. 日銀は準備預金の調節を通じて、こうした財テク《資産運用》資金の出し手にも影響を与えることができる。

18—A—(3)　尾を引く　to leave a trail

基本文

- 一昨年の人事問題に関する対立が尾を引いて、いまでも社内の派閥争いがたえない。

新聞の例

a. 対中《中国》ココム規制緩和問題は今後も尾を引くことになりそうだ。

b. イラン・イラクのシャトル・アラブ川国境線の問題は今後も尾を引くものとみられる。

18―A―(4) 脚光を浴びる　to be spotlighted（脚光：footlights）

基本文

● 舞台では白いドレスを着た歌手が脚光を浴びて、美しい声で歌っている。

● 今、バイオテクノロジー利用の産業が株式市場で脚光を浴びている。

新聞の例

a.　産業革新の"旗手"として脚光を浴びていたベンチャービジネスも、現在転換期にある。

18―A―(5) 口火を切る　to make a start（口火：pilot flame）

基本文

● 日本の米市場の閉鎖性について米国の米生産地の議員が口火を切り、日本に対して米を含む農産物市場の開放を求める声が強くなった。

● 新しい店長のやり方に、不満の声がおこった。ひとりが口火を切り、ついに店員全員が仕事をボイコットして、彼は辞任せざるを得なかった。

新聞の例

a.　サミットでの農業問題討議は、米国が年末までに向こう10年間の農業助成全廃プログラムをまとめるよう《参加国に》提案し、口火を切った。

18―A―(6) 雲行きになる
the weather is getting ～, the situation becomes ～

基本文

● 雨も風も強まり、嵐がきそうな雲行きになった。

● 長期にわたって行われた両社の交渉は、物別れに終りそうな雲行きになった。

新聞の例

a.　5月に予定される日米円・ドル委員会では、59年にリーガン財務長官が机をたたいて開放を迫ったような場面も予想される雲行きになってきた。

b.　フランスの電子・電機産業が日本とNIES（新興工業経済群）に脅かされ、仏政府の国内産業保護に拍車がかかりそうな雲行きになってきた。

18—A—(7)　採算がとれる／合う　to be profitable, to pay

基本文

● このデパートは市場調査した結果採算が合うと判断、地方都市への進出を決定した。
● 都市への人口流出で利用者が減り、この地方の鉄道は採算がとれなくなった。

新聞の例

a. 計画中のリゾート開発プロジェクトには全国で七十数か所が名乗りをあげているが、採算がとれると断言できる所は1か所もないという。

18—A—(8)　しのぎを削る　to compete fiercely

基本文

● 新興都市の駅前には大手のデパート数店舗が進出してしのぎを削っている。
● 日本の船会社2社が相前後して客船を就航させ、外洋航路でしのぎを削ることになった。
● 21世紀の大量輸送手段、リニアモーターカーの実用化で日本と西独がしのぎを削っている。

新聞の例

a. 《来春3月に卒業する大学生を採用するため9月ごろに企業は説明会をする》大卒採用シーズン本番を控え企業は、会社説明会に知恵を絞り、会場確保などで早くもしのぎを削っている。

18—A—(9)　しり込み(を)する　to shrink, to draw back

基本文

● 年齢の高い人の中にはOA機器を使う事務処理にしり込みする人がいるようだ。
● 彼は失業したが、慣れない仕事に転職することにしり込みしている。

新聞の例

a. 「9％近い現在の利回りには魅力があり、《米国債の》入札にしり込みする必要はない」と住友信託などは積極姿勢をとる。

18—A—(10)　戦略を練る　to elaborate a strategy

基本文

● 十分戦略を練ったうえで交渉に入るべきだ。

● 日本市場参入に関心のある外国企業は日本についてくわしく研究し、戦略を練っているようだ。

新聞の例

a. 日産自動車も長期的に英国、米国で車種別分業を進め、欧米間で相互供給する戦略を練っている。

18—A—(11)　宙に浮く　to float in midair, to suspend（be suspended）

基本文

● 家を新築するつもりだったが、急に転勤が決まり、新築の話は宙に浮いたままになってしまった。

新聞の例

a. 日米欧民間銀行団とエクアドル政府との間で昨年11月に成立した同国向け新規融資の合意が宙に浮き、利払い停止が長期化している。

18—A—(12)　安／高値をつける、値を崩す
to fetch a low/high price, to lower the price

新聞の例

a. 引けにかけては欧州系の銀行がドル買い・西独マルク売りの動きを強めるのに伴い、円はこの日の安値をつけた。

b. 26日東京市場では一時1マルク＝72円04銭と7月22日以来の高値をつけた。

c. 《株式市場》主力株が軒並み値を崩した。

d. ウラン精鉱のスポット物が値崩れしている。

18—A—(13)　波紋を投げかける　to create a stir, to cause a ripple

基本文

● 昨日の米大統領の発言は、日本の農業政策にも波紋を投げかけた。

● インサイダー取引に関する罰則規定は証券業界に大きな波紋を投げるだろう。

● 新しく開発されたプログラム不要の事務用コンピューターは小型機の販売市場にも波紋を投じそうだ。

a. 電炉最大手の東京製鉄は、条鋼類全般の大幅値上げを発表し、鋼材市場に大きな波紋を投げかけている。

18—A—(14) 目が離せない　cannot take one's eyes off

基本文

● 子供がやっと歩けるようになって、母親は片時も目が離せない。
● 証券会社のディーラーたちは世界市場の値動きに一刻も目が離せない。
● 目を離したすきに、ベンチに置いておいた荷物がなくなった。

新聞の例

a. 円高で不透明だった景気前線にやっと明るさが見えるようになった。だが、まだ為替相場から目が離せない。

18—A—(15) メスを入れる

to take a drastic measure, to make a searching inquiry
（メス：surgical knife)

基本文

● 日本の複雑な流通機構にメスを入れるべきだとの声があがっている。
● 今回の税制改革は不公平税制にメスを入れるのが主な目的である。

新聞の例

a. 国内でも安値輸出を図る企業の行動に批判が高まっている。価格調査で日本企業のこうした戦略に初めてメスを入れ、貿易摩擦を未然に防ぐのが目的。

18—A—(16) 躍起になる／となる　to get heated, to become excited

基本文

● 彼は社内で高い地位に就こうと躍起になり、家族のことも忘れて働いた。
● 部長は他社との販売先獲得競争に躍起となっている。
● あの会社では、シェア拡大を目指して躍起となっている。

新聞の例

a. 重厚長大産業はもちろん、輸出依存で成長してきた企業もここへきて新分野の開拓に躍起となっている。

18—A—(17) やり玉にあげる／あがる
to make a person/thing the object of attack

基本文

● 副社長のスキャンダルをやり玉にあげ、反対派の株主は現経営陣の退陣をせまった。
● 某金融機関の30億円に上る所得隠しが国税庁のやり玉にあがった。

新聞の例

a. 英国も大蔵省次官が12日のコンファレンスで《日本の証券取引所に関して》「閉鎖的な取引所」をやり玉にあげた。

b. 《EC域内で》部品ダンピング防止規則についても、現在は電子タイプライター（反ダンピング税課税決定)、複写機（調査中）がやり玉にあがっている。

18—A—(18) 余儀なくされる　to be compelled to

基本文

● ダム建設のため、先祖代々長い歴史をもつこの村は移転を余儀なくされた。
● 地価の高騰により、一般市民は都心から遠く離れた地域に家を持つことを余儀なくされている。
● 海外に進出した中小企業の中には現地生産の成績が上がらず、余儀なく撤退したところもある。

新聞の例

a. グラス・スティーガル法制定時には存在しなかった金融商品が増えている現在、同法の修正が余儀なくされている。

b. ASEANはNICSに比べ低成長を余儀なくされた。

c. NIESの輸出攻勢の影響で、《セメントの》国内メーカーは対抗上、値引き販売を余儀なくされ始めた。

18—A—(19) 余地がある／ない　there is room/no room

基本文

● 朝の通勤電車は超満員で、慣れない人には入り込む余地もない。
● この企画は資金の面で難点はあるが、再検討の余地はある。
● 日本の市場は閉鎖的で外国企業は参入の余地がないという声がある。
● この日の会談は物別れに終わったが、再交渉の余地を残した。

a. 円はなお上昇の余地があるとの見方もある。

b. 電機はじめ優良株については「相場が始まったばかりで、まだ上値の余地がある」と強気筋が増えている。

18─A─(20)　ホコ先をかわす　to dodge (to avoid a spearhead)

基本文 ─────────

● 侍は敵のホコ先をかわしながら、刀をぬいた。

● 支店の営業不振を問われた支店長は、原因は支店の人事権が本店に移されたからだと言って、ホコ先をかわした。

新聞の例 ─────────

a. 大蔵省は税制改革の《現国会での》審議促進を期待して、株式発行企業に対する「異例の調査」を実施したものの、《リクルート株譲渡問題に関して》野党のホコ先をかわすのは容易ではなさそうだ。

18─A─(21)　頭を痛める　to be worried

～ニ頭を痛める

基本文 ─────────

● 子供の学校嫌いに両親は頭を痛めている。

● 今年の6月28日に株主総会が集中して開かれる。どの会社も会場確保に頭を痛めている。

新聞の例 ─────────

a. 好況の持続で、失業率は低下し、労働力市場は完全な売り手市場となっているため、各社の採用担当者は人集めに頭を痛めている。

18─A─(22)　やりくりする　to manage, to contrive to get along

基本文 ─────────

● 近頃は物価が高くなって、主婦は家計をやりくりしている。

● スケジュールがいっぱいで、時間のやりくりに頭を痛めている。

新聞の例 ─────────

a. 内需好調を背景に、産業界で生産現場の人手不足が深刻化している。《富士通では》現在は開発要員であるシステムエンジニア（ＳＥ）を現場に派遣してやりくりしている。

18—B Idiomatic Expressions (2)

18—B—(1)　一進一退　advance and retreat, seesaw, fluctuate

基本文 ──────────────────────────────

● 彼の病気は一進一退の状態で、ことしの春以来、入退院をくり返している。
● 合併の交渉は両者が経営方針をめぐって主張を譲らず、一進一退で進展がない。

新聞の例 ──────────────────────────────

a. 《先物債権相場》12月物は一時100円ちょうどまで下落した。しかしこの水準まで下げると割安感からの打診買いも入り、引けにかけては一進一退となった。

b. 外為市場では、円相場は当面、米国の経済指標や金利の動きをにらんで、1ドル133円台中心に一進一退を続けるとの見方が強まっている。

18—B—(2)　一本調子　monotone, flat

基本文 ──────────────────────────────

● 彼のスピーチは一本調子で何を強調したいのか全くわからない。
● 一本調子の上げをみせていた先端技術産業の株式がここへきて急に下がりはじめた。

新聞の例 ──────────────────────────────

a. 《株式市場》日立はファイナンス明け直前の8月1日に2040円をつけてから一本調子で下げ、CBの転換価格も下回っている。

b. 《債券相場》 9月発行の新発国債は店頭での予約売買で96円70銭前後の値をつけた。これは発行価格を80銭程度下回る水準。入札後、市場で金利先高観が強まり、債券相場がほぼ一本調子で下げているのが主因。

18—B—(3)　腰くだけ　weakening, giving way

基本文 ──────────────────────────────

● 空港建設反対派の中から、賛成派にまわる者が続出し、反対運動は腰くだけとなった。
● この会社は他企業を買収して取り組んだ新事業に失敗し、経営の多角化は腰くだけとなった。

新聞の例 ──────────────────────────────

a. 《株式市場》朝方こそ打診買いが入ったが、後場はほぼ総見送りと腰くだけになった。

18—B—(4)　水面下
behind the scenes (beneath the surface of the water)

基本文

●工場建設の計画は住民に知らされないまま、地主との取引が水面下ですすめられていた。

●第三者による水面下の交渉で政治犯交換に関する両国間の合意が成立した。

新聞の例

a. 円高・ドル安の歯止め策をめぐり、日米金融当局による水面下での駆け引きが活発になってきた。

b. イランは表向きは強硬姿勢を続けていたものの、国際外交筋によると孤立打開を狙って、4月ごろから水面下で米国との接触を重ねていたという。

18—B—(5)　周知の通り　as is generally known

基本文

●17世紀初めから約300年間、日本が鎖国政策をとっていたことは周知の通りである。

● 周知の通り、日本は膨大な財政赤字に悩まされている。

新聞の例

a. 大幅な円高によって、経営の存立基盤そのものが崩壊し、事業転換などに追い込まれた企業が続出しているのは周知の通りである。

18—B—(6)　不可欠、欠かせない　indispensable

基本文

●国際間の相互理解には、話し合いが不可欠である。

●銀行は金融市場の変化に柔軟に対応することが不可欠となっている。

●人間の生活にとって、空気と水と食物は欠かせないものである。

新聞の例

a. 「資金調達などで日本企業のノウハウは欠かせない」など《英国の》日本市場参入には日本企業の協力が不可欠になるとの発言が相次いだ。

b. 竹下首相は、税制の抜本改革に改めて強い意欲を示したが、その推進力として「国民の理解と協力」が不可欠と繰り返した。

18—B—(7)　左右(さゆう)する　to influence, to control

基本文

- 春(はる)から夏(なつ)にかけての天候(てんこう)がワインの品質(ひんしつ)を左右(さゆう)する。
- ボーナスの額(がく)は、その会社(かいしゃ)の営業成績(えいぎょうせいせき)に左右(さゆう)される。
- あのひとは人(ひと)の意見(いけん)に左右(さゆう)されやすい。

新聞の例

a.　大企業(だいきぎょう)を対象(たいしょう)にしたファームバンキング（ＦＢ）サービスはすでに都銀各行(とぎんかくこう)のシェアはほぼ確定(かくてい)している。中小企業向(ちゅうしょうきぎょうむ)けについては端末機(たんまつき)の開発(かいはつ)と販売力(はんばいりょく)が将来(しょうらい)の都銀(とぎん)の勢力(せいりょく)を左右(さゆう)するとの見方(みかた)が多(おお)い。

18—B—(8)　食(く)い込(こ)む　to make an inroad
　　　　　　　　　～ニ食い込む

基本文

- 早朝(そうちょう)から始(はじ)まった会議(かいぎ)が長引(ながび)いて、とうとう昼食(ちゅうしょく)の時間(じかん)に食(く)い込(こ)んでしまった。
- 日本市場(にほんしじょう)が閉鎖的(へいさてき)なため、外国企業(がいこくきぎょう)はその中(なか)に食(く)い込(こ)めないという批判(ひはん)が多(おお)く聞(き)かれる。

新聞の例

a.　外国証券会社(がいこくしょうけんがいしゃ)は資本力(しほんりょく)や債券売買(さいけんばいばい)で大手証券(おおてしょうけん)の一角(いっかく)に食(く)い込(こ)み、新商品(しんしょうひん)などで日本企業(にほんきぎょう)とも活発(かっぱつ)な取引(とりひき)を始(はじ)めた。

18—B—(9)　食(く)い止(と)める　to hold back, to curb
　　　　　　　　　～ヲ（～ニ）食い止める

基本文

- 国立公園(こくりつこうえん)の山火事(やまかじ)は現在(げんざい)食(く)い止(と)める方法(ほうほう)がないという。
- 東京(とうきょう)の地価上昇(ちかじょうしょう)を食(く)い止(と)めるためには抜本的(ばっぽんてき)な対策(たいさく)が必要(ひつよう)である。

新聞の例

a.　3時(じ)過(す)ぎに米銀(べいぎん)が再(ふたた)び大口(おおぐち)のドル売(う)り・マルク買(が)いに出(で)ると、為銀(ためぎん)がドル・マルクでの取引(とりひき)の損失(そんしつ)を最小限(さいしょうげん)に食(く)い止(と)めるためのドル売(う)りで追随(ついずい)。

b.　ドル安(やす)を食(く)い止(と)められない場合(ばあい)は世界経済全体(せかいけいざいぜんたい)が混乱(こんらん)しかねないとの危機感(ききかん)も高(たか)まっている。

18—B—(10)　詰める、詰め　to fill, to pack, to make (a plan) final, end
〜ヲ詰める

基本文

- 故郷の野菜や果物をいっぱい詰めた小包みが届いた。
- 運転手がバスに乗り切れない人を見て、「あと二人です。もう少し詰めてください」と中の乗客に呼びかけている。
- こちら側の案をもっと詰めてから、相手との交渉を始めよう。
- 交渉は大筋で合意し、現在詰めの段階に入っている。

新聞の例

a. 《牛肉・オレンジの輸入自由化をめぐる日米事務レベル協議が再開する。》31日からの事務協議では課徴金など国境措置問題のほか、自由化時期、自由化までの輸入枠などを詰める。

b. 通産省は使用済みの電子機器・部品のレアメタル(稀少金属)のリサイクル技術の研究、開発に着手する。7月末に設ける「調査研究委員会」で対象鉱種の選定など計画の細目を詰める。

c. 大蔵省と郵政省は焦点の定額貯金の見直し問題で歩み寄りをみせている。今後、両省の間で詰めの作業を急ぐ。

18—B—(11)　こぎつける　to manage with great difficulty
〜ニこぎつける

基本文

- 川の流れが早かったが、一生懸命に船を漕いで向こう岸まで漕ぎつけた。
- 両社の交渉は難航したが、ようやく合意にこぎつけた。

新聞の例

a. 韓国と北朝鮮(朝鮮民主主義人民共和国)の予備会談が19日板門店で開かれた。予備会談開催までに、北側の態度が硬化するのではないか、との危惧もあったが、とりあえず予備会談にはこぎつけた。

18—B—(12)　追い込まれる　to be driven
〜ニ追い込まれる

基本文

- 2年連続の豊作で米があまり、米作農家は生産調整に追い込まれた。

● 中小ベンチャー企業の多くは過剰設備投資のために経営難に追い込まれている。

新聞の例

a. アナリストの多くはＦＲＢ（米連邦準備理事会）があと2、3回は利上げをするとみている。その場合、西独連銀も追随して利上げに追い込まれるとの見方もある。

b. 最大の大豆生産国である米国が干ばつの影響で減産に追い込まれる中で、ブラジルはアルゼンチンとともに、新な大豆供給国として注目されている。

18―B―(13)　迫る、迫られる　to urge, to press, to be urged, to be pressed
〜ヲ迫る／迫られる

基本文

● 野党側は内閣の総辞職を迫った。
● 借金の返済を迫られて困っている。

新聞の例

a. リーガン財務長官は机をたたいて《日本に金融市場の》開放を迫った。

b. 《スイス市場》日本物転換社債（ＣＢ）の大量発行に伴う値崩れから、日本企業は資金調達計画の見直しを迫られている。

c. 全米精米業者協会（ＲＭＡ）は日本のコメ市場開放を求め、米通商代表部（ＵＳＴＲ）に提訴した。今回の提訴の結論はともかく、いずれ輸入枠を設ける形で門戸開放を迫られるのは必至とみられる。

18―B―(14)　うかがう、うかがわせる　to watch for (a chance), to indicate
〜ヲうかがう／うかがわせる

基本文

● 経営の多角化を目指すこの企業はほかの分野へ進出する機会をうかがっている。
● ある政治家の発言で株価が動いた。彼の影響力の強さをうかがわせる。

新聞の例

a. これまで対米証券投資意欲にやや慎重な姿勢だった生保も米国債投資の機会をうかがう構えのところが多い。

b. 在日外国銀行の収益が際立った回復をみせている。国内企業取引の基盤が固まってきたことをうかがわせる。

c. 《厚生省は昭和62年度医療費動向調査結果を発表した。》「薬づけ診療」の実態が改善されていないことをうかがわせる。

III. List of Five Hundred Essential *Kanji* Characters

■ INSTRUCTIONS

Educated Japanese adults are expected to be able to read and write the 2,000 *jōyō kanji*, but it is too much to expect foreign businessmen to master the various readings of every *kanji* included in this category. Some of them are not necessary for reading financial articles.

We selected 500 key *kanji* for this purpose. They are arranged and numbered from 1 to 500 in the order to be learned. For each of them, the meaning, *on*-reading (common ones if there are many), compound words which comprise that character plus previously learned ones, the *kun*-reading and its usage are given. If they are learned in the correct order, most of the compound words will be readily understood. Students can also consult a dictionary to find their meaning as *furigana* is supplied for No. s 1 to 240. Included among the key compound words to be learnt are some new *kanji* characters, but the writing of these should only be learned when the *kanji* appear independently with a number. Advice on how to study these 500 *kanji* characters is given in Chapter I.

We also advise those who have already learned many *kanji* characters to carefully review compound words using those *kanji*.

経済・金融のための500必修漢字一覧表

1—一	16—日	31—出	46—京	61—来	76—読	91—赤	106—夏
2—二	17—月	32—東	47—都	62—行	77—書	92—青	107—秋
3—三	18—火	33—西	48—名	63—帰	78—食	93—山	108—冬
4—四	19—水	34—南	49—前	64—銀	79—飲	94—川	109—天
5—五	20—木	35—北	50—後	65—会	80—見	95—海	110—雨
6—六	21—金	36—右	51—午	66—社	81—買	96—島	111—風
7—七	22—土	37—左	52—正	67—員	82—売	97—多	112—台
8—八	23—時	38—大	53—今	68—支	83—聞	98—少	113—元
9—九	24—分	39—小	54—半	69—店	84—新	99—朝	114—病
10—十	25—上	40—人	55—何	70—車	85—古	100—昼	115—体
11—百	26—中	41—本	56—間	71—電	86—高	101—夕	116—院
12—千	27—下	42—私	57—週	72—気	87—安	102—夜	117—医
13—万	28—口	43—国	58—毎	73—話	88—字	103—方	118—者
14—円	29—目	44—内	59—先	74—語	89—数	104—休	119—学
15—年	30—入	45—外	60—生	75—言	90—黒	105—春	120—薬

121—回	158—付	195—独	232—減	269—許	306—投	343—配	380—評
122—家	159—場	196—連	233—算	270—止	307—決	344—抵	381—全
123—男	160—工	197—邦	234—額	271—禁	308—証	345—担	382—完
124—女	161—交	198—共	235—残	272—公	309—保	346—併	383—反
125—子	162—官	199—和	236—同	273—害	310—管	347—弁	384—占
126—性	163—通	200—民	237—足	274—近	311—為	348—固	385—宅
127—父	164—速	201—科	238—不	275—代	312—替	349—流	386—庫
128—母	165—首	202—術	239—平	276—現	313—券	350—負	387—団
129—親	166—事	203—技	240—均	277—的	314—債	351—変	388—開
130—両	167—務	204—貿	241—期	278—未	315—貨	352—有	389—放
131—手	168—議	205—易	242—短	279—末	316—信	353—無	390—閉
132—紙	169—計	206—輸	243—予	280—表	317—託	354—益	391—護
133—様	170—画	207—産	244—約	281—条	318—委	355—損	392—然
134—住	171—説	208—業	245—契	282—件	319—株	356—基	393～展
135—所	172—明	209—第	246—税	283—用	320—式	357—準	394—途
136—番	173—意	210—次	247—関	284—協	321—持	358—備	395—進
137—号	174—味	211—品	248—係	285—調	322—切	359—設	396—危
138—地	175—心	212—農	249—原	286—査	323—形	360—費	397—良
139—鉄	176—知	213—商	250—因	287—最	324—預	361—格	398—好
140—駅	177—思	214—企	251—結	288—専	325—貸	362—直	399—況
141—空	178—考	215—営	252—果	289—門	326—借	363—接	400—態
142—港	179—問	216—労	253—理	290—重	327—賃	364—険	401—集
143—発	180—題	217—働	254—由	291—要	328—財	365—命	402—移
144—着	181—世	218—失	255—論	292—需	329—満	366—標	403—向
145—物	182—界	219—組	256—則	293—供	330—価	367—指	404—強
146—自	183—紀	220—合	257—規	294—給	331—値	368—導	405—弱
147—動	184—際	221—倍	258—制	295—料	332—定	369—消	406—以
148—面	185—政	222—量	259—限	296—総	333—歩	370—歳	407—昇
149—旅	186—治	223—質	260—度	297—統	334—状	371—常	408—落
150—館	187—経	224—実	261—法	298—領	335—割	372—非	409—降
151—使	188—済	225—成	262—主	299—相	336—引	373—報	410—乗
152—図	189—化	226—比	263—義	300—建	337—運	374—告	411—伸
153—市	190—文	227—対	264—利	301—融	338—転	375—情	412—拡
154—長	191—活	228—率	265—権	302—機	339—換	376—含	413—縮
155—部	192—央	229—収	266—力	303—頭	340—送	377—諸	414—低
156—課	193—府	230—増	267—能	304—取	341—座	378—差	415—退
157—受	194—立	231—加	268—可	305—資	342—当	379—効	416—復

417—急	428—既	439—位	450—作	461—確	472—締	483—略	494—救
418—過	429—存	440—単	451—材	462—認	473—副	484—軍	495—助
419—去	430—在	441—純	452—注	463—否	474—秘	485—核	496—援
420—超	431—積	442—複	453—求	464—適	475—密	486—兵	497—境
421—始	432—極	443—雑	454—請	465—応	476—談	487—削	498—環
422—終	433—観	444—特	455—申	466—募	477—渉	488—停	499—解
423—再	434—客	445—別	456—込	467—札	478—任	489—防	500—互
424—改	435—角	446—伝	457—払	468—採	479—責	490—衛	
425—延	436—種	447—構	458—返	469—雇	480—策	491—障	
426—続	437—各	448—造	459—得	470—被	481—案	492—補	
427—圧	438—個	449—製	460—容	471—職	482—戦	493—償	

500必修漢字表―経済・金融の新聞を読むために

No.	漢字	意味	音	使い方	訓	使い方
1	一	1 (one)	イチ	一回	ひと(つ)	一つ 一人
2	二	2 (two)	ニ	二階	ふた(つ)	二つ 二人
3	三	3 (three)	サン	三人	みっ(つ)	三つ
4	四	4 (four)	シ		よん よっ(つ)	四つ
5	五	5 (five)	ゴ	五時 四、五人	いつ(つ)	五つ
6	六	6 (six)	ロク		むっ(つ)	六つ
7	七	7 (seven)	シチ		なな(つ)	七つ
8	八	8 (eight)	ハチ		やっ(つ)	八つ
9	九	9 (nine)	ク・キュウ		ここの(つ)	九つ
10	十	10 (ten)	ジュウ		とう	十
11	百	100 (a hundred)	ヒャク			
12	千	1,000 (a thousand)	セン			
13	万	10,000 (ten thousand)	マン			
14	円	yen, circle	エン	百円 千円 一万円		
15	年	year	ネン	一年 1989年	とし	年の はじめ おわり
16	日	sun, day	ニチ・ジツ	日曜日 30日	ひ・び か	日がでます 三日 五日
17	月	moon, month	ゲツ・ガツ	月曜日 1月30日	つき	月をみます
18	火	fire	カ	火曜日	ひ	火をけします
19	水	water	スイ	水曜日	みず	水をのみます
20	木	tree	モク・ボク	木曜日	き	おおきい木 木のかぐ

No.	漢字	意味	音	使い方	訓	使い方
21	金	gold, money	キン	金曜日 金のゆびわ(ring)	かね	お金があります
22	土	earth, soil	ド・ト	土曜日	つち	くろい土
23	時	time	ジ	9時	とき	大阪へ行く時
24	分	minute, part, share, divide	フン・ブン プン・ブ	15分 30分	わ(ける) わ(かれる) わ(かる)	二つに分けます
25	上	top, above, up	ジョウ		うえ、かみ あ(げる・がる) のぼ(る)	やまの上
26	中	middle, inside	チュウ		なか	うちの中
27	下	bottom, under, beneath	ゲ・カ		した・しも さ(げる・がる) くだ(る)	木の下
28	口	mouth	コウ		くち	
29	目	eye	モク		め	一つ目　二つ目 目がいたいです
30	入	enter, put in	ニュウ	輸入 (import)	はい(る) い(れる)	へやに入ります 入口
31	出	go out, come out	シュツ	輸出 (export)	で(る) だ(す)	出口 うちを出ます てがみを出します
32	東	east	トウ	東京	ひがし	東口 東ヨーロッパ
33	西	west	セイ・サイ ザイ	東西線	にし	西口 西アフリカ
34	南	south	ナン	東南アジア	みなみ	南口 南アメリカ
35	北	north	ホク・ボク	南北問題	きた	北口 北アメリカ
36	右	right	ウ・ユウ		みぎ	右にまがります 右がわ
37	左	left	サ	左右をみます	ひだり	左にまがります 左がわ
38	大	big, large, great	ダイ・タイ	大学	おお(きい)	大きいりんご
39	小	small, minor	ショウ	小学校	ちい(さい)	小さいうち
40	人	person, human	ジン・ニン	アメリカ人　5千人 人口 (population)	ひと	あの人

No.	漢字	意味	音	使い方	訓	使い方
41	本	book, origin	ホン ボン・ポン	日本 日本人 本をよみます	もと	
42	私	I, private	シ		わたくし わたし	私は日本人です
43	国	country, nation	コク・ゴク	中国 中国人	くに	私の国
44	内	inside, within	ナイ	国内(domestic)	うち	
45	外	outside	ガイ	外国 外国人	そと ほか	へやの外
46	京	capital	キョウ	東京		
47	都	metropolis	ト ツ	東京都 京都	みやこ	ふるい都
48	名	name	メイ		な	
49	前	before, in front of	ゼン		まえ	名前 駅の前
50	後	after, behind	ゴ・コウ		うし(ろ) あと・のち	私の後ろ しごとの後で
51	午	noon	ゴ	午前 午後		
52	正	correct, right	セイ ショウ	正午 正月	ただ(しい)	正しい日本語
53	今	now, the present	コン	今月 今日は	いま	今、6時です
54	半	half	ハン	半分 9時半	なか(ば)	
55	何	what, how many	カ		なに・なん	今、何時ですか それは何ですか
56	間	interval, space, time	カン	時間 何時間	あいだ ま	駅と本屋の間
57	週	week	シュウ	1週間 今週		
58	毎	every	マイ	毎日 毎月		
59	先	previous, ahead	セン	先月 先週	さき	お先にしつれいします
60	生	life, live, birth, raw	セイ ショウ・ジョウ	先生 生年月日	う(む・まれる) い(きる)	こどもが生まれます 生きています

No.	漢字	意味	音	使い方	訓	使い方
61	来	come	ライ	来週　来年 来日 (coming to Japan)	く(る)・き(て) こ(ないで)	日本に来ます 来ないでください
62	行	go	コウ ギョウ		い(く) おこな(う)	銀座に行きます
63	帰	return	キ	帰国	かえ(る)	うちに帰ります
64	銀	silver	ギン	銀行　銀のスプーン		
65	会	meet	カイ		あ(う)	ともだちに会います
66	社	shrine, company	シャ	会社　本社 社会 (society, community)	やしろ	
67	員	member	イン	会社員　銀行員 会員 (member)		
68	支	branch, support	シ	支社	ささ(える)	
69	店	store	テン	本店　支店	みせ	店の人
70	車	wheel, vehicle	シャ	自動車　日本車	くるま	車で行きます
71	電	electricity	デン	電車		
72	気	spirit, air, energy	キ・ケ	電気　気もちがいいです		
73	話	story, speak, tell	ワ	電話　会話	はな(す)	日本語を話します
74	語	word, speech, language	ゴ	日本語　外国語	かた(る)	物語 (tale)
75	言	speech, say	ゲン	言語 (language)	い(う)	もういちど 　言ってください
76	読	read	ドク・トク	読本 (reader)	よ(む)	本を読みます
77	書	write	ショ	読書 (reading)	か(く)	てがみを書きます
78	食	eat	ショク	食事　食堂	た(べる)	ごはんを食べます
79	飲	drink	イン	飲食	の(む)	水を飲みます
80	見	see, look	ケン	見物 (sightseeing)	み(る) み(せる)	テレビを見ます

No.	漢字	意味	音	使い方	訓	使い方
81	買	buy, purchase	バイ		か(う)	はなを買います
82	売	sale, sell	バイ	売買　売店	う(る)	車を売ります
83	聞	hear, listen, ask	ブン		き(く)	ラジオを聞きます
84	新	new	シン	新聞	あたら(しい)	新しい車
85	古	old	コ	中古車 (used car)	ふる(い)	古いうち
86	高	high, tall expensive	コウ		たか(い)	高い車　円高
87	安	inexpensive, safe	アン	安心 (peace of mind)	やす(い)	安い本　ドル安
88	字	letter	ジ	ローマ字　漢字		
89	数	number, count	スウ	数字 (figure)	かず かぞ(える)	数えます (count)
90	黒	black	コク	黒人 (black person)	くろ(い)	黒字 (profit)
91	赤	red	セキ	赤十字 (Red Cross)	あか(い)	赤字 (deficit)
92	青	blue	セイ		あお(い)	青い目
93	山	mountain	サン・ザン セン	富士山	やま	高い山
94	川	river	セン		かわ	大きい川
95	海	sea, ocean	カイ	海外 (overseas)　日本海	うみ	海でおよぎます
96	島	island	トウ	半島 (peninsula)	しま	島国
97	多	many, much	タ		おお(い)	人が多いです
98	少	few, little	ショウ	少年 (boy)	すく(ない)	やすみが少ないです
99	朝	morning	チョウ	朝食	あさ	朝ごはん
100	昼	noon, daytime	チュウ	昼食	ひる	昼ごはん　昼間

No.	漢字	意 味	音	使い方	訓	使い方
101	夕	evening	セキ		ゆう	夕食
102	夜	night	ヤ	今夜	よる	夜9時ごろ
103	方	side, way of, direction	ホウ	方面 (direction)	かた	あの方　夕方
104	休	rest, absence, holiday, vacation	キュウ	休日　休暇	やす(む)	昼休み
105	春	spring	シュン	春分 (vernal equinox)	はる	春休み
106	夏	summer	カ		なつ	夏休み
107	秋	autumn, fall	シュウ	秋分 (autumnal equinox)	あき	
108	冬	winter	トウ		ふゆ	冬休み
109	天	heaven	テン	天気	あめ・あま	天の川 (Milky Way)
110	雨	rain	ウ	雨天	あめ	雨がふっています
111	風	wind	フウ	風雨 風車 (windmill)	かぜ	風がふいています
112	台	platform, table, base	タイ・ダイ	車が一台あります 台風		
113	元	origin, source	ゲン・ガン	元気　平成元年	もと	
114	病	sick, disease	ビョウ	病気	やまい	病は気から
115	体	body	タイ		からだ	体が大きい 体がわるい
116	院	hall, institute	イン	病院　大学院		
117	医	medical	イ	医大 (medical college)		
118	者	person	シャ	医者	もの	うちの者
119	学	study	ガク	大学　学生　学者 医学　語学		
120	薬	medicine, drug	ヤク	薬学 (pharmacy, pharmaceutics)	くすり	薬を飲みます 薬屋

No.	漢字	意味	音	使い方	訓	使い方
121	回	turn, round	カイ	一回 (いっかい)	まわ(す) まわ(る)	上回る (うわまわ) 下回る (したまわ)
122	家	house, home	カ・ケ	一家 (いっか) 家族 (かぞく)	いえ	私の家
123	男	man, male	ダン・ナン		おとこ	男の人
124	女	woman, female	ジョ・ニョ		おんな	女の人
125	子	child, particle	シ ス	電子 (でんし)(electron)	こ	子ども 男の子 女の子
126	性	sex, nature	セイ ショウ	男性 (だんせい) 女性 (じょせい) 中性 (ちゅうせい)		
127	父	father	フ		ちち	私の父 (わたし ちち)
128	母	mother	ボ	父母 (ふぼ)(parents)	はは	私の母 (はは)
129	親	parent	シン		おや	父親 (ちちおや) 母親 (ははおや)
130	両	both	リョウ	両親 (parents) 両方 (both of them)		
131	手	hand	シュ		て	右手 両手 (りょうて) 左手
132	紙	paper	シ		かみ	手紙 (てがみ)を書きます (か)
133	様	state, appearance Mr. Mrs. Miss Ms.	ヨウ	様子 (ようす)(state of affairs)	さま	山下春子様
134	住	dwell, live, reside	ジュウ		す(む)	東京に住んでいます (す)
135	所	place	ショ・ジョ	住所 (じゅうしょ)	ところ	
136	番	number	バン	何番 (なんばん) 二番目 (にばんめ)		
137	号	order	ゴウ	電話番号 (でんわばんごう)		
138	地	ground	チ・ジ	番地 (ばんち)(lot number) 土地 (とち)(land)		
139	鉄	iron, steel	テツ	地下鉄 (ちかてつ)		
140	駅	station	エキ	東京駅 (えき)		

必修漢字表　255

No.	漢字	意味	音	使い方	訓	使い方
141	空	sky, air, empty	クウ	空気(air)	そら あ(く)	青い空
142	港	port, harbor	コウ	空港	みなと	東京都 港区
143	発	start, issue	ハツ・ホツ	出発(departure)		
144	着	reach, arrive, wear	チャク	到着(arrival) 京都着	つ(く) き(る)	8時に着きます 着ものを着ます
145	物	thing	ブツ・モツ	動物(animal) 見物します	もの	着物 買い物 食べ物 飲み物
146	自	self	ジ・シ	自分(oneself)	みずか(ら)	
147	動	move	ドウ	自動車	うご(く) うご(かす)	車が動きます
148	面	mask, face, surface	メン	方面 京都方面		
149	旅	travel	リョ	旅行	たび	旅に出ます
150	館	mansion, hall	カン	旅館 (Japanese-style hotel, inn)		
151	使	use, envoy	シ	大使館(embassy)	つか(う)	電話を使います
152	図	diagram	ズ・ト	図書館(library) 地図		
153	市	market, city	シ	横浜市 市内	いち	朝市
154	長	long, chief	チョウ	市長 社長	なが(い)	長い川
155	部	part, section, department	ブ	部長 部品(parts)	べ・へ	部屋
156	課	impose, assign, section	カ	課長		
157	受	receive	ジュ		う(ける)	受取(receipt)
158	付	attach	フ		つ(ける) つ(く)	受付 気を付けてください
159	場	place	ジョウ	市場(market)	ば	場所(place) 場合
160	工	craft, skill	コウ	工場(factory)		

No.	漢字	意味	音	使い方	訓	使い方
161	交	cross, exchange	コウ	外交(diplomacy)	まじ(わる) まじ(える)	
162	官	official, officer	カン	外交官(diplomat)		
163	通	go through, transportation	ツウ	交通(traffic)	とお(る) とお(す)	駅の前を通ります
164	速	fast, quick, prompt	ソク	高速(high-speed)	はや(い)	
165	首	neck, head	シュ	首都(capital, metropolis)	くび	
166	事	affair, fact	ジ	食事　火事	こと	仕事
167	務	duty, service	ム	事務所	つと(める)	
168	議	debate, discussion	ギ	会議　議長		
169	計	measure, plan	ケイ	時計	はか(る)	時間を計ります
170	画	draw a line, picture	カク ガ	計画(plan)		
171	説	explain, narrate, persuade	セツ	小説(novel)	と(く)	
172	明	bright, light, clear	メイ	説明	あか(るい)	このへやは明るいです
173	意	intention, meaning	イ	意見(opinion, view)		
174	味	taste	ミ	意味	あじ	どんな味ですか
175	心	heart, mind	シン	中心　安心します	こころ	心の中
176	知	aware, know, intelligence	チ	知人(acquaintance)	し(る)	田中さんを知っていますか
177	思	think, fancy, believe	シ		おも(う)	東京の町をどう思いますか
178	考	think	コウ		かんが(える)	よく考えてください
179	問	question, inquire	モン	質問があります	と(う)	
180	題	topic, theme, title	ダイ	問題　議題　話題		

No.	漢字	意味	音	使い方	訓	使い方
181	世	generation, world	セ・セイ	出世 (success in life)	よ	世の中 (world, society, life)
182	界	border, boundary	カイ	世界 (world)		
183	紀	period, era, history	キ	20世紀 (the 20th century)		
184	際	hedge, side, time, occasion	サイ	国際 (international)		
185	政	administration, politics	セイ	政界 (political world)		
186	治	put in order, govern, remedy	ジ	政治 (politics)	おさ(める・まる) なお(す・る)	病気が治ります
187	経	longitude, control	ケイ		へ(る)	
188	済	finish, settle	サイ・ザイ	経済 (economics)		
189	化	change itself	カ	化学 (chemistry)	ば(ける)	お化け (ghost)
190	文	pattern, letter, literal, sentence	ブン・モン	文化 (culture)	ふみ	文の日
191	活	vivid, life, activity	カツ	生活　活動		
192	央	center	オウ	中央　中央区		
193	府	administrative district	フ	政府　京都府		
194	立	stand, set up, raise	リツ	国立　都立　府立 市立　私立	た(つ) た(てる)	立ってください 計画を立てる
195	独	alone, sole	ドク	独立 (independent) 日独		
196	連	accompaniment, link, range	レン	国連 (the United Nations)	つ(れる)	子どもを連れて 行きます
197	邦	land, nation	ホウ・ポウ	連邦政府 (federal government)		
198	共	common, together	キョウ	共通の (common)	とも	
199	和	peace, harmony, gentle	ワ	共和国 (republic)		
200	民	people, folk	ミン	国民　市民	たみ	

No.	漢字	意 味	音	使い方	訓	使い方
201	科	division, subject	カ	科学(science) 内科 外科		
202	術	art, skill	ジュツ	手術(surgical operation)		
203	技	art, craft, skill	ギ	技術(technology)	わざ	
204	貿	trade	ボウ			
205	易	easy, exchange	イ エキ	貿易(foreign trade)	やさ(しい)	
206	輸	transport	ユ	輸入 輸出		
207	産	produce, give birth	サン	生産(produce)		
208	業	job, business, skill, karma	ギョウ ゴウ	産業 工業 業界(business world)		
209	第	order, degree	ダイ	第一(the first)		
210	次	next, following, sequence	ジ	第一次産業	つぎ	次のかどを右に まがります
211	品	article, goods, quality	ヒン・ピン	第一次産品 部品(parts)	しな	品物(article)
212	農	agriculture	ノウ	農業 農産物		
213	商	commerce	ショウ	商業 商品(merchandise)	あきな(う) あきない	
214	企	plan, attempt, undertake	キ	企業 企画	くわだ(てる)	
215	営	run, operate, carry on	エイ	国営 私営 営業	いとな(む)	
216	労	labor	ロウ	労使 (labor and management)		
217	働	work	ドウ	労働 労働者	はたら(く)	会社で働きます
218	失	lose	シツ	失業 失業者	うしな(う)	気を失います (faint)
219	組	unite, assemble	ソ	労組(labor union)	く(む) くみ	
220	合	suit, meet, combine	ゴウ	会合(meeting)	あ(う)	組合 組合員

No.	漢字	意 味	音	使い方	訓	使い方
221	倍	double, ～ -fold, ～ times	バイ	二倍　数倍		
222	量	quantity	リョウ	大量　多量　数量　量産		
223	質	quality	シツ・シチ	本質　性質　品質 質問する		
224	実	fruit, real	ジツ	実質　実際　実名 実行する	み みの(る)	木の実
225	成	form, consist, become	セイ	経済成長　成長する	な(る)	成田空港
226	比	compare	ヒ		くら(べる)	AとBを比べる
227	対	against, counter-	タイ タイする	対比する ～に対する　対外		
228	率	ratio, rate, lead	リツ	比率　倍率　出生率 失業率	ひき(いる)	
229	収	collect, take in, income	シュウ	収入　収支 買収する	おさ(める) おさ(まる)	
230	増	increase	ゾウ	増員する　増産する	ふ(やす) ふ(える)	
231	加	add	カ	増加する　加入する	くわ(える) くわ(わる)	
232	減	decrease	ゲン	減少する　減産する	へ(らす) へ(る)	
233	算	calculate	サン・ザン	計算する　算出する 加算する		
234	額	forehead, frame, amout	ガク	金額　増額する　減額する 額面	ひたい	
235	残	remain	ザン	残金　残高　残業する	のこ(す) のこ(る)	
236	同	same	ドウ	同時　前年同期比　同意する 同国　同社　同一　同様	おな(じ)	～と同じ
237	足	foot, leg, suffice, be enough	ソク	一足　発足する	あし	足が長い
238	不	un-	フ	不足する		
239	平	plain, flat, even	ヘイ・ヒョウ	平和　平方メートル 平行する　不平	ひら(たい) たい(ら)	
240	均	level	キン	平均する		

No.	漢字	意 味	音	使い方	訓	使い方
241	期	term, period	キ	期間　期日　長期 学期　雨期		
242	短	short	タン	短期　短大[短期大学]	みじか(い)	日が短くなる 気が短い
243	予	previous, in advance	ヨ	予算　予期する　予知する		
244	約	promise, approximately	ヤク	予約する 約2時間		
245	契	pledge, contract	ケイ	契約する		
246	税	tax	ゼイ	税金　国税　地方税 課税する		
247	関	fort, barrier, relate, joint	カン	関税　関東　関西 関心　〜に関する	せき	
248	係	relate, concern, in charge	ケイ	関係する	かか(る) かかり	係長　係員
249	原	original, field, wildernesss	ゲン	原子	はら	
250	因	cause	イン	原因		
251	結	tie, bind, conclude	ケツ	連結決算　結婚	むす(ぶ)	契約を結ぶ
252	果	fruit, result	カ	結果　成果	は(たす) は(てる)	役割を果たす
253	理	reason, logic, principle	リ	理事　理事長		
254	由	reason, cause, line	ユウ・ユ	理由　自由　自由化 不自由	よし	
255	論	discuss, debate	ロン	論文　理論　結論 言論の自由　口論する		
256	則	rule, law	ソク	原則		
257	規	standard, measure	キ	規則　新規		
258	制	system, regulations	セイ	規制する		
259	限	limit	ゲン	制限する　期限	かぎ(る)	女性に限る
260	度	degree, measure, times	ド	限度　限度額　制度 速度制限　一度	たび	

No.	漢字	意味	音	使い方	訓	使い方
261	法	law	ホウ	国法　民法　商法　会社法 法人　方法　法則　交通法規		
262	主	chief, main, lord	シュ	主人　主食　主因	おも(な・に)	主な産物
263	義	justice, duty, meaning	ギ	義務　主義　自由主義 民主主義　共産主義　意義		
264	利	profit, advantage, effect	リ	利子　高利　不利 利口		
265	権	authority, right	ケン	権利　人権　権限		
266	力	force, power	リョク リキ	権力　水力　風力　電力 動力　人力　体力	ちから	力がある
267	能	ability, function	ノウ	能力		
268	可	good, possible, approval	カ	可能　不可能		
269	許	permit, allow	キョ	許可する	ゆる(す)	
270	止	stop	シ	中止する	と(める) と(まる)	車を止める 車が止まる
271	禁	prohibit	キン キンじる	禁止する		
272	公	public, official	コウ	公立　公約する　公私 公平　不公平	おおやけ	公の場
273	害	harm, damage	ガイ ガイする	公害　水害　利害		
274	近	near, close	キン	近海　近世	ちか(い)	駅から近い
275	代	generation, age, replace, price	ダイ	近代　古代　世代 代理　代金　代行する	か(える) か(わる)	
276	現	present, appear	ゲン	現代　現金　現実　現先市場 実現する	あらわ(す) あらわ(れる)	
277	的	(attributive suffix), target	テキ	近代的　国際的　現実的 社会的　公的　私的　目的	まと	
278	未	not yet	ミ	未来　未知　未収 未実現　未成年		
279	末	end	マツ	年末　月末　週末　期末 年度末	すえ	今年の末
280	表	surface, chart, table, express	ヒョウ	図表　表面　代表する　公表する 発表する　表現する　表明する	おもて あらわ(す) あらわ(れる)	

No.	漢字	意　味	音	使い方	訓	使い方
281	条	stripe, line, article	ジョウ	第一条　条約		
282	件	matter, affair, case	ケン	条件 一件　件数　事件		
283	用	use, usage, business	ヨウ	用件　用事　公用　私用　用紙 使用する　利用する　通用する	もち(いる)	
284	協	cooperation	キョウ	協力する		
285	調	tone, harmony, arrange, research	チョウ	調子　協調する	しら(べる)	辞書を調べる
286	査	inspect	サ	調査部　調査する		
287	最	most	サイ	最大　最小　最高　最初 最近　最後　最上	もっと(も)	最も大きい
288	専	exclusive	セン	専用		
289	門	gate, sect, division	モン	専門　専門家 専門用語		
290	重	heavy, important, pile, layers	ジュウ チョウ	重工業　軽工業	おも(い)	重い荷物
291	要	indispensable, essential	ヨウ	重要　主要　要因		
292	需	demand	ジュ	需要　内需　必需品		
293	供	offer, supply, accompany	キョウ	供出する	とも・ども	子供
294	給	supply, provide	キュウ	供給する 需給　需給関係	そな(える)	
295	料	fee, fare, material	リョウ	給料　料金　使用料　手数料 料理する		
296	総	general, overall	ソウ	総論　総額　総計　総合する 総会　総合商社　国民総生産		
297	統	govern, control	トウ	統一する　統合する 統治する		
298	領	dominate, rule	リョウ	領土　大統領　領収書		
299	相	aspect, phase, together	ソウ ショウ	相場 首相	あい-	相手　貿易相手国
300	建	build	ケン	建国	た(てる) た(つ)	うちを建てる　建物 円建　ドル建

No.	漢字	意味	音	使い方	訓	使い方
301	融	dissolve, melt, accomodate	ユウ	金融　融通する 融合する		
302	機	loom, machinery, chance	キ	機関　金融機関 機会　機能する		
303	頭	head	トウ	頭部	あたま	頭がいたい
304	取	take, get, hold	シュ		と(る)	頭取 受け取り
305	資	resources, capital, funds	シ	資本　資金　資産　資力 増資　減資　融資		
306	投	throw, cast	トウ トウ(じる)	投資　投入する　投下する 投機	な(げる)	
307	決	determine	ケツ	決済する　決心する　決定する 決算　決議　議決権　可決する	き(める) き(まる)	
308	証	proof, evidence, certificate	ショウ	証明する　証明書 証言する		
309	保	keep, maintain	ホ	保証する　保証書	たも(つ)	
310	管	pipe, control, administer	カン	管理する　保管する 品質管理　管理人　鉄管	くだ	
311	為	do, sake, money order	イ	行為	ため	外為
312	替	substitute, replace	タイ	代替品　交替する 代替エネルギー	か(える) か(わる)	為替
313	券	card, ticket	ケン	証券　証券会社　入場券		
314	債	debt	サイ	債券　債権　債務 国債　公債　地方債　社債		
315	貨	goods, coin, currency	カ	通貨　外貨　貨物		
316	信	trust, believe, message	シン シン(じる)	信用する　自信　不信 通信　交通信号　信じる		
317	託	entrust	タク タク(す)	信託する　受託する 信託銀行		
318	委	commit, entrust	イ	委託する 委員会　委員	まか(す)	
319	株	stump, share, stock			かぶ	株主　株券　新株 株主総会
320	式	ceremony, style, form, formula	シキ	株式　株式会社　書式　結婚式 公式　入学式　入社式		

No.	漢字	意味	音	使い方	訓	使い方
321	持	hold, have	ジ	所持する	も(つ)	持ち株　持ち分 お金を持っています
322	切	cut, limit, finish, pieces	セツ	親切　不親切　大切	き(る)	木を切る 切手　小切手
323	形	shape	ケイ ギョウ	形式　人形	かたち かた	どんな形を していますか 手形
324	預	deposit, entrust	ヨ	預金する	あず(ける) あず(かる)	お金を預ける かぎを預かる
325	貸	lend, loan	タイ		か(す)	本を貸してください 貸し手　貸し方
326	借	borrow, rent	シャク	貸借　貸借対照表 借金	か(りる)	お金を借りる 借り手　借り方
327	賃	wages, fee	チン	賃金　賃上げ　賃貸する 賃貸料　家賃　電車賃		
328	財	treasure, property	ザイ	財産　財政　財界　財閥 財務　財テク		
329	満	full, fill	マン	満期　満月　満員 満足する　不満	み(たす) み(ちる)	条件を満たす
330	価	price	カ	物価　原価　株価		
331	値	value, price, cost	チ	価値　付加価値	ね	値上げ　値上がり 値下げ　値下がり
332	定	fix, settle	テイ	一定　定義　定期　定率　定価 不定　決定する　制定する　予定	さだ(める) さだ(まる)	法律を定める
333	歩	walk, steps, rate	ホ・ポ ブ	一歩　歩行者　歩合　日歩 公定歩合	ある(く)	歩いて行く
334	状	state, appearance, document, letter	ジョウ	書状　招待状　年賀状 信用状		
335	割	divide, cut	カツ	分割する	わ(る) わ(れる)	二つに割る 一割　割合
336	引	pull, draw	イン	引力	ひ(く)	手形割引　引受 取り引き
337	運	carry, transport, fate, destiny	ウン	運営する　運動する　運輸 運用する　資金運用　運賃	はこ(ぶ)	荷物を運ぶ
338	転	roll, revolt, turn, change	テン	運転する　運転資金　運転免許 自転車　回転する	ころ(ぶ) ころ(がる・げる)	転ばないように気 を付けてください
339	換	exchange	カン	交換する　変換する　換金する 転換する　転換社債	か(える) か(わる)	ドルを円に換える
340	送	send	ソウ	送金する　送信する　運送する 輸送する　現金輸送　転送する	おく(る)	現金を送る

No.	漢字	意味	音	使い方	訓	使い方
341	座	seat, theater, constellation	ザ	口座　銀座　星座		
342	当	hit, be on target, concerned, per-	トウ	当座預金　当社　当人　当時 当分　相当　相当する	あ(てる) あ(たる)	手当(て)　引当金 1時間当たり
343	配	allot, supply, deliver	ハイ	配当する　配当金　分配する 配給する　配分　心配する	くば(る)	用紙を配る
344	抵	resist, hamper	テイ	抵当　抵当証券		
345	担	bear, burden	タン	担保　担当する　担当者	にな(う)	責任を担う
346	併	put together	ヘイ ペイ	合併する　併合する		
347	弁	speech, eloquence, valve	ベン	合弁会社　弁論大会 弁論　弁当　駅弁		
348	固	hard, harden	コ	固定する　固定的　固体 固定金利　固定資産	かた(める) かた(まる)	決意を固める
349	流	current, style, school	リュウ	流動する　流動的　流動資産　海流 流通する　流入する　流出する	なが(れる) なが(す)	水が流れる 水を流す
350	負	be defeated, lose, discount, defeat	フ	負債　固定負債　負担 流動負債	ま(ける) ま(かす)	相手に負ける 相手を負かす
351	変	change	ヘン	変動する　変動金利　変動相場 変化する　変質する　変調　不変	か(える) か(わる)	気分を変える 気持が変わる
352	有	be, exist, have	ユウ ウ	有形　有料　有力 有名　有利　有価証券	あ(る)	
353	無	not be, un-, without	ム	無形　無料　無力　無名　無理 無担保　無利子　無配当　無条件	な(い)	
354	益	profit, advantage	エキ	利益　収益　公益　公益法人 私益　有益　無益		
355	損	loss, damage, harm, injure	ソン	損失　損金　損害 損益　損益計算書		
356	基	basis, foundation	キ	基本　基本給 基金	もと(づく)	
357	準	semi-, quasi-, level	ジュン	基準　水準		
358	備	furnish, provide, possess	ビ	準備する　準備金 備品　法定準備金	そな(える) そな(わる)	
359	設	establish, set up	セツ	設備　設備投資　設立する 設定する　設計する　建設する	もう(ける)	基準を設ける
360	費	spend, expense	ヒ	費用　経費　交通費 建設費　人件費　交際費	つい(やす)	

No.	漢字	意 味	音	使い方	訓	使い方
361	格	structure, frame, status, rank	カク	価格　資格 格付け　格付機関		
362	直	direct, straight	チョク ジキ	直前　直後　直通　直線 直面する　直物/先物　正直	なお(す) なお(る)	発音を直す
363	接	attach, connect	セツ セッする	直接　直接税　直接投資 間接　間接税	つ(ぐ)	
364	険	risky, venture	ケン	保険　保険会社　損害保険 社会保険　失業保険　海上保険		
365	命	order, assign, life	メイ	生命　生命保険 運命　人命	いのち	人の命
366	標	mark, sign	ヒョウ	目標　標的　標語 標準　標準語		
367	指	finger, point at, aim	シ	指標	ゆび	親指　小指
368	導	lead	ドウ	指導する　行政指導 導入する　半導体	みちび(く)	
369	消	diminish, go out, extinguish, erase	ショウ	消費する　消費者　消費地 消費税　消化する　消火する	け(す) き(える)	電気を消す 火が消える
370	歳	year, years old	サイ	何歳 歳入　歳出　歳末		
371	常	ordinary, usual, always	ジョウ	日常　日常会話 経常収支　経常利益	つね	
372	非	not, non-	ヒ	非常　非常口　少年非行 非課税　非上場株　非論理的		
373	報	reward, report, news	ホウ	速報する　ニュース速報 電報　報道する	むく(いる)	
374	告	tell, announce	コク	報告する　報告書 営業報告書	つ(げる)	
375	情	emotion, pathos, state of affairs	ジョウ	事情　情報　人情　心情	なさ(け)	
376	含	hold, contain, include	ガン	含有する　含有量	ふく(める) ふく(む)	含み資産　含み益 サービス料を含む
377	諸	various	ショ	諸国　諸都市　諸島　財務諸表 諸問題　諸条件　連結財務諸表		
378	差	difference	サ	差額　差益　差損 時差		
379	効	effect	コウ	効力　効果　効能　効率 有効　時効	き(く)	薬が効く
380	評	comment, criticism	ヒョウ	評価する　不評 論評する　評論家　書評		

No.	漢字	意　味	音	使い方	訓	使い方
381	全	whole, all	ゼン	全部　全体　全国　全額 全世界　全員	まった(く)	全くわからない
382	完	complete	カン	完全(な)　完成する 完備する　未完成		
383	反	opposite, against, anti-, reverse	ハン	反対する　反論する　反発する 反面　反対売買　反共産主義		
384	占	occupy, hold, (tell fortunes)	セン	独占する　独占禁止法 占有する　市場占有率	し(める) うらな(う)	15パーセントの シェアを占める
385	宅	house, home, residence	タク	住宅　宅地　宅配　お宅		
386	庫	storehouse	コ	車庫　金庫　国庫　公庫 住宅金融公庫		
387	団	group	ダン	団体　団地　代表団　団長 公団　住宅公団		
388	開	open	カイ	開会する　開場する　開店する 開発する　開設する	ひら(く) あ(ける・く)	本を開く　まどを 開ける　まどが開く
389	放	set free, release	ホウ	開放する　市場開放　開放的 放出する　放送する	はな(す) はな(つ)	
390	閉	close	ヘイ	閉会する　閉鎖的 閉店す	と(じる) し(める・まる)	本を閉じる　まどを 閉める　まどが閉まる
391	護	defend, protect	ゴ	保護する　保護貿易		
392	然	state, as, like	ゼン ネン	自然　自然保護　天然資源 当然　全然		
393	展	expand	テン	発展する　展開する		
394	途	way, road	ト	途中　途中下車する 発展途上国		
395	進	advance, progress	シン	進出する　海外進出　進歩する 先進国　進展する　進行する	すす(める) すす(む)	計画を進める 計画が進む
396	危	dangerous	キ	危険　危機		
397	良	good	リョウ	良心 不良　不良債権	い(い) よ(い)	
398	好	like, good	コウ	良好　好調　好物	す(き) この(む)	旅行が好きです
399	況	circumstances, situation	キョウ	好況　不況 状況		
400	態	state, attitude, appearance	タイ	状態　態度　実態　業態		

No.	漢字	意味	音	使い方	訓	使い方
401	集	collect, gather, concentrate	シュウ	集中する　収集する　集金する 集合する　集会　集約　集団	あつ(める) あつ(まる)	お金を集める 人が集まる
402	移	transfer	イ	移動する　移行する　移民 移住する　移転する	うつ(す) うつ(る)	新しい事務所に移る
403	向	direction, orientate	コウ	向上する 方向　動向　意向	む(く)・む(き) む(かう)	上向く　下向く 上向き　下向き
404	強	strong, force	キョウ	強調する　強行する　強化する 強力　一千万円強　強制する	つよ(い) し(いる)	強気　強含み
405	弱	weak	ジャク	弱点　一千万円弱	よわ(い)	弱気　弱含み
406	以	～than, from～	イ	以上　以下　以内　以外　以来 以前　以後　以北　以南		
407	昇	rise	ショウ	上昇する　昇進する 昇給　昇格する	のぼ(る)	日が昇る
408	落	fall, drop	ラク	下落する　落第する　暴落	お(とす・ちる)	財布を落とす 落ち着く
409	降	descend, go down, get off, fall	コウ	降車口　以降　下降線 降雨量	お(ろす・りる) ふ(る)	電車を降りる 雨が降る
410	乗	ride, get in(on)	ジョウ	乗用車　乗車券　乗車口	の(る・せる) の(る)	車に乗る 上乗せ　乗取り
411	伸	stretch, lengthen, extend	シン	伸長	の(ばす) の(びる)	売り上げを伸ばす 伸び　伸び率
412	拡	expand, extend	カク	拡大する	ひろ(げる) ひろ(がる)	手を拡げる
413	縮	shrink, contract, shorten	シュク	縮小する　短縮する	ちぢ(める) ちぢ(まる) ちぢ(む)	
414	低	low	テイ	低下する　最低　低額　低調 低成長　低金利　低賃金	ひく(い)	背が低い
415	退	retreat, drive, away, repel	タイ	後退する　退会する　退学する 退院する　引退する　退社時間	しりぞ(ける) しりぞ(く)	
416	復	return, retrieve, recover	フク	回復する　復元する　復活祭 復活する		
417	急	quick, sudden, urgent, hurry	キュウ	急増　急伸　急落　急拡大　急上昇 急務　急速　急行電車　準急	いそ(ぐ)	急いでください
418	過	pass, exceed, too～	カ	過大　過小　過多　過少　過熱 過度　過半数　過不足	す(ぎる) す(ごす)	大き過ぎる
419	去	leave, pass away, move away	コ キョ	過去　去年	さ(る)	過ぎ去る
420	超	exceed, super, ultra	チョウ	超過　輸出超過　超音速	こ(す) こ(える)	

No.	漢字	意味	音	使い方	訓	使い方
421	始	start, begin	シ	開始する　原始的 始発電車	はじ(める) はじ(まる)	仕事を始める
422	終	end, come (bring) to an end	シュウ	終始　終止　終点 終電車　終着駅	お(える) お(わる)	仕事を終える 終り値
423	再	again, once more	サイ	再会する　再開する　再建する 再発行する　再利用する　再活性化	ふたた(び)	再び会う
424	改	alter, reform, modify	カイ	改正する　改定する　改善する 改名する　改良する	あらた(める) あらた(まる)	
425	延	extend, lengthen, postpone	エン	延長する　延期する	の(ばす) の(びる)	
426	続	continue	ゾク	続出する　(遺産を)相続する 続行する　続伸する	つづ(ける) つづ(く)	仕事を続ける 入会の手続き
427	圧	pressure	アツ	圧力　圧縮する　圧縮帳簿 気圧　高気圧　低気圧		
428	既	already	キ	既成　既報 既発債	すで(に)	
429	存	exist, know	ソン ゾン	生存する　共存する　ご存知 既存　存続する		
430	在	exist, stay, locate	ザイ	存在する　在庫　所在地　現在 在日　在外　在住　在宅　在学		
431	積	pile, accumulate, measure	セキ	面積　体積　累積債務 山積する	つ(む) つも(る)	積み立てる　積立金 見積る　見積書
432	極	pole, culminating, point, the extreme	キョク ゴク	積極的　消極的 極度　極力　北極　南極	きわ(める) きわ(まる)	東京の地価は 　　極めて高い
433	観	view, observe	カン	主観的　楽観的 先高観　先安観　観光		
434	客	guest, customer, object	キャク	客観的　客間　客船 観客　乗客		
435	角	angle, corner	カク	三角　直角　角度 多角化	かど つの(horn)	町の角 うしの角
436	種	species, sort, kind, seed	シュ	一種　人種　種類 業種　多種	たね	不安の種
437	各	each, every	カク	各国　各地　各自　各人　各分野 各種　各方面　各論		
438	個	individual	コ	一個　個人　個性　個々		
439	位	rank, position	イ	一位　上位　地位 学位	くらい	
440	単	single, simple	タン	単位　単語　単身赴任 単調　単独		

No.	漢字	意味	音	使い方	訓	使い方
441	純	pure	ジュン	単純　純金 純資産　純利益		
442	複	duplicate, double, multiple, composite	フク	複合　重複する 複数		
443	雑	miscellaneous, mixture	ザツ	複雑　雑用　雑貨品 雑費　雑収入		
444	特	special	トク	特権　特許　特長　特有　特色 特急　超特急　独特		
445	別	separate, apart, different	ベツ	特別　個別　区別する　人種差別 国別　産業別　企業別　送別会		
446	伝	transmit, hand over	デン	伝統　伝統的　伝説　伝言 伝統産業	つた(える) つた(わる)	よろしくお伝えください
447	構	structure, construction, posture	コウ	構成する　構内　機構	かま(える)	構え
448	造	make, construct, build	ゾウ	構造　構造不況　造船 木造		
449	製	manufacture, produce	セイ	製造　製品　製鉄　製薬 製法　製紙　日本製		
450	作	make, produce	サク サ	作成する　作品　作者　作業 製作する　制作する	つく(る)	手作り 料理を作る
451	材	material, talent	ザイ	材料　原材料　木材　鉄材 人材		
452	注	pour, focus, comment, order	チュウ	注意する　注目する　注射する 注文する　発注　受注	そそ(ぐ)	
453	求	request, demand, seek	キュウ	要求する 求人	もと(める)	通商を求める
454	請	request, ask for, take on	セイ	要請する　請求書	うけ(る)	下請
455	申	tell, call, appeal	シン	申告する　申請する	もう(す)	申し入れる 申し合わせる
456	込	into, include			こ(む) こ(める)	申し込む
457	払	pay, pay out, sweep away	フツ		はら(う)	払い込む　支払い 前払い　後払い
458	返	return, back	ヘン	返事　返信　返金　返還 返送する　返済する	かえ(す) かえ(る)	借金を返す
459	得	acquire, obtain, gain, advantage	トク	所得税　説得する　納得する 損得　取得する	え(る) う(る)	利益を得る
460	容	admit, content, accommodate	ヨウ	内容　容器　容易(に)　美容院 容量		

No.	漢字	意味	音	使い方	訓	使い方
461	確	certain, firm, make sure of	カク	確実　確定する　確信する 正確　確保する　確立する	たし(かめる) たし(か)	名前を確かめる 確かな話
462	認	approve, recognize, perceive	ニン	確認する　容認する　公認 認可する　認定する	みと(める)	
463	否	deny	ヒ	否定する　否定的 否認する　否決する	いな	
464	適	proper, suitable, fit	テキ	適当　適正　適切 適度　適用する　〜に適する		
465	応	respond, reply, comply	オウ	適応する　反応する 〜に応じる　応用する		
466	募	appeal for, collect	ボ	募集する　募金する 応募する　応募者	つの(る)	
467	札	banknote, slip of paper, card	サツ	一万円札　入札　落札 改札口	ふだ	
468	採	take, accept, adopt	サイ	採用する 採算がとれる(とれない)	と(る)	
469	雇	employ	コ	雇用する　雇用者	やと(う)	
470	被	wear, incur, receive	ヒ	被雇用者 被害　被告／原告	こうむ(る)	
471	職	occupation, job	ショク	職業　職員　職場　管理職　職人 現職　無職　求職　退職する		
472	締	tie, tighten	テイ	条約を締結する	し(める) し(まる)	金融引き締め 取り締まる　取締役
473	副	sub〜, vice〜, assistant, supplement	フク	副社長　副大統領 副産物　副作用		
474	秘	closed, secret	ヒ	秘書　極秘		
475	密	secret, close, density	ミツ	秘密　密輸する　密接　親密 人口密度　過密　密着する		
476	談	talk	ダン	相談する　会談　対談 雑談する　密談　商談		
477	渉	wade, cross over	ショウ	交渉する		
478	任	entrust, appoint, commission	ニン	任務　任期　任命する 任意　前任　後任	まか(す・せる)	仕事を任せる
479	責	blame, condemn, burden	セキ	責任　責務　自責	せ(める)	失敗を責める
480	策	plot, means, measure, policy	サク	政策　対策　方策 具体策		

No.	漢字	意味	音	使い方	訓	使い方
481	案	idea, plan, proposal	アン	案内　新案　私案　案外 予算案　改正案　決議案		
482	戦	war, fight, battle, match	セン	第二次世界大戦　戦力 戦時中　戦前　戦後	たたか（う）	
483	略	abbreviation, omission, plot	リャク	略語　略図　略式 戦略		
484	軍	army, military	グン	軍事　軍備　軍人　軍国主義 軍縮［軍備縮小］		
485	核	core, nucleus	カク	中核　核心 核融合		
486	兵	soldier	ヘイ ヒョウ	兵器　通常兵器　核兵器 兵力		
487	削	scrape, sharpen, cut	サク	削減する	けず（る）	予算を削る
488	停	stop	テイ	停止する　停車する　各駅停車 停電する　一時停車　停戦		
489	防	defend, protect, prevent	ボウ	予防する　防止する 国防　防火　防水	ふせ（ぐ）	
490	衛	guard, defense, circumference	エイ	防衛　自衛　人工衛星 衛生		
491	障	obstacle, hinder	ショウ	障害　障害者　支障 保障する　社会保障		
492	補	compensate, make up for, supply	ホ	補給する　補助する 補正予算	おぎな（う）	不足を補う
493	償	compensate, indemnify	ショウ	補償する　償還　減価償却 補償金　有償　無償		
494	救	rescue, save	キュウ	救急車　救命	すく（（う））	人命を救う
495	助	help, assist, support	ジョ	救助する　助言する　助力する 補助する　助成金　助命運動	たす（ける） たす（かる）	人を助ける
496	援	aid, support	エン	援助する　支援する　後援する 救援物資　応援する		
497	境	boundary	キョウ ケイ	国境　境界	さかい	
498	環	ring, surround	カン	環境　環境保護　一環		
499	解	solve, be solved	カイ	解決する　解説する　解放する 理解する　和解する　解消する	と（く） と（ける）	数学の問題を解く 問題が解ける
500	互	mutual, each other, reciprocal	ゴ	相互　相互理解 相互銀行	たが（い）	互いに助け合う

IV. Chronological Table

■ INSTRUCTIONS

The financial items in Chapter II were published between January 1, 1987 and January 8, 1989. This chronological table is intended to help both students and teachers to understand the events which took place. Topics selected here are focused on those which appear in examples in Chapter II, and domestic events are marked with ⊙.

  When they appear for the first time, the names of companies, committees and projects are written in full formal form, followed by the popular abbreviated form. Thereafter only the abbreviated form is used.

注）⊙は日本国内の出来事を示す

1987年（昭和62年）

1月

- ●包括貿易法案を米議会が提出した。保護主義を強化し、日本の貿易黒字減らしを狙ったもの。
- ●急激な円高になった。1ドル＝150円を突破した。

2月

- ⊙NTT（日本電信電話会社）株が東京証券取引所に上場された。
- ●ブラジルのサルネス大統領は、対外債務の金利支払い停止を宣言した。
- ●パリでの七か国蔵相会議（G7）で、ルーブル合意が発表された。ドル安定策を調整すること、ドルと外国通貨との為替レートを安定させることで合意した。

3月

- ⊙在日外国人登録法改正案が閣議で決定された。内容は、指紋押捺は原則として最初の1回限り、携帯の証明書を手帳からカードにするなどである。
- ●米上院本会議で、日本企業に対する半導体制裁措置を求める案が可決された。
- ●EC（欧州共同体）成立30周年式典がローマで行われた。

4月

- ⊙日本国有鉄道が6地域に分割、民営化されて、新たに旅客会社JR6社と日本貨物が誕生した。
- ⊙外国弁護士特別措置法が施行された。欧米からの弁護士受け入れ要請にこたえたもの。
- ●ヤイター米通商代表が来日、日本のコメ市場の開放を要求した。
- ⊙新行政改革推進審議会（新行革審）が発足し、会長に大槻文平氏が就任した。
- ⊙内閣が提出していた売上げ税法案が廃案になった。
- ●東芝機械がココム（対共産圏輸出統制委員会）の統制違反を米政府から指摘された。その後ココム委員会から1年間の輸出禁止処分をうけた。

5月

- ⊙米資本系外国銀行による証券業務進出が認可された。

6月

- ●イタリアでベネチアサミットが開催された。通貨安定への経済政策協調を目指す「経済宣言」を発表、東西核軍縮交渉など三つの「政治声明」を採択した。
- ●ASEAN（東南アジア諸国連合）拡大外相会議が開かれ、倉成外相が出席した。

7月
- 日米両国政府は、ＳＤＩ（戦略防衛構想）研究に関する協定に調印した。
- ⊙マル優（少額貯蓄に対する非課税優遇措置）廃止を含む税制改革案が閣議で決定された。
- 国連安保理決議598号（即時停戦を求める決議）をイラクは受諾し、イランは拒否した。

8月
- グアテマラで中米サミット（中米五か国による首脳会議）が開催され、中米和平協定が調印された。
- ⊙新行革審の土地対策検討委員会（土地臨調）が初会合を開いた。首都圏を中心とする地価高騰問題への対応が課題となった。

10月
- 19日、月曜日にニューヨーク株式市場で大暴落が起こり、史上最大の下落幅を記録した。株価暴落は翌20日、東京、ロンドン、アジア市場にも波及した。「暗黒の月曜日」と言われている。
- ⊙自民党の中曽根総裁は、次期総裁に竹下登氏を指名した。
- 19日の株暴落を受けて、ドルが更に急落した。

11月
- ⊙竹下内閣が発足した。
- ⊙銀行、証券会社による国内ＣＰ（コマーシャル・ペーパー）の発行が大蔵省により認められた。
- メキシコ、アカプルコで中南米8か国首脳が会談し、債権国に対し債務利子の上限設定を要求した。
- 大韓航空機がベンガル湾上で空中爆破された。1988年1月に、北朝鮮（朝鮮民主主義人民共和国）の工作員を名乗る者が犯行を自供した。

12月
- ワシントンで米ソ首脳会談が開かれ、ＩＮＦ（中距離核戦力）全廃条約に調印した。米ソ間の戦争防止と軍事的優位を求めないとの共同声明を発表した。
- マニラで10年ぶりのASEAN首脳会議が開かれ、竹下首相が出席した。
- 韓国大統領選挙が行われ、盧泰愚氏が当選した。
- ドル安が進み、1ドル＝125円台になった。
- Ｇ7は暗黒の月曜日後のドル暴落に対し、各国がそれぞれの国で声明をだした。新たな相場圏として120円後半から140円前半とした。

1988年（昭和63年）

1月
- ⊙大蔵省は、金融先物市場を年内に創設することを決定した。
- 日米防衛首脳会議が開かれ、ＦＳＸ（次期支援戦闘機）の共同開発が正式に決定された。
- ⊙東京証券市場に上場されている外国企業にも国内ＣＰ（サムライＣＰ）の発行が認められた。

2月
- ガット（関税貿易一般協定）は、日本が輸入数量制限をおこなっている農産物12品目のうち10品目はガット違反であると裁定した。
- ゴルバチョフソ連書記長とシュルツ米国務長官が会談し、戦略核兵器削減の合意への期待を表明した。

3月
- ⊙青函トンネルが開通した。本州と北海道を結ぶ世界最長のトンネル。
- ⊙日本の建設市場開放問題に関し日米協議が行われた。民間部門へのアメリカ企業の参入、見積り期間の延長などで日本が譲歩し決着した。

4月
- ⊙本田技研の米国工場で生産された車が、初めて逆輸入された。
- ⊙瀬戸大橋、本州と四国を結ぶ連絡橋が開通した。
- Ｇ7が開かれ、為替レートを現状水準で安定し、維持させるとの声明を発表した。

- アフガニスタン間接和平交渉が合意した。アメリカ、ソ連、アフガニスタン、パキスタンは、間接交渉合意の文書に調印した。
- 米上院で包括貿易法案が可決された。

5月

- ニューヨークの原油価格が急落した。
- アフガニスタン駐留のソ連軍が撤退を始めた。
- 米国中東部の熱波のため、干ばつの被害が深刻になり始めた。
- ◉証券取引法改正で、インサイダー取引（未公開情報を利用した有価証券の売買）規制を決めた。その後相次いで未公開株譲渡問題が発覚し、規制の一部施行に踏み切った。
- モスクワで米ソ首脳会談が行われ、ＩＮＦ全廃条約の批准書を交換し、同条約が発効した。

6月

- ◉土地臨調の基本方針が提出された。東京一極集中是正のための遷都の検討などが含まれている。
- 日米協議で、日本は牛肉、オレンジを1991年4月に輸入自由化するとの最終合意に達した。
- カナダでトロントサミットが開かれ、「政治宣言」と「経済宣言」が発表された。
- ◉リクルート・スキャンダルが明らかとなった。リクルート社が、政官財界関係者に未公開株を譲渡し、株式市場公開後の急騰を待って売ったことが判明した。
- ◉インサイダー取引に関し、証券界が自主規制ルールとして「内部者取引管理規制」を導入した。

7月

- 米海軍がペルシャ湾でイラン民間航空機を撃墜した。
- イランが国連の停戦決議598号を受諾した。
- ◉横須賀沖で自衛隊の潜水艦が民間の釣船と衝突した。

8月

- ソ連はＩＮＦ全廃条約の規定に従い、ＳＳ12を爆破、米国もＩＮＦミサイル廃棄を始めた。
- デクエヤル国連事務総長の調停で、イラン・イラク戦争の停戦が実施された。
- 日中平和友好条約10周年を迎え、竹下首相が訪中、日中投資保護協定に調印した。
- 米国の包括貿易法が成立した。

9月

- ◉新型間接税を含む税制改革のため、衆議院特別委員会が初会合を開いた。
- 全米精米業者協会（RMA）が、アメリカ通商代表部に日本のコメ開放を再提訴した。日本のコメ消費量の10％までの輸入枠を要求した。
- 韓国、ソウルで第24回オリンピックが開かれた。
- ブラジルは、1987年2月に宣言した対外債務の利子支払い停止を解除した。
- ベルリンでＧ7が開かれ、政策協調を再確認した。
- 米国でスペースシャトルが、事故以来2年8か月ぶりに打ち上げられた。
- ◉天皇が吐血により重体となり、以後治療が続けられた。国民の間に自粛ムードが広がった。

11月

- 米大統領選挙が行われ、共和党のブッシュ候補が民主党のデュカキス氏を破り、当選した。
- ＩＢＭと富士通の間のソフトウエア著作権紛争が決着。富士通は和解金を支払い、有償でＩＢＭのソフトウエア情報を受けることになった。

12月

- ソ連、アルメニアで大地震が起こった。
- ◉リクルート・スキャンダルで宮沢蔵相が辞任、続いてＮＴＴの真藤会長も辞任した。
- ◉竹下改造内閣が発足した。
- ◉シュワルナゼソ連外相が来日し、宇野外相と日ソ外相定期協議を行い、共同声明を発表した。
- ◉参議院本会議で税制改革関連六法案が可決、成立した。39年ぶりの税制大改革。

1月

⊙ 1月7日、昭和の天皇陛下が崩御。明仁皇太子が即位し、新天皇となった。1月8日に元号が「昭和」から「平成」となった。

V. Glossary

The criteria for selecting words for this glossary is as follows:
1. Words mainly from the economic and financial fields which appear in Chapter II. Reading Financial Articles in Japanese Publications.
2. Other financial and economic terms which do not appear in Chapter II but are indispensable for reading such materials.

Words are listed in *aiueo* order.   Note that, even when words are prefixed with an indispensable particle the order is according to the main word. For example, 「～にとって」succeeds「とつぜん」.

In the left-hand column of the Glossary, reference codes such as "3A5", "18A6" are provided for some words which are found in Chapter II as entries.   To master unfamiliar words or phrases, look them up in Chapter II and study carefully how they are used in other contexts and what the related expressions are.

This Glossary is both for students, and for teachers who do not have much experience in teaching financial Japanese.   We hope that the Glossary will also serve as a useful reference for foreign businessmen who already read Japanese.

語彙表—新聞を読むために

あ	相前後して	あい ぜんごして	almost simultaneously
	相対取引	あいたい とりひき	negotiated transaction
10A12	相次ぐ	あいつぐ	to follow one after another; successively
	相手	あいて	the other party
	相手にする	あいてに する	to deal with; to do with
	相乗り	あいのり	riding together
	あいまいな		vague; ambiguous
	～あう		to ～ each other
	あえぐ		to breathe hard; to suffer
	赤字	あかじ	deficit; balance [figure] in the red; loss
	商い	あきない	trade; business
8A6	上がる	あがる	to go up
	～に明るい	～に あかるい	to be familiar (with); to be well acquainted (with)
1D1/ 5A2	明らか	あきらか	clear; obvious
	あくまで		to the last; persistently

13B4	~明け	~あけ	expiration; just after; the end of
8A6	上げ	あげ	rise
12B13	~あげて		with all ~
8A6	上げる	あげる	to raise; to increase; to rise
	挙げる [あげる]	あげる	to give (an example); to mention (a fact)
	足取り	あしどり	one's manner of walking; step; pace; trend
1D9	足並みをそろえる	あしなみを　そろえる	to keep pace [step]
	預かり金	あずかりきん	deposit (receive)
	預かる	あずかる	to be entrusted; to keep
	預ける	あずける	to leave in a person's care
	焦る	あせる	to be impatient
	与える	あたえる	to give
9C1	頭打ち	あたまうち	reaching the uppermost limit
18A21	頭を痛める	あたまを　いためる	to be worried
11A3	~当たり	~あたり	per ~
	当り前	あたりまえ	proper; normal; matter of course
11A3	~に当たる	~に　あたる	to be equivalent to; to correspond to; to fall on
13B27	~に当って	~に　あたって	in time of; in ~ of
	厚い	あつい	thick; heavy; solid
	扱う	あつかう	to treat; to deal with; to handle
	悪化する	あっかする	to become [grow] worse
	圧縮する	あっしゅくする	to compress
	圧縮記帳	あっしゅく　きちょう	reduced-value entry (of acquired property)
	斡旋 [あっせん]	あっせん	mediation; conciliation; arbitration
	圧力	あつりょく	pressure
12A6	~と [も] あって	~と [も] あって	as being; on the grounds of ~
	圧倒的 (な)	あっとうてき (な)	overwhelming
	~あて [宛]	~あて	(letter or parcel) addressed [directed] to ~
	当てる	あてる	to put; to allot; to apply
	後入れ先出し法	あといれ　さきだしほう	last-in first-out method
	後押しする	あとおしする	to push; to support; to back up
	穴埋め	あなうめ	to fill a blank; to make up (a loss); to cover (a deficit)
	余る	あまる	to remain; to be left over
5B4	歩み寄る	あゆみよる	to compromise; to make mutual concessions
	あらかじめ		beforehand; in advance
	争う	あらそう	to dispute; to argue
	新たに	あらたに	newly; anew
	改めて	あらためて	again; over again; on another occasion; anew

	改める	あらためる	to change; to renew; to reform; to revise
	表す	あらわす	to show; to indicate; to express
	あるいは[或いは]	あるいは	maybe; perhaps; possibly; as likely as not
17C2	あるいは		or; either 〜 or 〜
	ある程度	ある ていど	to some degree; to some extent
	あろうとなかろうと	あろうと なかろうと	whether or not; regardless of
17A15	合わせ[併せ]て	あわせ[あわせ]て	in all; together with; at the same time
	合わせる	あわせる	to put together; to add up; to fit; to suit; to adjust; to adapt
	案	あん	idea; plan; draft
	案件	あんけん	a matter; an item (on the agenda)
	暗黒	あんこく	darkness; blackness
	安全性	あんぜんせい	safety
	安定性	あんていせい	stability
	安全保障[安保]	あんぜん ほしょう[あんぽ]	security; national security
い	〜委	〜い	abbreviation of 委員会; committee
	言い換える	いいかえる	to say [express] in other words
	委員	いいん	member of the committee; commissioner
	委員会	いいんかい	committee; commission
5D5	〜というほかはない	〜というほかはない	can say nothing else but 〜
5D6	言うまでもない	いうまでも ない	it goes without saying that
9B3	以下	いか	〜 and less; at most
	以外	いがい	except; besides
	意外	いがい	surprising; unexpected; unforeseen
	医学	いがく	medical science
	いかに		how
	遺憾 (の・な)	いかん (の・な)	regrettable; deplorable
	〜のいかんを問わず	〜のいかんを とわず	regardless of; no matter how
	域	いき	limits; bounds; stage; level
	意義	いぎ	meaning; sense; significance
	異議	いぎ	objection
	勢い	いきおい	force; power; vigor
	いきさつ		the sequence of events; circumstances
	育成する	いくせいする	to bring up; to nurture; to train
4A2	意見	いけん	opinion; view; idea; suggestion
	意見書	いけんしょ	brief; one's written opinion
	以後	いご	after this; hereafter; from now on
4A3	意向	いこう	intention; inclination; one's mind
13A3	以降	いこう	from that point on; on and after
	移行する	いこうする	to move to; shift to
	遺産	いさん	inherited property; inheritance; heritage
	遺産相続	いさん そうぞく	succession to property

	意志	いし	will; volition
	医師	いし	medical doctor; physician
	意識	いしき	consciousness; awareness
	意志決定	いし けってい	decision making
	維持する	いじする	to maintain; to keep going
	移住する	いじゅうする	to immigrate; to emigrate; to migrate
	以上	いじょう	the above-mentioned
9B3	(N.)以上	～いじょう	～ and more; over ～; at least
12B7	(V.)以上	～いじょう	if ～ at all; once; so long as; now that ～
17C3	いずれか		either; whichever
17C3	いずれも		both; either; neither
	いずれにせよ［しても］	いずれに せよ［しても］	either way; in any［either］case［event］
	いすわる		to stay on; to be unchanged
	遺跡	いせき	remains; ruins
13A2	以前	いぜん	previously; formerly; once; before
13B19	依然［いぜん］	いぜん	still; as ～ as ever; (as) yet
	依存する	いそんする［いぞんする］	to depend［rely］on
5B3	異存はない	いぞんは ない	to have no objection
	抱く	いだく	to hold; to cherish
	委託する	いたくする	to entrust; to put a matter to a person
9C6	至る	いたる	to come to; to reach; to develop into
10A2	1位	いちい	the first place
	一元化	いちげんか	unification; centralization
13A6	一時	いちじ	for a while; temporarily
	一時的 (な)	いちじてき (な)	temporary; tentatively
	位置する	いちする	to be located; to be situated
9D2	一段と	いちだんと	more and more; further
	一段落する	いちだんらくする	to come to the end of the chapter［stage］
	一任業務	いちにん ぎょうむ	discretionary business
	一任する	いちにんする	to leave (a matter) entirely to (a person)
	一部 (分)	いちぶ (ぶん)	a part
9D6	一様に	いちように	equally; similarly
	一律 (に)	いちりつ (に)	uniformly; evenly; impartially
	一流	いちりゅう	first-class［-rank, -rate］
	一連 (の)	いちれん (の)	a series of; a chain of
	一割	いちわり	ten percent
	一角	いっかく	a corner; a point
	一環	いっかん	a link; a part
	一貫して	いっかんして	consistently
	一気に	いっきに	without a break; in one go
	一件	いっけん	an affair; a matter; an item
9D7	一向に～ない	いっこうに ～ない	not ～ in the least

	一刻	いっこく	a minute; a moment; an instant
18B1	一進一退	いっしん いったい	now advancing and now retreating; fluctuating; roller-coaster; seesaw
9D5	いっせい[一斉]に	いっせいに	all at once; all together
	一層	いっそう	more; still more; all the more
	逸脱する	いつだつする	to deviate (from); to depart (from); to break away
	一致する	いっちする	to agree; to coincide
	一致団結する	いっち だんけつする	to unite (in doing); to cooperate
	一定 (の)	いってい (の)	fixed; definite; certain
	一途をたどる	いっとを たどる	to keep going on (a way)
	一般	いっぱん	general
	一辺倒	いっぺんとう	wholehearted devotion to one side; doing the utmost for one side only
9D1	(～する) 一方だ	(～する) いっぽうだ	to get more and more
11B6	一方 (で)	いっぽう (で)	while; on the other hand
	一方的 (な)	いっぽうてき (な)	one-sided; unilateral
	一歩を踏み出す	いっぽを ふみだす	to take a step forward
	一本化	いっぽんか	unification; centralization
18B2	一本調子	いっぽん ちょうし	monotone; monotonous; simple
	移転	いてん	moving; removal; transfer
	移動する	いどうする	to move; to mobilize; to transfer
	糸口	いとぐち	the end of a thread; a beginning; a clue
	意図する	いとする	to intend; to aim
	営む	いとなむ	to carry on; to run; to engage in
	否	いな	no
13A5	以内 (に)	いない (に)	within; less than; not exceeding
	祈る	いのる	to pray; to wish
	違反する	いはんする	to act against; to violate
	いまだに		still; even now
13B10	今のところ	いまの ところ	at present
	いまや		now
	意味ある	いみある	meaningful
	嫌気する	いやきする[いやけする]	to get tired (of); to lose interest (in)
	医薬品	いやくひん	pharmaceuticals; medicines
	いよいよ		more and more; at last; finally; really
4A9	意欲	いよく	will; volition; positive attitude
13A3	以来	いらい	since; since then; after that
	依頼する	いらいする	to request; to ask
	入り組む	いりくむ	to become complicated
	医療器械	いりょう きかい	medical instruments
	衣料品	いりょうひん	clothing; garments
	異例	いれい	exception; exceptional case

	異論	いろん	divergent view; different opinion
5B6	異論を唱える	いろんを　となえる	to raise an objection
17B4	いわば		so to speak; as it were; in a sense
17B3	いわゆる		what is called; so-called
	因果	いんが	cause and effect
	印刷する	いんさつする	to print
	印象	いんしょう	impression
	引退する	いんたいする	to retire (from public life)
	引力	いんりょく	gravitation; magnetism
う 17A14	～うえ		in addition to
13B26	～うえ（で）		so far as ～ be concerned; after ～
18B14	うかがう		to watch for (a chance)
18B14	うかがわせる		to indicate
	浮かぶ	うかぶ	to float; to occur to (a person)
	雨期	うき	rainy season
	浮く	うく	to float; to come to the surface; to be saved
	受け入れる	うけいれる	to accept; to grant; to receive
12B11	～を受けて	～を　うけて	in response to; taking ～; understanding ～
	受け止める	うけとめる	to catch
	受け取り	うけとり	receipt
	受取手形	うけとり　てがた	notes receivable
	受取利息	うけとり　りそく	interest received
	受け取る	うけとる	to receive; to get; to take
	受ける	うける	to receive; to accept
	動かす	うごかす	to move
4B3	動き	うごき	movement; motion; trend
	失う	うしなう	to lose
	薄あきない	うす　あきない	light trading
8B8	薄い［～薄］	うすい［～うす］	thin; small
8B8	薄れる	うすれる	to be toned down
	～をうたう	～を　うたう	to extol; to declare; to state (expressly)
	疑い	うたがい	doubt; distrust; question
	打ち上げる	うちあげる	to shoot [send up]; to launch
	打ち消す	うちけす	to deny
5C1	打ち出す	うちだす	to set forth; to work [hammer] out
	宇宙	うちゅう	universe; cosmos; (outer) space
	内訳	うちわけ	items; details; classification; itemization
	移す	うつす	to remove; to move; to transfer; to shift
	訴える	うったえる	to sue; to appeal (to); to complain (of);
	移る	うつる	to move (to a place); to transfer (to another place)
18A1	腕をふるう	うでを　ふるう	to use one's skill; to show one's capability

6C1	促す	うながす	to urge; to prompt; to demand; to appeal
	右派	うは	the Right; the right wing
	奪う	うばう	to take (by force); to deprive (a person) of (something)
	生まれる	うまれる	to be born; to result
	生み出す	うみだす	to give birth to; to yield
	有無	うむ	yes or no; existing or not existing
	右翼	うよく	the right wing
	裏書	うらがき	endorsement
	裏書譲渡	うらがき じょうと	transfer by endorsement
	裏付けする	うらづけする	to confirm, to bear out; to endorse
	裏目	うらめ	reverse side; against one's will
	売り上げ	うりあげ	sales
	売り上げ原価	うりあげ げんか	cost of goods sold
	売上総利益	うりあげ そうりえき	gross profit
	売上高	うりあげだか	sales
	売掛金	うりかけきん	accounts receivable
	売り方	うりかた	seller; bear; short side; bear interests
	売り込む	うりこむ	to sell; to find a market (for goods)
	売り出し	うりだし	sale; a public offer
	売りつなぎ	うりつなぎ	hedge-selling; hedging by selling; short selling (against the box)
1D10	～うる［える］		to be possible; to be able to; to be likely
	うるう年	うるうどし	leap year
	潤う	うるおう	to become moist; to receive benefits
	上積み	うわづみ	upper load; upper layer of goods
	上値	うわね	higher price; rise in price
	上乗せ	うわのせ	added (price)
8A7	上回る	うわまわる	to exceed; to be over
8A7	上むく［上向く］	うわむく	to rise; to turn up ［upward］
	運営	うんえい	operation; management; administration
	運行	うんこう	movement; operation; service
	運航	うんこう	shipping, airline service
	運送する	うんそうする	to transport; to convey; to forward
	運賃	うんちん	fare; freight ［goods］ rates; carriage
	運転資金	うんてん しきん	operational funds; working capital
	運転免許（証）	うんてん めんきょ（しよう）	driver's license
	運動	うんどう	exercise; movement
	運搬具	うんぱんぐ	vehicle; transporter
	運命	うんめい	destiny; fate; fortune
	運輸	うんゆ	transportation
	運用する	うんようする	to employ; to use; to apply

え	影響	えいきょう	influence; effect; affect
18A2	影響を及ぼす[与える]	えいきょうを およぼす[あたえる]	to influence; to have an effect on
	営業外収益	えいぎょうがい しゅうえき	non-operating income [revenue]; other income
	営業外利益	えいぎょうがい りえき	non-operating profit
	営業収益	えいぎょう しゅうえき	operating income; operating revenue
	営業する	えいぎょうする	to do business; to operate
	営業報告書	えいぎょう ほうこくしょ	business report
	営業利益	えいぎょう りえき	operating income; operating profit
	影響力	えいきょうりょく	influence; influencing power
	衛生	えいせい	hygiene; sanitation
	衛星放送	えいせい ほうそう	satellite broadcasting
	益	えき	gain; profit; benefit
	液体	えきたい	liquid; fluid
	江戸時代	えど じだい	the Edo period
	得る	える	to get; to obtain; to acquire
	～える[うる]		to be possible; to be able to; to be likely
	円滑に	えんかつに	smoothly
	沿岸	えんがん	coast; shore
	延期する	えんきする	to postpone
	遠距離	えんきより	long distance
	援助する	えんじょする	to aid; to support; to help
	演じる	えんじる	to perform; to play; to act
	演説	えんぜつ	(public) speech; address
	円相場	えん そうば	exchange rate of the yen
	円高	えんだか	rise in the value of the yen; yen strength; appreciation of the yen
	円建て	えんだて	yen based
	延長する	えんちょうする	to prolong; to lengthen; to extend
	円満な	えんまんな	harmonious; amicable; peaceful; well-rounded
	円安	えんやす	fall in the value of the yen; yen weakness; depreciation of the yen
お	OA機器	オーエー きき	office automation equipment
	追い上げ	おいあげ	catching up
18B12	～に追い込まれる	～に おいこまれる	to be driven into
14B15	～において[おける]	～に おいて[おける]	in; at; on
	応援する	おうえんする	to help; to support; to back up; to cheer
	おう歌する	おうかする	to glorify; to applaud
	応札する	おうさつする	to tender for
	～に応じて	～に おうじて	in proportion to; according to; in answer [response] to
	欧州	おうしゅう	Europe

	欧州共同体	おうしゅう きょうどうたい	the European Community
	～に応じる	～に おうじる	to reply; to respond to
	横断歩道	おうだん ほどう	pedestrian crossing; crosswalk
	欧米	おうべい	Europe and America; the West
	応募者利回り	おうぼしゃ りまわり	yield (return) to subscriber
	応募する	おうぼする	to apply for; to subscribe for [to]
	応用する	おうようする	to adapt; to bring [put] into practice
	大がかり（な）	おおがかり（な）	large[grand]-scale; elaborate
	大型	おおがた	large size; oversize
	大口	おおぐち	large lot [amount, size]
	大蔵大臣[蔵相]	おおくら だいじん[ぞうしょう]	the Minister of Finance
	大蔵省	おおくらしょう	the Ministry of Finance
	黄金（の）	おうごん（の）	golden
9A6	大筋	おおすじ	outline; rough idea
9B4	大台	おおだい	a mark
	大台乗せ	おおだい のせ	reaching [hitting] a mark
	大台割れ	おおだい われ	falling [dropping] below a mark
	大詰め	おおづめ	final; the end; the conclusion
	大手（企業）	おおて（きぎょう）	leading enterprise [company]
9B2	大幅	おおはば	full width; substantial; sharp
	おおむね		mostly; generally
	大枠	おおわく	outline
	冒す	おかす	to risk
	沖合	おきあい	offshore
	後れをとる	おくれを とる	to fall behind (in competition)
	遅れる	おくれる	to be late; to be behind
	怠る	おこたる	to neglect
	行う	おこなう	to do; to act; to behave; to conduct
	起こる	おこる	to happen; to occur; to take place
	抑える	おさえる	to restrain; to control
	押す	おす	to push; to press
	押し上げる	おしあげる	to push up
	汚染	おせん	pollution; contamination
1D6	恐れ	おそれ	fear; concern
	恐ろしい	おそろしい	terrible; fearful; dreadful; awful
	おたがいに[たがいに]		mutually; with each other
12A11	～に陥る	～に おちいる	to fall into; to be led into
	落ち込む	おちこむ	to fall in; to get depressed
	落ち着き	おちつき	self-possession; calmness
	落ち着く	おちつく	to settle (down); to become calm; to regain one's composure
	お茶汲み	おちゃくみ	tea-serving
8B6	落ちる	おちる	to drop; to fall; to sink; to decrease

8B6	落とす	おとす	to drop; to fall; to let fall; to decrease
11B2	劣る	おとる	to be inferior to; to fall behind
	衰える	おとろえる	to become weak; to lose vigor
11B2	同じ	おなじ	the same; equal
17A17	同じく	おなじく	as well as; also; too
	脅かす	おびやかす	to threaten; to menace; to frighten
	～を帯びる	～を おびる	to wear; to take on; to be charged with; to be tinged with
	オペ		operation; market operation
	思いとどまる	おもい とどまる	to give up; to abandon
	表通り	おもて どおり	street; main street
	親会社	おやがいしゃ	parent company
9A1	およそ		about; approximately; nearly
17A3	および		and; as well as
	～に及ぶ	～に およぶ	to reach to ～
	及ぼす	およぼす	to exert; to cause
	織り込む	おりこむ	to weave (into); to take into account
13B23	～おり（に）		on the occasion; when
	織物	おりもの	textile; cloth
	卸売り	おろしうり	wholesale
18A3	尾を引く	おを ひく	to leave a trail
	恩恵	おんけい	favor; benefit
	恩赦	おんしゃ	amnesty; general pardon
か 2B1	～化	～か	becoming ～; ～-zation
	外圧	がいあつ	external [outside] pressure
	買い入れる	かいいれる	to buy (in); to purchase
	会員	かいいん	member; membership
	海運	かいうん	marine transportation; shipping
	外貨[外国通貨]	がいか[がいこく つうか]	foreign currency
	海外	かいがい	overseas [foreign] countries
	開会する	かいかいする	to open the meeting; to begin a session
	改革する	かいかくする	to reform; to reorganize
	買掛金	かいかけきん	accounts payable
	外貨準備	がいか じゅんび	external [monetary] reserves; foreign exchange reserves
	買い方	かいかた	buyer; purchaser; bulls; longs
	海峡	かいきょう	strait; channel
	解禁	かいきん	removal of a ban [embargo]
	外銀[外国銀行]	がいぎん[がいこく ぎんこう]	foreign bank
	海軍	かいぐん	the navy
	会計	かいけい	accounts; finance
	会計監査	かいけい かんさ	accounting audit
	会計帳簿	かいけい ちょうぼ	book of account

会計年度	かいけい　ねんど	fiscal year
解決する	かいけつする	to solve; to settle
会見	かいけん	interview; meeting
外交	がいこう	diplomacy
外国為替[外為]	がいこく　かわせ[がいため]	foreign exchange
外債[外国債券]	がいさい[がいこく　さいけん]	foreign bond [loan]
開催する	かいさいする	to hold (a meeting); to open (an exhibition)
買い支え	かいささえ	support buying; support operation
改札口	かいさつぐち	ticket gate [barrier]; wicket
概算	がいさん	rough estimate
外資[外国資本]	がいし[がいこく　しほん]	foreign capital
開始する	かいしする	to begin; to start
概して	がいして	in general; on the whole
買い占める	かいしめる	to buy up (all the goods); to corner a market
解釈する	かいしゃくする	to interpret; to explain
会社法	かいしゃほう	company law
外需[外国需要]	がいじゅ[がいこく　じゅよう]	foreign demand; demand from abroad
回収する	かいしゅうする	to collect; to withdraw; to draw back
外相[外務大臣]	がいしょう[がいむ　だいじん]	the Minister of Foreign Affairs
会場	かいじょう	meeting place; exhibition site
解消する	かいしょうする	to dissolve; to cancel; to annul
海上保険	かいじょう　ほけん	marine insurance
回数	かいすう	the number of times
改正する	かいせいする	to revise; to amend
解説する	かいせつする	to explain; to comment on
開設する	かいせつする	to set up; to open; to establish
改善する	かいぜんする	to improve; to make (something) better
階層	かいそう	class; social stratum
回送する	かいそうする	to forward; to redirect; to send back
改装する	かいそうする	to alter; to refurbish
改造する	かいぞうする	to remodel; to reorganize; to reshuffle
開拓する	かいたくする	to cultivate; to exploit; to open up
外為[外国為替]	がいため[がいこく　かわせ]	foreign exchange
会談	かいだん	talk; conference
快調	かいちょう	excellent condition
買いつなぎ	かいつなぎ	hedge-buying; hedging by buying
海底	かいてい	bottom of the sea; submarine
回転する	かいてんする	to revolve; to turn [spin] round
回答	かいとう	reply; answer
会頭	かいとう	president (of a society, etc.)
買い時	かいどき	the best time to buy

	買い取り	かいとり	compulsory purchase; buy up; purchase
	介入する	かいにゅうする	to intervene
	解任する	かいにんする	to displace (a person) from (his) position; to dismiss
	買い値	かいね	purchase price
	開発銀行	かいはつ ぎんこう	development bank
	開発する	かいはつする	to develop
	買い控え	かいびかえ	hesitancy; restrained purchasing
	回避する	かいひする	to avoid; to evade
	回復する	かいふくする	to recover; to regain
	開放する	かいほうする	to open
	開幕	かいまく	raising of the curtain; opening
	外務省	がいむしょう	the Ministry of Foreign Affairs
	外務大臣[外相]	がいむ だいじん[がいしょう]	the Minister of Foreign Affairs
	買い戻し	かいもどし	redemption; repurchase; covering
	解約する	かいやくする	to cancel a contract; to call off (an agreement)
	海洋	かいよう	ocean
	外洋	がいよう	open sea
	概要	がいよう	outline; summary
	海流	かいりゅう	ocean current
	改良する	かいりょうする	to improve; to reform
	買う	かう	to buy; to incur; to put much value on
	返り咲く	かえりざく	to bloom again; to come back (to power); to make a comeback (to public life)
	抱える	かかえる	to hold something in one's arms
	価格	かかく	price; value
	科学	かがく	science
	化学	かがく	chemistry
	化学肥料	かがく ひりょう	chemical fertilizer
	化学薬品	かがく やくひん	chemicals
	掲げる	かかげる	to hoist (a flag); to hang out (a sign)
18B6	欠かせない	かかせない	indispensable
14B3	～にかかわる	～に かかわる	to be concerned with; to be related to
17D6	～にもかかわらず	～にも かかわらず	in spite of; notwithstanding
2C2	カギ[鍵]	かぎ	the key
	書き換え	かきかえ	rewriting; renewal; transfer
	垣根	かきね	fence; barrier
	～限り	～かぎり	as far as
14B12/ 16A5	～にかぎる	～に かぎる	to limit to
	核	かく	nuclear
2A3	各～	かく～	each ～; every ～
	欠く	かく	to be short of; to lack; to want

額	がく	amount; sum; volume
格上げする	かくあげする	to raise the status; to upgrade
各駅停車	かくえき ていしゃ	stopping at every station
格差	かくさ	gap; differential; difference in quality
格式	かくしき	status; social standing; formality
確実 (な)	かくじつ (な)	certain; sure; reliable
各種	かくしゅ	various kinds
学習する	がくしゅうする	to learn; to study; to work
拡充する	かくじゅうする	to expand (and improve)
学術	がくじゅつ	science
核心	かくしん	the core; kernel; the point
革新	かくしん	reform; renovation; innovation; revolution
確信する	かくしんする	to believe firmly; to be convinced

8A3 拡大	かくだい	expansion; enlargement
8A3 拡大する	かくだいする	to expend; to enlarge; to spread
各地	かくち	every [each] place; various places
拡張する	かくちょうする	to extend; to expand; to enlarge
格付け	かくづけ	ranking; rating; grading; classification
格付け機関	かくづけ きかん	bond rating agency; rating agency
確定する	かくていする	to decide; to confirm; to fix
獲得する	かくとくする	to gain; to aquire; to obtain; to secure
確認する	かくにんする	to confirm; to affirm; to certify
学費	がくひ	school expenses
核兵器	かくへいき	nuclear weapon
額面金額	がくめん きんがく	face value; par price
額面割れ	がくめん われ	drop below par
確保する	かくほする	to secure; to guarantee
格安	かくやす	inexpensive; moderate [reasonable] in price
確立する	かくりつする	to establish; to build up; to settle
閣僚	かくりょう	member of the Cabinet
閣僚理事会[閣僚理]	かくりょう りじかい[かくりょうり]	Ministerial [Cabinet] Committee
学歴	がくれき	school career; academic career [background]
各論	かくろん	itemized discussion
家計	かけい	household economy; family budget
可決する	かけつする	to pass (a bill)
13A10 ～にかけて	～に かけて	over; (from ～) to ～
駆け引き[かけ引き]	かけひき	bargaining; tactics
下限	かげん	the lowest limit
過去	かこ	the past
加工する	かこうする	to process

加工品	かこうひん	finished article; processed goods
火災	かさい	fire; blaze
重ねる	かさねる	to pile up; to add; to repeat
家事	かじ	housework; housekeeping
貸方勘定	かしかた かんじょう	credit account
賢い	かしこい	wise; clever
貸倒引当金	かしだおれ ひきあてきん	bad debt reserve
貸し出し	かしだし	loan; advance
果実	かじつ	fruit
貸し付ける	かしつける	to lend
カジ（舵）取り	カジ（かじ）とり	steering; leadership
加重平均	かじゅう へいきん	weighted average; weighted mean
過剰	かじょう	excess; surplus
過小評価	かしょう ひょうか	underestimate
可処分所得	かしょぶん しょとく	dispensable income; dispensable earnings
貸す	かす	to lend
課す	かす	to impose; to assign
科す	かす	to inflict (a punishment on a person)
数	かず	number
課税する	かぜいする	to impose taxes
稼ぐ	かせぐ	to earn (money)
加速する	かそくする	to accelerate; to increase speed
～型	～がた	～ type; ～ model
堅い	かたい	hard; solid; tough; tight; stiff; firm
課題	かだい	subject; theme; problem; task; assignment
過大（な）	かだい（な）	excessive; too much; unreasonable
肩書き	かたがき	title
肩代わりする	かたがわりする	to take over (the business); to substitute
気質	かたぎ	spirit; temperament; character
形	かたち	form; shape
片付ける	かたづける	to put (things) in order; to tidy up
片時	かたとき	a (single) moment; an instant
固まる	かたまる	to become hard [firm, solid]
固める	かためる	to make hard; to strengthen
語る	かたる	to talk; to tell
価値	かち	value; worth; merit
価値観	かちかん	one's sense of values
課徴金	かちょうきん	surcharge
活気	かっき	vigor; energy; liveliness
格好	かっこう	shape; posture; appearance; conclusion
各国	かっこく	every [each] country [nation]
活性化	かっせいか	activation

17C7 肩代わりする

4B4 形

4B5 格好

かつて		once; formerly
かつてない		unprecedented
勝ってに[かってに]	かってに	as one pleases [likes, chooses]; freely; of one's accord
ガット	GATT	General Agreement on Tariffs and Trade
活動	かつどう	activity; action
活発 (な)	かっぱつ (な)	active; lively
活発化する	かっぱつかする	to activate
割賦	かっぷ	installment
合併	がっぺい	merger; consolidation
活躍する	かつやくする	to be active; to take [play] an active part
活用する	かつようする	to apply; to utilize
過程	かてい	process; course; stage
家庭	かてい	home; family
仮定する	かていする	to suppose; to assume; to presume
家電[家庭電化製品]	かでん[かてい でんか せいひん]	domestic [home] electric goods
稼働	かどう	work; operation
かならず[必ず]	かならず	without fail; by all means; always
必ずしも～ない	かならずしも～ない	not always
加入する	かにゅうする	to become a member of (a club)
加入者	かにゅうしゃ	subscriber; member
加熱	かねつ	overheat
7B7 ～かねない		there are some fears; that ～ might (will)
可能 (な)	かのう (な)	possible
可能性	かのうせい	possibility
過半数	かはんすう	majority; the greater part
株価	かぶか	stock price
株式	かぶしき	stocks; shares
株式会社	かぶしき がいしゃ	corporation; joint-stock company
過不足	かふそく	excess and deficiency
株主	かぶぬし	stockholder; shareholder
株主総会	かぶぬし そうかい	stockholders meeting
壁	かべ	wall; partition wall
貨幣	かへい	money
4B6 構え	かまえ	structure; appearance; posture; attitude
上(半)期	かみ (はん) き	the first half-year
過密	かみつ	overcrowding; overpopulation
加盟する	かめいする	to become a member of (a league)
貨物	かもつ	goods; freight; cargo
12A2 ～から		from ～; since ～; as ～; because of ～
カラ売り	からうり	short sale (selling)
カラ買い	からがい	margin buying

	硝子[ガラス]	ガラス	glass; plate glass
	～にからむ[絡む]	～に からむ	to become tangled [entangled] with ～; to have a connection with ～; to relate to ～
14B5	～にからんで[絡んで]	～に からんで	in connection with
	借り入れ金	かりいれきん	loan (of money); borrowed money; debt
	仮受金	かりうけきん	suspense receipt
	借方勘定	かりかた かんじょう	debtor account
	仮需要	かりじゅよう	credit demand; loan demand; emergency demand; speculative demand
16A2/ 16A3	仮に	かりに	suppose; if; temporarily; provisionally
	仮払金	かりばらいきん	temporary payment
	借りる	かりる	to borrow
10A6	皮切り	かわきり	beginning; start
10A6	皮切りに	かわきりに	beginning with
	為替	かわせ	exchange
	為替裁定	かわせ さいてい	arbitration of exchange
	為替差益	かわせ さえき	(foreign) exchange profit [gain]
	為替差損	かわせ さそん	(foreign) exchange loss; loss from currency fluctuation
	為替相場	かわせ そうば	foreign exchange rate
	為替手形	かわせ てがた	bill of exchange
	為替取り組み	かわせ とりくみ	negotiation of export bills
	為替予約	かわせ よやく	exchange contract
17C6	代わりに[～として]	かわりに[～として]	replacing; in place of; instead of
17C6	代わる	かわる	to take someone's place; to replace
2B5	～観	～かん	view; outlook
2B4	～感	～かん	feeling; impression
	癌	がん	cancer
4A1	考え	かんがえ	idea; intention; plan; thought
	かんきつ類	かんきつるい	citrus fruits; oranges
	環境	かんきょう	environment; circumstances
	換金する	かんきんする	to realize (one's securities, property); to convert (goods) into money; to cash
	関係	かんけい	relation; connection
	関係会社	かんけい がいしゃ	associated company; affiliated company
	歓迎する	かんげいする	to welcome; to give a favorable reception
	還元する	かんげんする	to restore (to it's original state)
	慣行	かんこう	habitual [customary, traditional] practice
	観光	かんこう	sight-seeing
	官公庁	かんこうちょう	government and public offices
	韓国	かんこく	the Republic of Korea
6C2	勧告する	かんこくする	to advise; to counsel; to recommend

	監査	かんさ	audit
	監査役	かんさやく	auditor
	閑散	かんさん	dullness; inactivity; slackness; flatness
	換算する	かんさんする	to convert; to change
	監視する	かんしする	to watch; to conduct surveillance
	幹事長	かんじちょう	chief secretary; secretary-general
	感謝する	かんしゃする	to thank; to appreciate
	環状線	かんじょうせん	loop [belt] line
	感じる	かんじる	to feel
	関心	かんしん	concern; interest
14B2	～に関する[関して]	～に かんする[かんして]	to be concerned with ～; to be related to ～
	関税	かんぜい	customs; tariff
	関税障壁	かんぜい しょうへき	tariff barrier
	完成する	かんせいする	to complete
	間接 (的)	かんせつ (てき)	indirect
	間接税	かんせつぜい	indirect consumption tax
	完全 (な)	かんぜん (な)	perfect; complete; whole; integral
	感想	かんそう	one's impressions; one's sentiments
	簡素化する	かんそかする	to simplify
4A5	観測	かんそく	observation; prospects; opinion; thinking
	歓待する	かんたいする	to give (somebody) a cordial reception
	官庁	かんちょう	government office [agency]
	観点	かんてん	point of view
	監督する	かんとくする	to supervise
	干ばつ[旱魃]	かんばつ	drought; long spell [period] of dry weather
	完備	かんび	perfection; being fully equipped
	幹部	かんぶ	leading members; managing staff
	勧誘する	かんゆうする	to invite; to induce; to solicit
	含有する	がんゆうする	to contain
	含有量	がんゆうりょう	content
	管理職	かんりしょく	administrator; the management
	管理する	かんりする	to manage; to supervise; to take charge of
	管理費	かんりひ	administrative expenses
	還流	かんりゅう	return current; back flow; reflux
	関連会社	かんれん がいしゃ	affiliate company
	関連する	かんれんする	to be connected with; to relate to
	緩和する	かんわする	to relieve; to ease; to moderate
き 13A1	～期	～き	period; term; season; quarter
	気圧	きあつ	atmospheric [air] pressure
	議案	ぎあん	bill (presented to a legislature)
	生糸	きいと	raw silk

	議員	ぎいん	member of an assembly
	機運	きうん	opportunity; chance; the time
	記憶する	きおくする	to remember; to remain in one's memory; to memorize
	気温	きおん	(atmospheric) temperature
	機会	きかい	opportunity; chance; occasion
	議会	ぎかい	assembly; national assembly
	企画	きかく	planning; plan
	規格	きかく	standard
	気軽に	きがるに	with a light heart; readily
	期間	きかん	period; term
	機関	きかん	organization; institution
	基幹産業	きかん　さんぎょう	basic [key] industries
	機関投資家	きかん　とうしか	institutional investor
	機器	きき	machinery (and tools); apparatus
	危機	きき	crisis
	企業	きぎょう	enterprise
	基金	ききん	foundation; fund
	貴金属	ききんぞく	precious metal
	効く	きく	to be effective
	器具	きぐ	appliance; apparatus; tool; utensil
	危惧	きぐ	fear; misgivings; apprehensions
	議決権	ぎけつけん	voting power [right]
	期限	きげん	time limit; deadline
	機構	きこう	organization; structure; mechanism
	起債	きさい	issue of bonds
4B2	兆し	きざし	sign; symptom; omen; indication
	記事	きじ	description; article; report
	気質	きしつ	disposition; temperament; nature; temper
	期日	きじつ	the (fixed) date; appointed date; term; due date; time limit
	期日指定定期	きじつ　してい　ていき	maturity designated time deposit
	記者会見	きしゃ　かいけん	press conference [interview]
	期首	きしゅ	beginning of a period [term]
	旗手	きしゅ	standard-bearer; color-bearer
	技術	ぎじゅつ	technology; technique
	基準	きじゅん	standard; basis; criterion
	気象	きしょう	atmospheric phenomena; weather (conditions)
	起床する	きしょうする	to get up
	奇数	きすう	odd [uneven] number
	帰省	きせい	homecoming
	犠牲	ぎせい	sacrifice

	規制する	きせいする	to control; to restrict; to regulate
	議席	ぎせき	(parliamentary) seat
	季節	きせつ	season
	基礎	きそ	foundation; basis
	規則	きそく	rule; regulations
	帰属	きぞく	possession; reversion
	既存	きそん	existing
	議題	ぎだい	subject [topic] for discussion; agenda item
6B1	期待する	きたいする	to expect; to anticipate
	帰宅する	きたくする	to come [go] home
	北朝鮮	きた ちょうせん	North Korea
	基地	きち	base
	基調	きちょう	keynote; underlying tone
	貴重（な）	きちょう（な）	precious; valuable
	きつい		strong; intense; severe; tight
	喫煙	きつえん	smoking
	規定	きてい	provision; regulation
	機動性	きどうせい	mobility
12B1	きっかけに[で]		with (something) as a start; taking advantage of
13B24	～を機に	～を きに	taking advantage of an opportunity
	記入する	きにゅうする	to write in; to fill in
	記念品	きねんひん	memento; souvenir
	機能	きのう	function
	気配	きはい[けはい]	quotes; quotation; tone; market feeling
	既発債	きはつ さい	outstanding bonds
	基盤	きばん	base; basis; foundation
	厳しい	きびしい	severe; strict
	寄付	きふ	donation; contribution
	気分	きぶん	feeling; sentiment; mood
	規模	きぼ	scale
6B2	希望する	きぼうする	to wish; to hope
	基本給	きほんきゅう	basic salary [wages, pay]
	基本的	きほんてき	basic; fundamental
	期末	きまつ	end of a period [term]
4B9	～気味	～ぎみ	a little ～; rather ～
	義務	ぎむ	duty; obligation
	義務づける	ぎむ づける	to put under an obligation
	決め付ける	きめつける	to take (a person) to task (for); to give (a person) a piece of one's mind
	決める	きめる	to decide; to determine
	疑問	ぎもん	question; doubt

	客船	きゃくせん	passenger boat [ship]
17D10	逆に	ぎゃくに	conversely; the other way round
	脚光	きゃっこう	spotlight
	逆行する	ぎゃっこうする	to move backward; to go against
18A4	脚光を浴びる	きゃっこうを　あびる	to be spotlighted
	急～	きゅう～	sudden ～; abrupt ～; urgent ～
	旧～	きゅう～	former; one time; ex- ～
	救援する	きゅうえんする	to relieve; to rescue; to help
	休暇	きゅうか	holiday; vacation
	救急車	きゅうきゅうしゃ	ambulance
	休憩	きゅうけい	rest; recess; break
	急激（な）	きゅうげき（な）	sudden; abrupt; hasty; radical; drastic
	救済する	きゅうさいする	to relieve; to help; to save
	吸収する	きゅうしゅうする	to absorb
	求職	きゅうしょく	hunt for a job; seeking employment
	救助する	きゅうじょする	to rescue; to relieve; to save; to aid
	急伸	きゅうしん	rapid increase
	求人	きゅうじん	job offer
	級数法	きゅうすうほう	series method
	急増する	きゅうぞうする	to increase suddenly
	急速（な）	きゅうそく（な）	rapid; quick; prompt
	急騰	きゅうとう	sudden rise; jump
9D4	急ピッチ	きゅう　ピッチ	quick pace
	休眠	きゅうみん	dormancy; resting
	急務	きゅうむ	urgent business
	救命	きゅうめい	lifesaving
	給与	きゅうよ	allowance; salary; wages
	急落	きゅうらく	sudden [sharp] drop [decline, fall]
	給料	きゅうりょう	pay; wages; salary
8A2	～強	～きょう	a little over [more than] ～
	脅威	きょうい	menace; threat
	境界線	きょうかいせん	boundary line; dividing line
	教育	きょういく	education
	協会	きょうかい	association; league; society
	業界	ぎょうかい	business world; the industry
	強化する	きょうかする	to strengthen
	競技場	きょうぎじょう	sports ground [field]; (sports) stadium
	協議する	きょうぎする	to confer with; to consult with
	供給する	きょうきゅうする	to supply; to provide
	恐慌	きょうこう	panic; crisis
	競合	きょうごう	competition; rivalry
	強行採決する	きょうこう　さいけつする	to force a vote (through the House of Representatives)

	強硬に	きょうこうに	strongly; firmly; stubbornly
	教材	きょうざい	teaching materials
	共産圏	きょうさん けん	the Communist bloc
	共産主義	きょうさん しゅぎ	communism
	行事	ぎょうじ	event; function
	業種	ぎょうしゅ	type of business [industry]
	行政	ぎょうせい	administration
	行政改革[行革]	ぎょうせい かいかく [ぎょうかく]	reform of the administrative structure; administrative reform
	強制する	きょうせいする	to compel; to force
	業績	ぎょうせき	business results; achievements
	競争	きょうそう	competition; race
	競争力	きょうそうりょく	competitive power
	業態	ぎょうたい	business conditions [status]
5A6	強調する	きょうちょうする	to stress; to emphasize
	協調融資	きょうちょう ゆうし	participation loan; joint financing
	共通 (の)	きょうつう (の)	common
	協定	きょうてい	agreement; convention; pact
	共同	きょうどう	cooperation; collaboration
	協同組合	きょうどう くみあい	cooperative association [society]
	競売	きょうばい	(public) auction; auction sale
	興味	きょうみ	interest; zest
	業務	ぎょうむ	business; service
	共用する	きょうようする	to have (something) for common use; to share
	供与する	きょうよする	to give
	協力する	きょうりょくする	to cooperate (with); to work together
	強力 (な)	きょうりょく (な)	strong; powerful; mighty
	共和党	きょうわとう	the Republican Party
	巨額	きょがく	huge amount
	許可する	きょかする	to permit; to approve; to admit
	漁業	ぎょぎょう	fishery; fishing industry
	極	きょく	pole; extremity; climax
	曲線	きょくせん	curved line; curve
	極端 (な)	きょくたん (な)	extreme; radical; excessive
	局面	きょくめん	situation; phase
	極力	きょくりょく	to the utmost; with all one's might
	寄与する	きよする	to contribute; to render services
	巨大 (な)	きょだい (な)	huge; gigantic; massive; enormous
	拠点	きょてん	position; base
	拒否権	きょひけん	a veto right
5B7	拒否する	きょひする	to refuse; to reject; to deny
	距離	きょり	distance; range; interval; difference

	切り上げ	きりあげ	revaluation; upward valuation
	切り替える	きりかえる	to change; to convert; to renew
13B7	ぎりぎり[ギリギリ]		the very [utmost possible] limit
9C3	切る	きる	to cut; to break off; to fall below [short]
	記録する	きろくする	to record; to register; to write down
	際立つ	きわだつ	to be prominent; to stand out
	極めて[きわめて]	きわめて	extremely; exceedingly
	禁煙	きんえん	prohibition of smoking
	金額	きんがく	amount [sum] of money
	緊急	きんきゅう	emergency; urgency
	緊急避難	きんきゅう ひなん	emergency evacuation
	金庫	きんこ	safe; vault
	均衡	きんこう	balance; equilibrium
	銀行引受手形	ぎんこう ひきうけ てがた	bank acceptance (bill)
	禁止する	きんしする	to forbid; to prohibit
	近接 (の)	きんせつ (の)	neighboring; adjacent; bordering
	金銭債権	きんせん さいけん	money claim
	金銭出納	きんせん すいとう	receipts and expenses
	金属	きんぞく	metal
	勤続	きんぞく	continuous [long] service; continuance in office
	近代化	きんだいか	modernization
	近代的 (な)	きんだいてき (な)	modern
	緊張緩和	きんちょう かんわ	relaxation of tensions; *detente*
	緊張する	きんちょうする	to become tense; to be strained
	勤務先	きんむさき	one's working place
	勤務する	きんむする	to serve; to do one's duty; to work
	金融	きんゆう	finance
	金融機関	きんゆう きかん	financial institution
	金融公庫	きんゆう こうこ	finance corporation
	金融債	きんゆうさい	bank debenture
	金融操作	きんゆう そうさ	monetary operation
	金融手形	きんゆう てがた	bill; note for finance
	金利	きんり	interest
	金利差	きんりさ	interest rate discrepancy [spread]
	金利裁定取引	きんり さいてい とりひき	interest arbitrage transaction
	近隣 (の)	きんりん (の)	neighboring; nearby
	勤労者	きんろうしゃ	worker; laborer
く	具合	ぐあい	condition; state
	区域	くいき	district; zone
18B8	食い込む	くいこむ	to eat into; to make inroads into
5B11	食い違い	くいちがい	difference; divergence; inconsistency

18B9	食い止める	くいとめる	to check; to hold back; to prevent; to curb
	空間	くうかん	space
	空港	くうこう	airport
	空軍	くうぐん	air force
	空前	くうぜん	unprecedented; record-making; epoch-making
	空中	くうちゅう	the air; the sky; space
	偶発債務	ぐうはつ　さいむ	contingent [accidental] liability
2C4	クギ[釘]	くぎ	nail
2C4	クギをさす[釘を刺す]	くぎを　さす	to remind; to give a warning
	駆使する	くしする	to use freely
	崩す	くずす	to destroy; to demolish; to pull down; to break; to put into disorder; to cut back
	くすぶる		to remain obscure
	崩れる	くずれる	to crumble; to collapse
	具体的	ぐたいてき	concrete
	口火	くちび	fuse; spark plug
18A5	口火を切る	くちびを　きる	to make a start; to touch off; to trigger
	覆す	くつがえす	to overturn; to overthrow; to overrule
	首切り	くびきり	decapitation; discharge; firing
	区分	くぶん	division; classification
	区別する	くべつする	to distinguish
	組合	くみあい	association; society; union
	組み合わせる	くみあわせる	to combine; to assort; to match
	組み立てる	くみたてる	to fabricate; to assemble; to fix up
18A6	雲行きになる	くもゆきに　なる	the weather (situation, condition) is getting ~
14B19	~くらい		about ~; almost ~; some ~; only ~
11B1	比べる	くらべる	to compare (with); to contrast
	繰り返す	くりかえす	to repeat
	繰延資産	くりのべ　しさん	deferred assets
	苦しむ	くるしむ	to suffer; to feel pain
2C5	クロ[黒]	くろ	guilty
	黒字	くろじ	balance [figure] in the black
17A11	~に加えて (て)	~に　くわえ (て)	in addition to ~; besides ~
	加える	くわえる	to add; to include; to increase
	くわしい		detailed; full; precise
	~にくわしい	~に　くわしい	to know well; to bo familiar with
	加わる	くわわる	to be added; to join; to participate in
	~群	~ぐん	a group of ~; crowd of ~; a flock of ~
	軍国主義	ぐんこく　しゅぎ	militarism
	軍事	ぐんじ	military affairs

軍縮[軍備縮小]	ぐんしゅく[ぐんび しゅくしょう]	disarmament; arms cut [reduction]
軍人	ぐんじん	soldier; military [army] man
軍備	ぐんび	military [warlike] preparations
軍用機	ぐんようき	warplane; military plane
訓練	くんれん	training
経緯	けいい	details; particulars; circumstances
経営参加	けいえい さんか	participation in management
経営する	けいえいする	to manage
経営難	けいえいなん	financial difficulty
経過	けいか	course; development; progress
警戒する	けいかいする	to be cautious; to exercise caution
計画する	けいかくする	to plan
景気	けいき	business conditions
契機	けいき	opportunity
経験	けいけん	experience
傾向	けいこう	tendency; trend
軽工業	けい こうぎょう	light industry
警告する	けいこくする	to warn
経済活動	けいざい かつどう	economic activity
経済企画庁	けいざい きかくちょう	the Economic Planning Agency
経済成長	けいざい せいちょう	economic growth
警察	けいさつ	police; police force
計算する	けいさんする	to calculate; to count
形式	けいしき	form; formality
経常収支	けいじょう しゅうし	current account balance
経常利益	けいじょう りえき	recurring profit
継続する	けいぞくする	to continue; to maintain; to go on
計測器	けいそくき	measuring instrument [machine]
形態	けいたい	form; style; shape
系統	けいとう	system; descent
芸能人	げいのうじん	artist; public entertainer
経費	けいひ	expense(s); cost(s)
警備	けいび	defense; guard
景品	けいひん	premium; gift
契約する	けいやくする	to make a contract
軽油	けいゆ	light oil
経理	けいり	accounting
経理士	けいりし	public accountant; registered accountant
系列	けいれつ	system; order of descent; series
系列会社	けいれつ がいしゃ	affiliated company; related company
激化する	げきかする	to intensify
激増する	げきぞうする	to increase sharply
激変	げきへん	sudden [violent] change; upheaval

	下旬	げじゅん	the last [closing] ten days (of a month)
	化粧品	けしょうひん	cosmetics; toilet articles
	削る	けずる	to cut down, to reduce
	～ケタ[桁]	～ケタ[けた]	a number of ～ figures
	決意する	けついする	to determine; to make up one's mind
	結果	けっか	result
12A9	～結果	～けっか	with the result that ～
	欠陥	けっかん	defect; fault; shortcoming
	決議	けつぎ	resolution; decision; vote
	結局	けっきょく	after all; finally
	決済	けっさい	payment; settlement; liquidation
	決算	けっさん	settlement of accounts; closing accounts
	決算期	けっさんき	settlement term; accounting period
	結集する	けっしゅうする	to concentrate; to collect in a mass
	結晶	けっしょう	crystal; the fruit; outcome
	結成する	けっせいする	to form; to organize
	欠席する	けっせきする	to be absent; to default
	決断力	けつだんりょく	decision; firmness in deciding
	決着する	けっちゃくする	to be settled; to come to a conclusion
	決定する	けっていする	to decide; to determine
	決定的 (な)	けっていてき (な)	definite; final; decisive
	欠点	けってん	defect; weak point; drawback
	決裂する	けつれつする	to break down; to be broken off
	結論	けつろん	conclusion
4A6	懸念する	けねんする	to fear; to be anxious; to be concerned
4B1	気配	けはい[きはい]	sign; mood; indication; sense; tone
8B6	下落 (する)	げらく (する)	(to) fall; (to) drop; (to) decline
	～をける	～を ける	to kick (at); to reject; to turn down
	圏	けん	sphere; circle; range; radius; zone
	件	けん	matter; affair; case; subject
	現～	げん～	present; existing; actual
8B1	～減	～げん	decrease; reduction
	～源	～げん	source of ～
	原案	げんあん	original bill [draft]; original plan
12A1	原因	げんいん	cause; factor
	兼営業務	けんえい ぎょうむ	multiple businesses
	兼営する	けんえいする	to operate in addition to some other business; to combine businesses
	減益	げんえき	decrease of profit
	原価	げんか	prime cost
	見解	けんかい	opinion; view
9C11	限界	げんかい	limit; limitation; margin
	原価計算	げんか けいさん	cost accounting; costing

原価主義	げんか しゅぎ	cost principle
原価償却	げんか しょうきゃく	depreciation
研究	けんきゅう	study; research
現金	げんきん	cash
健康	けんこう	health
現行（の）	げんこう（の）	in operation; present; current
原稿	げんこう	manuscript; draft
原稿用紙	げんこう ようし	manuscript paper; writing pad
原告	げんこく	prosecutor; plaintiff; accuser
13B9 現在	げんざい	present; presently; now; as of
顕在化する	けんざいかする	to be actualized
原材料	げんざいりょう	materials
現先取引	げんさき とりひき	repurchase agreement [transaction]
検査する	けんさする	to inspect; to examine; to check; to test
減産	げんさん	decrease in production [output]
減資	げんし	capital reduction
現実	げんじつ	reality
研修	けんしゅう	study and training
現象	げんしょう	phenomenon
現状	げんじょう	present condition [position, situation]
8B1 減少する	げんしょうする	to decrease; to be reduced
現職	げんしょく	the present post [office]
原子力	げんしりょく	atomic energy; nuclear power
原子炉	げんしろ	nuclear reactor
検診	けんしん	medical examination; health screening
件数	けんすう	the number of cases [items]
減税	げんぜい	tax reduction
けん制[牽制]する	けんせいする	to check; to hold in check; to restrain
建設	けんせつ	construction
建設仮勘定	けんせつ かりかんじょう	construction in progress
建設省	けんせつしょう	the Ministry of Construction
源泉	げんせん	source; fountainhead
健全性	けんぜんせい	healthiness; soundness
源泉徴収	げんせん ちょうしゅう	taxation at source
幻想	げんそう	fantasy; illusion; dream
減速	げんそく	reducing the speed; slowdown
原則	げんそく	principle
現代	げんだい	present age [day]; modern times
現地	げんち	on the spot; locality
建築する	けんちくする	to build; to construct
現地法人	げんち ほうじん	local affiliated firm (overseas)
顕著（な）	けんちょ（な）	noticeable; conspicuous; remarkable
堅調（な）	けんちょう（な）	hard; steady

14B12	限定する	げんていする	to limit; to define
	限度	げんど	limit; bound
	検討する	けんとうする	to examine; to discuss
	検討中	けんとうちゅう	under investigation [examination]
	原動力	げんどうりょく	motive power [force]; driving [moving] force
	現場	げんば	(actual) spot; scene; the scene of labor; job site; construction field
	原発[原子力発電]	げんぱつ[げんしりょく　はつでん]	atomic power generation
	現物	げんぶつ	spot goods; spots; actuals
	憲法	けんぽう	constitution
	言明する	げんめいする	to declare; to affirm; to assert
	原油	げんゆ	crude oil
	権利	けんり	right; claim
	原料	げんりょう	raw [rough, crude] material; materials
	権力	けんりょく	power; authority
	言論	げんろん	speech; discussion
	言論の自由	げんろんの　じゆう	freedom of speech
こ 13A3	～後	～ご	after ～
	高圧線	こうあつせん	high-tension wire [line]
	行為	こうい	act; action; behavior; doing
5B2	合意	ごうい	mutual agreement
	後遺症	こういしょう	after-effect
	降雨	こうう	rainfall; rain
	幸運（な）	こううん（な）	fortunate; lucky; happy
	公営	こうえい	public management
	公益	こうえき	public interest
	後援する	こうえんする	to support; to back up; to sponsor
	効果	こうか	effect; effectiveness
	硬貨	こうか	hard currency [cash]; coin
	高価（な）	こうか（な）	expensive; high-priced
	高架	こうか	overhead; high-level; elevated
	豪華（な）	ごうか（な）	splendid; gorgeous; most luxurious
	公害	こうがい	pollution; public nuisance
	郊外	こうがい	suburbs; environs; outskirts
	公開市場	こうかい　しじょう	open market
	公開する	こうかいする	to open to the public
	高額	こうがく	a large sum [amount]
	工学	こうがく	engineering
	光学器械	こうがく　きかい	optical instrument
	硬化する	こうかする	to stiffen; to harden
	高官	こうかん	high ranking official
	交換器	こうかんき	switchboard

	抗癌剤	こうがんざい	anti-cancer drug
	交換する	こうかんする	to exchange
	恒久的 (な)	こうきゅうてき (な)	lasting; permanent
	好況	こうきょう	good business conditions
	工業	こうぎょう	(manufacturing) industry
	鉱業	こうぎょう	mining industry
	興業銀行[興銀]	こうぎょう ぎんこう[こうぎん]	industrial bank
	公共団体	こうきょう だんたい	public body
	公共料金	こうきょう りょうきん	public utilities charge
	航空	こうくう	aviation; flight
	航空機	こうくうき	airplane
	合計	ごうけい	total amount
	攻撃する	こうげきする	to attack
	貢献する	こうけんする	to make a contribution to
	公庫	こうこ	finance corporation; loan corporation
	広告	こうこく	advertisement
	口座	こうざ	account
	公債	こうさい	public bond; public loan
	交際費	こうさいひ	social [entertainment] expenses
	工作機械	こうさく きかい	machine tool
	口座振替	こうざ ふりかえ	transfer (to another's account)
1D4	公算	こうさん	probability; likelihood
	工事	こうじ	construction (work)
	公式 (の)	こうしき (の)	formal; official
	公示する	こうじする	to make a public announcement
17E1	こうした		such
	公社	こうしゃ	public corporation
	後者	こうしゃ	the latter
	降車口	こうしゃぐち	gateway for arriving train [bus] passengers
	公社債	こうしゃさい	public corporate bonds and debentures
	豪州	ごうしゅう	Australia
	控除	こうじょ	deduction; subtraction
	交渉する	こうしょうする	to negotiate
8A7	向上する	こうじょうする	to improve; to advance; to progress
	更新する	こうしんする	to renew
	構図	こうず	composition; plot
	洪水	こうずい	flood; inundation
	攻勢	こうせい	offensive; aggressive
	公正 (な)	こうせい (な)	fair; impartial
	合成	ごうせい	composition; synthesis
	構成する	こうせいする	to compose; to constitute; to form
	構想	こうそう	conception; idea; plot; plan

高層	こうそう	high-rise
構造	こうぞう	structure
構造不況	こうぞう ふきょう	structural depression
高速道路	こうそく どうろ	express highway
拘束力	こうそくりょく	binding force
高卒者	こうそつしゃ	senior high-school graduate
交代[替]する	こうたいする	to take turns; to alternate
後退する	こうたいする	to retreat; to lose ground
公団	こうだん	public corporation
構築	こうちく	construction
好調（な）	こうちょう（な）	favorable; be in good condition
公聴会	こうちょうかい	public hearing
交通	こうつう	traffic; transportation
工程	こうてい	manufacturing process
校庭	こうてい	schoolyard; school [college] grounds
公定歩合	こうてい ぶあい	official discount rate
好転する	こうてんする	to take a favorable turn
8A8 高騰する	こうとうする	to soar; to skyrocket
行動半径	こうどう はんけい	scope of action
行動をとる	こうどうを とる	to act; to take action
高度成長	こうど せいちょう	high growth
構内	こうない	precinct; grounds; yard
購入する	こうにゅうする	to purchase
公認（の）	こうにん（の）	authorized; officially approved [recognized]
公認会計士	こうにん かいけいし	certified public accountant
購買	こうばい	purchase; buying
13A4 後半	こうはん	the latter half; the second half
広範囲	こうはんい	wide scope; vast range
公表する	こうひょうする	to announce (officially, publicly); to make public; to publish
高品位テレビ	こうひんい テレビ	high-definition television
好物	こうぶつ	favorite dish [food]
合弁会社	ごうべん がいしゃ	joint venture company
候補（者）	こうほ（しゃ）	candidate
公募	こうぼ	public offer; public placement
攻防	こうぼう	offense and defense
公約	こうやく	(public) pledge [promise]
交友関係	こうゆう かんけい	one's company; one's associates
小売り	こうり	retail
合理化	ごうりか	rationalization
公立	こうりつ	public institution
効率	こうりつ	efficiency; utility factor

	交流	こうりゅう	interchange; exchange
	綱領	こうりょう	general plan; general [main] principles; essential points
	考慮する	こうりょする	to consider; to think
	高齢化	こうれいか	aging
	高齢者	こうれいしゃ	the aged; aged person
	口論する	こうろんする	to quarrel; to dispute; to get into an argument
	港湾	こうわん	harbor
4A7	声	こえ	voice; opinion
9C4	〜を超える	〜をこえる	to rise above; to exceed; to be more than
	呼応する	こおうする	to act in concert; to respond to
	誤解	ごかい	misunderstanding
	子会社	こがいしゃ	subsidiary (company); affiliated company
18B11	こぎつける		to manage with great difficulty
	小切手	こぎって	cheque; check
	顧客	こきゃく	customer; client; patron
	故郷	こきょう	one's hometown
	国債	こくさい	government bond; national bond
	国際	こくさい	international
	国際化	こくさいか	internationalization
	国際収支	こくさい しゅうし	balance of (international) payments
	国際通貨基金	こくさい つうか ききん	the International Monetary Fund[IMF]
	国税庁	こくぜいちょう	the National Tax Administration Agency
	国勢調査	こくせい ちょうさ	census; census taking
	小口	こぐち	small lots
	国土庁	こくどちょう	the National Land Agency
	国内 (の)	こくない (の)	internal; domestic
	極秘	ごくひ	strict secrecy; top secret
	国法	こくほう	national law
	国防	こくぼう	national defense; defense of a country
	国民	こくみん	the people; the nation
	国民総生産	こくみん そうせいさん	GNP (gross national product)
	穀物	こくもつ	cereals; grain; corn
	国連[国際連合]	こくれん[こくさい れんごう]	the United Nations [the U.N., UN]
	国連安全保障理事会 [国連安保理]	こくれん あんぜんほしょう りじかい [こくれん あんぽり]	the United Nations Security Council
13B20	ここにきて	ここに きて	at this point
	ココム	COCOM	Coordinating Committee for Export to Communist Areas
	心掛ける	こころがける	to intend; to keep (something) in mind
18B3	腰くだけ	こしくだけ	weakening; giving way
	後日	ごじつ	future; another day
	個人	こじん	an individual

	個人客	こじんきゃく	private customer
	固体	こたい	solid (body); solid matter
	古代	こだい	ancient [old] times
	国会	こっかい	national assembly; the Diet
	国会議員	こっかい　ぎいん	member of the Diet
14A2	骨格	こっかく	framework; outline
	国境	こっきょう	national boundary [border]
14A3	骨子	こっし	essential part; main point(s)
	固定	こてい	fixing
	固定金利	こてい　きんり	fixed rate of interest
	固定資産	こてい　しさん	fixed assets
	固定負債	こてい　ふさい	fixed liabilities
	後手になる[回る]	ごてに　なる[まわる]	to be forestalled; to be outmaneuvered
13B16	～ごと（に）		every ～; each ～
	事柄	ことがら	matter; affair
12A4	～ことで		due to the fact that
	異る	ことなる	to differ; to be different
13B10	このところ	この　ところ	at present; lately; now
6B3	好ましい	このましい	desirable; preferred; pleasant; pleasing
	好み	このみ	taste; liking
	後場	ごば	afternoon session
9B2	小幅	こはば	narrow range; narrow limit
	個別	こべつ	individual; particular
	細かい	こまかい	small; minute; detailed; close; strict
	固有業務	こゆう　ぎょうむ	original (own) business
	雇用	こよう	employment
	雇用者	こようしゃ	employer
	孤立する	こりつする	to be isolated; to stand alone [isolated]
	五輪（大会）	ごりん（たいかい）	the Olympic Games
13A11	これまで		until now
13A11	これまでのところ	これまでの　ところ	so far
	根拠	こんきょ	basis; base; ground; foundation
	根拠法	こんきょほう	authorized [basic] law
	今後	こんご	after this; from this time on; in the future
	困難	こんなん	difficulty; hurdle; trouble
	混迷する	こんめいする	to be bewildered; to be confused
	混乱	こんらん	confusion; chaos
さ 11B8	差	さ	difference
	座	ざ	seat; position; status
	最～	さい～	the most ～; the maximun ～
2A4	再～	さい～	re-～

13B22	際 (に)	さい (に)	when; at the time; on the occasion of
	差異	さい	difference; distinction
	再開	さいかい	reopening; resumption
	災害	さいがい	calamity; disaster; accident
	財界	ざいかい	financial world; business circles
	最近	さいきん	recently
	財形貯蓄	ざいけい ちょちく	workers property accumulation savings
	債権	さいけん	credit; claim; obligatory right
	債券	さいけん	(loan) bond; debenture
	再建	さいけん	reconstruction; rebuilding
	財源	ざいげん	source of revenue; financial resources
	最後	さいご	the last; the end
	在庫	ざいこ	stock; stockpile
	最高	さいこう	the highest; supreme
	再構築	さい こうちく	restructuring
13B7	最後に	さいごに	eventually
	採算	さいさん	(commercial) profit
	財産	ざいさん	estate; fortune; means; property
18A7	採算がとれる[合う]	さいさんが とれる[あう]	to be profitable; to pay
	採算割れ	さいさん われ	below (prime) cost; not on a paying basis
	最終 (の)	さいしゅう (の)	last; final; terminal; closing; ultimate
	最終消費財	さいしゅう しょうひざい	final consumption goods
13B7	最終的 (に)	さいしゅうてき (に)	lastly
	最初	さいしょ	the first; the outset; the beginning
9C11	最小限	さいしょうげん	the minimum
	歳出	さいしゅつ	annual expenditure
	財政	ざいせい	public finance; finances; financial affairs
	採択する	さいたくする	to adopt; to select
	財団	ざいだん	foundation
	最低	さいてい	the lowest
	裁定	さいてい	arbitration; decision
	最適 (な・の)	さいてき (な・の)	optimum
	財テク	ざい テク	financial technique [technology]
	歳入	さいにゅう	revenue; annual income
	再発	さいはつ	relapse; recurrence
	財閥	ざいばつ	*zaibatsu*; financial combine [group, conglomerate]
	裁判	さいばん	trial; hearing; justice
	細分化する	さいぶんかする	to subdivide
	歳末	さいまつ	the end of the year
	債務	さいむ	debt; liabilities; obligation
	財務	ざいむ	financial affairs

	財務状況	ざいむ じょうきょう	financial positoin
	財務諸表	ざいむ しょひょう	financial statements
	財務比率	ざいむ ひりつ	financial ratio
	財務力	ざいむりょく	financial power
	細目	さいもく	details; particulars; (specified) items
	採用する	さいようする	to adopt; to employ
	材料	ざいりょう	material; matter; stuff; factor; element
	差益	さえき	marginal profit; margin
	さえない		not bright; dull
	差額	さがく	difference; balance; margin
	探す	さがす	to seek for; to look for; to search
8B5	下がる	さがる	to go down
	さかん（な）		prosperous; thriving; energetic; active
	先入れ先出し法	さきいれ さきだしほう	first-in first-out method
13B18	先がけて	さきがけて	ahead of; prior to
	先高	さきだか	higher quotations for future months
13B18	先立ち［先立って］	さきだち［さきだって］	in advance; previously
	先取りする	さきどりする	to take [receive] in advance; to anticipate
13B18	先に	さきに	before; previously
	先物	さきもの	futures
	先物買い	さきものがい	purchase of futures; forward buying
	先物取引	さきもの とりひき	futures [forward] transaction
	先安	さきやす	lower quotations for future months
	先行き	さきゆき	the future; future prospect
	作業	さぎょう	work; operation
2B7	～策	～さく	policy; step; measure; plan; scheme
	削減する	さくげんする	to reduce; to cut (down)
	作者	さくしゃ	author; writer
	作成する	さくせいする	to draw up; to make (a document)
	作戦	さくせん	tactics; maneuvers; strategy
	策定する	さくていする	to work out a strategic plan
	作品	さくひん	a piece of work
	探る	さぐる	to search; to attempt to find out by indirect means
8B5	下げ	さげ	lowering
8B5	下げ足	さげあし	downward trend [tendency]
	叫ぶ	さけぶ	to shout; to cry out; to scream
	避ける	さける	to avoid; to avert; to keep out of; to keep away from
8B5	下げる	さげる	to lower
	鎖国	さこく	closing the country; (national) isolation
	支える	ささえる	to support

	査察	ささつ	inspection; investigation
	差し引く	さしひく	to deduct; to subtract
	指す	さす	to indicate; to point out
	差損	さそん	loss from the difference of quotations
	定める	さだめる	to decide; to set; to settle; to establish
	雑貨（品）	ざっか（ひん）	miscellaneous [sundry] goods
13B2	早急（な）	さっきゅう[そうきゅう]（な）	urgent; pressing
	早急に	さっきゅう[そうきゅう]に	promptly; immediately; without delay
	刷新する	さっしんする	to reform; to renovate; to clean up
	雑談	ざつだん	idle [small] talk
	雑用	ざつよう	miscellaneous affairs
	茶道	さどう	tea ceremony
	左派	さは	the Left
	さばく		to sell; to find a market (for goods); to handle
	差別する	さべつする	to differentiate; to discriminate
	さまざま[様々]（な）		various; varied
18B7	左右する	さゆうする	to influence; to control
	左翼	さよく	the left wing; a left-winger
9B7/ 17A1	さらに		anew; again; furthermore; further; more; still more; not in the least
5D1	～ざるを得ない	～ざるを えない	cannot help～ing; be obliged to do ～
	残	ざん	remainder; what is left
	参加する	さんかする	to participate; to take part in
	参画する	さんかくする	to join [to participate] in planning; to have a share (in planning)
	酸化物	さんかぶつ	oxide (compound)
	参議院[参院]	さんぎいん[さんいん]	House of Councillors; Upper House
	産業	さんぎょう	industry
	残業	ざんぎょう	overtime [extra] work
	参考文献	さんこう ぶんけん	literature referred to; bibliography
	産出する	さんしゅつする	to produce; to yield; to output
	算出する	さんしゅつする	to compute; to calculate
	酸性雨	さんせいう	acid rain
5B1	賛成する	さんせいする	to approve; to agree
	賛成投票	さんせい とうひょう	vote for [in favor of] (a bill)
	山積する	さんせきする	to pile up; to accumulate
	残高	ざんだか	remainder; balance
	算定する	さんていする	to compute; to calculate; to estimate
	暫定的（な）	ざんていてき（な）	provisional; temporary
	参入	さんにゅう	entry
	散発的（に）	さんぱつてき（に）	sporadically
	産油国	さんゆこく	oil producing nation [country]

	産油量	さんゆりょう	output of oil
し 13B8	～時	～じ	at the time of ～
	試案	しあん	tentative plan; draft
	私案	しあん	one's private plan
	仕入れ	しいれ	purchase; stocking
	私営	しえい	private operation [management]
	自衛	じえい	self-defense
	自衛隊	じえいたい	the Self-Defense Forces (of Japan)
	私益	しえき	one's own profit [interests, benefit]
	支援する	しえんする	to support; to back up
	時価	じか	current price; market price [value]
	紫外線	しがいせん	ultraviolet rays
	仕掛り品	しかかりひん	work in process
	資格	しかく	qualification
	仕掛ける	しかける	to start; to set about
17D3	しかし		but
	地金	じがね	metal; ore; ground metal; bullion
17B7	しかも		what is more; moreover; furthermore; and yet; nevertheless
	時期	じき	time; season; period
	式典	しきてん	ceremony
	識別する	しきべつする	to distinguish; to identify
	直物市場	じきもの しじょう	spot market
	支給する	しきゅうする	to provide [supply] (a person with a thing)
	自給する	じきゅうする	to support oneself; to provide for oneself
	市況	しきょう	market condition; tone of the market
	事業	じぎょう	business; enterprise; undertaking
	事業主	じぎょうぬし	owner of an enterprise; employer
	資金	しきん	funds; money
	資金運用	しきん うんよう	application of funds
	資金繰り	しきん ぐり	cash flow; fund position
	資金源	しきんげん	source of funds
	資金調達	しきん ちょうたつ	raising of funds
14A5	軸	じく	axis; pivot; main point
	仕組み	しくみ	setup; structure; mechanism
	刺激する	しげきする	to stimulate; to incite; to stir (up)
	私権	しけん	private right
	資源	しげん	resources
	事件	じけん	event; occurrence; incident
	事故	じこ	accident; incident
	志向	しこう	intention; inclination; aim
	指向	しこう	point; direction

	事項	じこう	matters; facts; articles; items
	施行する	しこうする	to put into operation; to enforce
	自己資本	じこ しほん	owned capital; net worth; equity capital
	自己資本比率	じこ しほん ひりつ	ratio of net worth to total liabilities; net worth ratio
	自己紹介	じこ しょうかい	self-introduction
	時差	じさ	time differential; time lag
	資財	しざい	property; fortune; means
	施策	しさく	measure; policy; enforcement of a policy
	示唆する	しさする	to suggest; to hint
	資産	しさん	assets; property; means
	試算	しさん	estimate; trial balance
	支持する	しじする	to support; to back up
	指示する	しじする	to point out; to indicate; to instruct
	事実	じじつ	fact; truth
	事実上	じじつじょう	actually; virtually
	自主規制	じしゅ きせい	voluntary restriction
	自粛	じしゅく	self-discipline [control]
	支出	ししゅつ	expenditure
	支障	ししょう	hindrance; obstacle; difficulty
	市場	しじょう	market
	史上 (で・に)	しじょう (で・に)	in history
	事情	じじょう	circumstances; conditions; reasons
	市場性	しじょうせい	marketability
	市場占有率	しじょう せんゆうりつ	market share
	試食する	ししょくする	to foretaste; to try
	自信	じしん	self-confidence; assurance
	地震	じしん	earthquake
	自身	じしん	(one's) self; itself
	指数	しすう	index (number); exponent
	辞する	じする	to excuse oneself (from); to leave
4B7	姿勢	しせい	posture; pose; stance; attitude
	自責	じせき	self-reproach [-accusation]
	施設	しせつ	facilities; institution; establishment
	自然に	しぜんに	naturally
	事前に	じぜんに	in advance
	自然保護	しぜん ほご	conservation of natural environment
	持続する	じぞくする	to maintain; to keep up; to continue
12B8/ 13B13	～次第	～しだい	as soon as; depend on; according to;
	事態	じたい	situation; state of affairs
	下請け	したうけ	subcontract
17A21	～に従い	～に したがい	in accordance with; as ～

従う	したがう		to follow
従って	したがって		consequently; therefore
下支え	したざさえ		support
下値	したね		lower price
下町	したまち		the traditional shopping and entertainment districts (of a city, particularly Tokyo); downtown; geographically low lying
下回る	したまわる		to be below; to be less than
質	しつ		quality
しっかり			firm; steady
失業者	しつぎょうしゃ		unemployed person
失業率	しつぎょうりつ		unemployment rate
実現する	じつげんする		to realize; to actualize
実験する	じっけんする		to experiment; to test
執行委員	しっこう いいん		a member of the executive committee
実行する	じっこうする		to practice; to put in [into] practice
実際	じっさい		reality; truth; an actual condition
実施する	じっしする		to enforce; to carry into effect
実質賃金	じっしつ ちんぎん		real wage
実習する	じっしゅうする		to have training; to practice
実情	じつじょう		actual circumstances
実績	じっせき		actual result; accomplishment
実態	じったい		substance; reality
失敗	しっぱい		failure
失望する	しつぼうする		to be disappointed; to lose (one's) hope
実用化する	じつようかする		to put (a thing) to practical use
12B12	~として	~と して	as~; regarding as~ «cf. 14B7»
5A5	~としている	~と している	they state that ~
	仕手株	してかぶ	speculative stocks [leaders]
	私的 (な)	してき (な)	private; personal
	指摘する	してきする	to point out; to indicate
13B8	時点	じてん	a point of time
	使途	しと	how (money) is spent
	自動	じどう	automatic action [movement, operation]
	指導者	しどうしゃ	leader
	始動する	しどうする	to start
	自動的に	じどうてきに	automatically
	品薄	しなうす	shortage of goods [stock, supply]
	品ぞろえ	しなぞろえ	assembling; assortment
	品不足	しなぶそく	shortage [undersupply] of goods
	至難のわざ	しなんの わざ	a task of extreme difficulty
	辞任する	じにんする	to resign

18A8	しのぎを削る	しのぎを けずる	to compete fiercely
	支配的	しはいてき	dominant; prevailing
	しばしば		often; many times; frequently; repeatedly
	支払承諾	しはらい しょうだく	acceptance and guarantee; bank's liabilities in account of guarantees
	支払い手形	しはらい てがた	bills payable
	支払う	しはらう	to pay
13A8	しばらくは		for quite some time
	四半期	しはんき	quarter (of a year)
	指標	しひょう	index
	紙幣	しへい	paper money; bank note
	私募債	しぼさい	bonds offered through private placement
	～に絞り込む	～に しぼりこむ	to squeeze into ～
	絞る	しぼる	to squeeze; to close tight; to narrow down
	資本	しほん	capital; funds; stockholder's equity
	資本回転率	しほん かいてんりつ	turnover of capital
	資本金	しほんきん	capital; capital stock
	資本集約的[型]産業	しほん しゅうやくてき[がた] さんぎょう	capital-intensive industry
	市民	しみん	citizen
	自民党[自由民主党]	じみんとう[じゆう みんしゅ とう]	Liberal Democratic Party
	締め切り	しめきり	closing; close; deadline
	示す	しめす	to show; to point; to indicate
	締め出す	しめだす	to shut the door on [to] a person; to shut [bar, freeze] out
	締める	しめる	to tighten; to fasten
	～を占める	～を しめる	to hold; to occupy
	下(半)期	しも (はん)き	the second half year
	下四半期	しもしはんき	the last quarter of the year
	指紋	しもん	fingerprint
	諮問機関	しもん きかん	advisory organization
	諮問する	しもんする	to inquire into; to put a question
	社会	しゃかい	society
	社会(共通)資本	しゃかい (きょうつう) しほん	infrastructure; social overhead capital
	社会主義	しゃかい しゅぎ	socialism
	社会党	しゃかい とう	Socialist Party
	社会福祉	しゃかい ふくし	social welfare
8B2	～弱	～じゃく	a little less than ～
	弱点	じゃくてん	weak point; drawback
5A7	釈明する	しゃくめいする	to explain oneself; to vindicate oneself
	借用証書	しゃくよう しょうしょ	loan bond; certificate of loan
	車庫	しゃこ	garage (for car)

	社債	しゃさい	(company) bond; debenture
	借款	しゃっかん	loan
	若干	じゃっかん	some; a few; a little
	借金	しゃっきん	debt; loan
	車輛[車両]	しゃりょう	vehicle; car
	種（類）	しゅ（るい）	a sort; a kind; a type; a category
10A3	首位	しゅい	the first place; the foremost position
12A1	主因	しゅいん	main factor; primary cause
	週明け	しゅうあけ	the end of [after] the weekend
	収益	しゅうえき	earnings; profits
	自由化	じゆうか	liberalization
	集会	しゅうかい	gathering; assembly; congregation
	自由（な）	じゆう（な）	liberal; free
	自由主義	じゆう　しゅぎ	liberalism
	収穫	しゅうかく	harvest; crop; yield
	習慣	しゅうかん	habit; custom; practice
	衆議院[衆院]	しゅうぎいん[しゅういん]	House of Representatives; Lower House
	週休二日	しゅうきゅう　ふつか	five-day (working) week (two days off)
	従業員	じゅうぎょういん	employee; worker
	就業規則	しゅうぎょう　きそく	office [shop] regulation
	集金する	しゅうきんする	to collect money [bills]
	終結する	しゅうけつする	to be concluded; to come [to be brought] to a close
	就航	しゅうこう	launching a service (sea or air)
	重工業	じゅうこうぎょう	heavy industry
	集合する	しゅうごうする	to gather; to meet; to congregate
	重厚長大	じゅうこう　ちょうだい	heavy and huge
	収支	しゅうし	income and expenditure
	修士課程	しゅうし　かてい	master's course
	重視する	じゅうしする	to take a serious view of; to attach importance to
	充実する	じゅうじつする	to enrich; to make finer (quality)
	収縮する	しゅうしゅくする	to shrink; to contract
	就職する	しゅうしょくする	to find employment; to get a job
	終身雇用	しゅうしん　こよう	lifetime employment
	修正する	しゅうせいする	to amend; to revise; to modify; to correct
	充足	じゅうそく	sufficiency
	渋滞	じゅうたい	delay; retard; retardation
	住宅	じゅうたく	house; dwelling
	住宅金融公庫	じゅうたく　きんゆう　こうこ	the Housing Loan Corporation
	集団	しゅうだん	group; mass
18B5	周知の通り	しゅうちの　とおり	as is generally known

	集中豪雨	しゅうちゅう ごうう	localized torrential downpour
	集中する	しゅうちゅうする	to concentrate (on, in); to focus (upon)
	重電機［器］	じゅうでんき	heavy electric apparatus [equipment]
	重点を置く	じゅうてんを おく	to place emphasis on
	習得する	しゅうとくする	to learn; to acquire
	柔軟 (な)	じゅうなん(な)	soft; flexible; elastic
	収入	しゅうにゅう	income; revenue
	就任	しゅうにん	assumption of office; inauguration
	～周年	～しゅうねん	[～th] anniversary
	修復する	しゅうふくする	to repair; to restore
	重複する	じゅうふくする	to overlap; to be repeated
	周辺	しゅうへん	circumference; environs; outskirts
	週末	しゅうまつ	weekend
	住民	じゅうみん	inhabitant; resident; dweller
	重役	じゅうやく	(company) director; board of directors
	集約的 (な)	しゅうやくてき (な)	intensive
	集約投資	しゅうやく とうし	intensive investment
	重要 (な)	じゅうよう (な)	important; essential; principal
13A11	従来	じゅうらい	up to now; conventionally
	収賄	しゅうわい	acceptance of a bribe
	受益者	じゅえきしゃ	beneficiary
	主幹事	しゅかんじ	managing underwriter
	主義	しゅぎ	principle; ～ism
	需給関係	じゅきゅう かんけい	relation of supply and demand
8B3	縮小する	しゅくしょうする	to reduce ; to cut down
	主権	しゅけん	sovereignty; sovereign power
	受験	じゅけん	undergoing an examination
	主旨	しゅし	meaning; point; gist
	樹脂	じゅし	resin
	種々 (の)	しゅじゅ (の)	various; all sorts of
	手術	しゅじゅつ	(surgical) operation
	首相	しゅしょう	prime minister; premier; chancellor
	受信する	じゅしんする	to receive a message; to receive
	主題	しゅだい	subject (matter); theme
	受託銀行	じゅたく ぎんこう	trustee bank
	受託する	じゅたくする	to be entrusted with; to be given in trust
	受諾する	じゅだくする	to accept (an offer); to agree to (the conditions)
	手段	しゅだん	means; measure
	受注する	じゅちゅうする	to receive [accept] an order
5A6	主張する	しゅちょうする	to insist on; to assert; to maintain
	出荷する	しゅっかする	to forward; to ship; to consign

	出勤する	しゅっきんする	to attend one's office; to go [come] to work
	出現する	しゅつげんする	to appear; to emerge
	出産する	しゅっさんする	to give birth to (a child): to be delivered of (a baby)
	出資する	しゅっしする	to invest; to finance
	出生率	しゅっせいりつ[しゅっしょうりつ]	birthrate
	出席する	しゅっせきする	to attend; to be present (at)
	出張	しゅっちょう	official trip [tour]; business trip
	出動する	しゅつどうする	to be sent; to be turned out; to be called
	出入国管理局	しゅつにゅうこく　かんりきょく	Immigration Bureau
	主導	しゅどう	leadership; initiative
	受動的（な）	じゅどうてき（な）	passive
	取得する	しゅとくする	to acquire; to obtain
	首都圏	しゅとけん	the National Capital region; metropolitan area
	主として	しゅとして	mainly; primarily
	首脳	しゅのう	head; leader
	首脳会議	しゅのう　かいぎ	summit talks [conference]
	首尾	しゅび	beginning and end; result; outcome
	寿命	じゅみょう	life span
	樹木	じゅもく	tree(s)
	主役	しゅやく	leading part [role]
	主要（な）	しゅよう（な）	chief; leading; essential; major
	需要	じゅよう	demand
14A6	主流	しゅりゅう	main current; main stream
	主力	しゅりょく	main force [strength, body]
	手腕	しゅわん	ability; capability; capacity; skill
	純〜	じゅん〜	pure 〜; net 〜; clear 〜
13A4	〜旬	〜じゅん	a period of ten days
	順位	じゅんい	ranking
	準急	じゅんきゅう	local express (train)
	純金	じゅんきん	pure [solid] gold
	巡航	じゅんこう	cruise; cruising
	瞬時	しゅんじ	a second; a moment; an instant
10A12	順次（に）	じゅんじ（に）	in (serial) order; successively
	純資産	じゅん　しさん	net assets [worth]
	順序	じゅんじょ	order
	〜に準じる[準ずる]	〜に　じゅんじる[じゅんずる]	to follow 〜; to be in accordance with〜; to be treated in the same way as〜
	純増	じゅんぞう	net increase
	順調（な）	じゅんちょう（な）	favorable; satisfactory; smooth
	春闘	しゅんとう	(annual) spring labor offensive; spring wage offensive; spring wage negotiations

順応する	じゅんのうする	to adapt oneself	
順番	じゅんばん	order; turn	
準備金	じゅんびきん	reserve fund	
純利益	じゅん りえき	net profit; net income	
諸〜	しょ〜	various 〜	
仕様（書）	しよう（がき）	specification(s)	
使用する	しようする	to use; to employ; to apply	
上院	じょういん	the Upper House; the House of Lords	
生涯	しょうがい	life; lifetime	
障害	しょうがい	obstacle; difficulty; trouble	
昇格	しょうかく	to be promoted [raised] to a higher status	
消火する	しょうかする	to put out a fire	
消化する	しょうかする	to digest; to absorb	
浄化する	じょうかする	to purify; to cleanse	
償還	しょうかん	redemption; repayment; refund	
償却	しょうきゃく	depreciation; amortization; redemption	
昇給	しょうきゅう	rise [increase] in salary [pay]	
商業	しょうぎょう	commerce; trade; business	
状況	じょうきょう	situation; condition; circumstances	
商業銀行	しょうぎょう ぎんこう	commercial bank	
商業手形	しょうぎょう てがた	commercial paper [CP]	
消極的（な）	しょうきょくてき（な）	negative; passive	
証券	しょうけん	(valuable) securities	

16A1

条件	じょうけん	condition; terms	
上限	じょうげん	the uppermost; the ceiling	
証券化	しょうけんか	converting into securities	
証券会社	しょうけん がいしゃ	securities company	
証言する	しょうげんする	to testify; to give evidence	
証券取引法[証取法]	しょうけん とりひき ほう[しょうとりほう]	the Securities and Exchange Law	
正午	しょうご	noon	
条項	じょうこう	articles (and clauses); provisions; terms; items	
商工会議所	しょうこう かいぎしょ	Chamber of Commerce and Industry	
商工組合中央金庫	しょうこう くみあい ちゅうおう きんこ	Central Cooperative Bank for Commerce and Industry	
詳細（な）	しょうさい（な）	minute; detailed	
正直（な）	しょうじき（な）	honest; upright	
商社	しょうしゃ	trading company	
乗車する	じょうしゃする	to get on [in] (a train, car, bus)	
照準	しょうじゅん	target; mark; aim	
上旬	じょうじゅん	the first ten days (of a month)	
証書	しょうしょ	certificate; bond; bill	
上場会社	じょうじょう がいしゃ	listed company	

上昇する	じょうしょうする	to rise; to go up
上場する	じょうじょうする	to list; to put on the market
昇進	しょうしん	promotion (of person); rise in rank
少数	しょうすう	a small number
少数派	しょうすうは	minority
情勢	じょうせい	situation; state of affairs
定石	じょうせき	formula; accepted method
商戦	しょうせん	sales battle; selling competition
状態	じょうたい	state; condition; situation; aspect
招待状	しょうたいじょう	letter of invitation; invitation (card)
商談	しょうだん	business talk; business negotiation
象徴する	しょうちょうする	to symbolize
商店	しょうてん	shop; store
14A7 焦点	しょうてん	focus; focal point
譲渡する	じょうとする	to hand over; to transfer
譲渡性預金	じょうとせい　よきん	certificate of deposit [CD]; negotiable deposit
衝突する	しょうとつする	to collide; to crash; to conflict
常任	じょうにん	permanent post
常任委員会	じょうにん　いいんかい	standing [permanent] committee
少年非行	しょうねん　ひこう	juvenile delinquency
消費財	しょうひざい	consumption goods
消費者	しょうひしゃ	consumer
消費する	しょうひする	to consume; to spend
消費税	しょうひぜい	consumption tax
商標	しょうひょう	trademark; brand
商品	しょうひん	goods; merchandise
障壁	しょうへき	barrier; fence; wall
商法	しょうほう	commercial law
情報	じょうほう	information; intelligence; report; news
消防署	しょうぼうしょ	fire station
照明	しょうめい	lighting; illumination
証明する	しょうめいする	to prove; to confirm; to certify
消耗品	しょうもうひん	articles for consumption; non-durable goods
条約	じょうやく	treaty; pact; convention; agreement
賞与	しょうよ	bonus
乗用車	じょうようしゃ	passenger car
剰余金	じょうよきん	retained earnings
将来	しょうらい	future
上陸する	じょうりくする	to land; to make a landing
省略する	しょうりゃくする	to omit; to abbreviate
条例	じょうれい	regulations

	除外する	じょがいする	to exempt; to exclude
	書簡	しょかん	letter; correspondence
	初期	しょき	the early days; the initial stage
	書記長	しょきちょう	secretary general; chief secretary
	職業	しょくぎょう	occupation; vocation
	職住近接	しょくじゅう　きんせつ	bringing one's residence and place of work close together
	職人	しょくにん	craftsman; artisan
	職場	しょくば	one's place of work
	食糧	しょくりょう	food; foodstuffs; provisions
	食糧庁	しょくりょうちょう	the Food Agency
	食料品	しょくりょうひん	article of food; foodstuffs
	助言する	じょげんする	to give advice
	諸国	しょこく	various [many] countries
	書式	しょしき	prescribed form
	所持人	しょじにん	bearer; holder
	初旬	しょじゅん	the first ten days of a month
	書状	しょじょう	letter
9D3	徐々に	じょじょに	gradually; little by little
	助成金	じょせいきん	(promotional) subsidy; grant; bounty
	所帯	しょたい	household; home
	初頭	しょとう	the beginning
	所得	しょとく	income
	書評	しょひょう	book review
	助命	じょめい	sparing a person's life; quarter; clemency
	所有する	しょゆうする	to have; to own; to possess
	処理する	しょりする	to manage; to conduct; to deal with; to treat
	助力する	じょりょくする	to help; to aid; to assist; to support
	書類	しょるい	document; paper
18A9	しり込みする	しりごみする	to shrink; to draw back; to hesitate
	じりじり（と）		slowly but steadily; gradually
	じり高	じりだか	rising tendency; gradual upward tendency
	資料	しりょう	materials; data
	資力	しりょく	means; (financial) resources; funds
	事例	じれい	example; instance
	ジレンマ		dilemma
2C5	シロ[白]	しろ	not guilty; innocence
	仕訳帳	しわけちょう	journal
	人員整理	じんいん　せいり	personnel cut (reduction)
	新鋭（な）	しんえい（な）	fresh; new and powerful
	進学する	しんがくする	to enter a school of higher grade

新規（の）	しんき（の）	new
審議する	しんぎする	to deliberate; to discuss
シンクロトロン放射光	シンクロトロン　ほうしゃこう	Synchrotron (Orbit) Radiation [SOR, SR]
人権	じんけん	human rights
人件費	じんけんひ	personnel expenses; labor cost
信号	しんごう	signal
人口	じんこう	population
人工（の）	じんこう（の）	artificial
人工衛星	じんこう　えいせい	artificial satellite
新興工業国	しんこう　こうぎょうこく	newly industrializing countries
新興工業経済群	しんこう　こうぎょう　けいざいぐん	Newly Industrializing Economies
進行する	しんこうする	to advance; to proceed; to go on
人口密度	じんこう　みつど	population density
深刻（な）	しんこく（な）	serious; grave; keen
申告する	しんこくする	to declare; to report
人材	じんざい	man of ability; talent
審査する	しんさする	to examine; to inspect; to investigate
人事	じんじ	human business; personnel affairs
人事異動	じんじ　いどう	personnel change [transfer]
ジンジケート団[シ団]	ジンジケート　だん[シ　だん]	syndicate bankers
進出する	しんしゅつする	to advance; to enter into
心情	しんじょう	one's heart; one's feelings
信じる	しんじる	to believe; to trust; to be confident
人生	じんせい	human life [existence]; man's life
申請する	しんせいする	to apply (to authorities for a license, permit, etc.)
信託銀行	しんたくぎんこう	trust bank
信託する	しんたくする	to trust
新築する	しんちくする	to build (a new house); to construct
伸長	しんちょう	extension; expansion
慎重（に）	しんちょう（に）	carefully; deliberately
進展する	しんてんする	to develop; to progress
信念	しんねん	belief; faith
信販[信用販売]	しんぱん[しんよう　はんばい]	sale on credit
進歩する	しんぽする	to progress; to advance; to improve
進歩的（な）	しんぽてき（な）	progressive
親密（な）	しんみつ（な）	intimate; friendly; close
人命	じんめい	human life
深夜	しんや	the dead of night; midnight
信用金庫	しんよう　きんこ	credit association
信用組合	しんよう　くみあい	credit association; cooperative bank
信用状	しんようじょう	letter of credit

	信用する	しんようする	to trust; to give credit to
	信用創造	しんよう そうぞう	credit creation
	信用取引	しんよう とりひき	margin transaction
	信頼する	しんらいする	to rely on; to depend upon; to trust
	心理	しんり	state of mind; psychology
	診療	しんりょう	diagnosis and treatment
	森林	しんりん	forest; wood
	人類	じんるい	mankind; human race [species]
す	吸い上げる	すいあげる	to absorb; to siphon 〜 out of
	推移する	すいいする	to undergo a change [transition]
	水害	すいがい	damage from a flood; flood disaster
	水産業	すいさんぎょう	marine products industry
	随時 (に)	ずいじ (に)	(at) any time; whenever the occasion arises
	水質	すいしつ	quality of water
9B1	水準	すいじゅん	level
5C7	推進する	すいしんする	to propel; to promote; to push forward
	推測する	すいそくする	to guess
	推定する	すいていする	to presume; to assume; to estimate
18B4	水面下	すいめんか	under the surface of the water; behind the scenes
	水力	すいりょく	hydraulic power
	数字	すうじ	figure; numeral
	数倍	すうばい	several times as many (large, much)
	数量	すうりょう	quantity; volume
9C8	据え置き	すえおき	deferment
9C8	据え置く	すえおく	to leave (a matter) as it is
4B7	姿	すがた	posture; position
9C10	〜に過ぎない	〜に すぎない	to be nothing but; only 〜; not more than〜
	救う	すくう	to rescue (a person) from (danger); to save (a person) from (death); to help (a person) out (of a difficulty)
	優れた	すぐれた	superior; excellent; prominent
2B6	〜筋	〜すじ	source; quarters; circles; channel; among
5C7	進む	すすむ	to be in progress
5C7	進める	すすめる	to advance; to push forward
13B17	すでに		already; now; previously; before
17B2	すなわち		namely; that is to say
	ずば抜けて	ずばぬけて	out of the ordinary
	図表	ずひょう	chart; diagram; graph
	すべて		all; the whole
	済ます	すます	to finish; to get through
	刷る	する	to print; to get printed

16A6	～とする	～と する	to consider
	ずれる		to slip (down, off); to shift; to slide
	寸前	すんぜん	immediately before
せ	性	せい	sex; nature
2B3	～性	～せい	～ity; ～cy (state, condition)
	西欧	せいおう	West(ern) Europe
	成果	せいか	fruit; result; product
	聖火	せいか	the sacred fire [torch]
	性格	せいかく	character; personality
	正確 (な)	せいかく (な)	accurate; precise; exact; correct
	税額	ぜいがく	tax amount
	生活	せいかつ	life; living; livelihood
	静観する	せいかんする	to wait and see
	世紀	せいき	century
	請求書	せいきゅうしょ	bill
	請求する	せいきゅうする	to ask; to demand; to claim
	政権	せいけん	political [administrative] power
	制限する	せいげんする	to restrict; to set limits to
	成功	せいこう	success
	星座	せいざ	constellation
	制裁	せいさい	sanction
	政策	せいさく	policy
	製作	せいさく	manufacture; production
	制作	せいさく	work; production
	政策当局	せいさく とうきょく	the policy-making authorities concerned
	生産工程	せいさん こうてい	production process
	生産財	せいさんざい	production goods; active capital goods
	生産する	せいさんする	to produce
	精算する	せいさんする	to clear off; to clear accounts; to settle balance
	製紙	せいし	paper manufacture
	政治	せいじ	government; administration; politics
	正式 (の・な)	せいしき (の・な)	formal
	静止軌道衛星	せいし きどう えいせい	geo-stationary orbital satellite
	政治犯	せいじはん	political offense
	清酒	せいしゅ	(refined) sake
	税収	ぜいしゅう	tax yields
	成熟する	せいじゅくする	to mature; to ripen
	精神	せいしん	mind; spirit; soul
	成人	せいじん	adult; grownup
9A5	せいぜい		at the most
	税制	ぜいせい	tax system
	成績	せいせき	result; record; score

製造業	せいぞうぎょう	manufacturing industry
生存者	せいぞんしゃ	survivor
政調[政務調査会]	せいちょう[せいむ　ちょうさかい]	Policy Affairs Research Council
税調[税制調査会]	ぜいちょう[ぜいせい　ちょうさかい]	Tax (System) Commission
成長する	せいちょうする	to grow (up)
成長率	せいちょうりつ	rate of growth
制定する	せいていする	to enact; to establish
制度	せいど	system; institution; organization; regime
政党	せいとう	political party
正当（な）	せいとう（な）	just; right; proper; fair; legal
整備	せいび	maintenance; preparation
税引き前当期利益	ぜいびきまえ　とうき　りえき	net profit before tax
整備する	せいびする	to put in order; to get ready for use
製品	せいひん	finished goods
政府	せいふ	government
政府金融機関	せいふ　きんゆう　きかん	government financial institutions
制服	せいふく	uniform
政府保証債	せいふ　ほしょうさい	government guaranteed bond
生物	せいぶつ	living thing; creature; life
性別	せいべつ	distinction of sex; gender
生保[生命保険会社]	せいほ[せいめい　ほけん　がいしゃ]	life insurance company
製法	せいほう	method of manufacture
精密機械	せいみつ　きかい	precision machine
政務	せいむ	state (political) affairs
声明	せいめい	(public) declaration; statement
生命	せいめい	life
生命工学	せいめい　こうがく	biotechnology
生命保険	せいめい　ほけん	life insurance
製薬会社	せいやく　がいしゃ	pharmaceutical company
税理士	ぜいりし	licensed tax accountant
整理する	せいりする	to arrange; to adjust; to put in order
税率	ぜいりつ	tax rates
成立する	せいりつする	to come [be brought] into existence; to be formed; to be concluded
清涼飲料（水）	せいりょう　いんりょう（すい）	refreshing drink; soft drink
精力的（な）	せいりょくてき（な）	energetic
西暦	せいれき	the Christian Era
石炭	せきたん	coal
責任	せきにん	responsibility
責務	せきむ	duty; obligation
石油	せきゆ	oil; petroleum
石油液化ガス	せきゆ　えきか　ガス	liquefied petroleum gas; LPG
石油化学	せきゆ　かがく	petrochemistry

	是正する	ぜせいする	to correct; to rectify
	世帯	せたい	household
	世代	せだい	generation
	積極的(な)	せっきょくてき(な)	positive; active; aggressive; constructive
	接近する	せっきんする	to approach; to come near
	設計する	せっけいする	to design; to lay out
	折衝する	せっしょうする	to negotiate; to carry on negotiations
	接触する	せっしょくする	to touch; to contact; to make contact
	絶対に	ぜったいに	absolutely; unconditionally; strictly
	設置する	せっちする	to establish; to found
	設定する	せっていする	to establish; to create
	説得する	せっとくする	to persuade
	設備	せつび	equipment; provision
	設備投資	せつび とうし	capital investment; investment in plant and equipment
	節約する	せつやくする	to economize; to cut; to save
	設立する	せつりつする	to establish; to set up
	狭める	せばめる	to narrow; to reduce (the width)
18B13	迫られる	せまられる	to be urged; to be pressed
18B13	迫る	せまる	to urge; to press (a person for a thing)
17D9	～にせよ	～に せよ	even if; though; whether ～ or not
	世論	せろん	public opinion
	全～	ぜん～	whole ～; entire～; all ～; total ～;
	前～	ぜん～	former～; ex-～; previous～
	～前	～ぜん	before ～
	繊維	せんい	fiber; textile
	戦火	せんか	war fire [flames, disasters]
	全額	ぜんがく	the (sum) total; the total amount
	選挙	せんきょ	election
	宣言	せんげん	declaration; proclamation
	戦後	せんご	postwar period
9A1	～前後	～ぜんご	about ～; ～ or so; approximately; nearly
	専攻	せんこう	one's academic speciality; major
	先行投資	せんこう とうし	prior investment
	洗剤	せんざい	cleaner; detergent
	潜在的 (な)	せんざいてき (な)	potential; latent
	先日	せんじつ	the other day; some [a few] days ago
	前者	ぜんしゃ	the former
	選手	せんしゅ	representative player [athlete]
	戦術	せんじゅつ	the act of war; tactics
	前述	ぜんじゅつ	above mentioned
	先進国	せんしんこく	advanced countries

	前進する	ぜんしんする	to advance; to move forward; to go ahead
10A7	先陣を切る	せんじんを きる	to take the initiative; to lead
	潜水艦	せんすいかん	submarine
	戦前	せんぜん	prewar days
	前線	ぜんせん	the foremost (battle) line; the front
	先祖	せんぞ	ancestor
	戦争	せんそう	war
	選択する	せんたくする	to select; to choose; to alternate
	先端技術	せんたん ぎじゅつ	high technology
	前提	ぜんてい	premise
	選定する	せんていする	to select; to choose
	宣伝する	せんでんする	to publicize; to advertise
	遷都	せんと	transfer of the capital (to)
	先頭	せんとう	the forefront; the front; the head
	前年同期	ぜんねん どうき	corresponding period of the preceding year
	前年[度]比	ぜんねん[ど]ひ	against the previous year; year-to year comparison
	前場	ぜんば	the morning market
	全廃	ぜんぱい	(total) abolition
	専売特許	せんばい とっきょ	patent
	船舶	せんぱく	ship; shipping
13A4	前半	ぜんはん	the first half
	全般	ぜんぱん	whole
	先方	せんぽう	the other party [side]
	鮮明 (な)	せんめい (な)	clear; distinct; vivid; sharp
	全面的 (な)	ぜんめんてき (な)	overall; full-scale
	専門用語	せんもん ようご	technical term; technical terminology
	占有する	せんゆうする	to occupy; to possess
	専用	せんよう	exclusive use
	全容	ぜんよう	full view; the whole aspect
	戦略	せんりゃく	strategy
18A10	戦略を練る	せんりゃくを ねる	to elaborate a strategy
	戦力	せんりょく	fighting power [strength]
そ	総～	そう～	gross ～; total ～; all ～
8A1	増	ぞう	increase
	増益	ぞうえき	profit increase
	騒音	そうおん	noise; sound
	総会	そうかい	general meeting [assembly]
	総額	そうがく	gross amount
	増加する	ぞうかする	to increase; to grow
	早期	そうき	early stage
13B2	早急 (な)	そうきゅう[さっきゅう] (な)	urgent; pressing

13B2	早急に	そうきゅうに[さっきゅうに]	promptly; immediately
	送金する	そうきんする	to remit [send] money
	倉庫	そうこ	warehouse; storehouse
	相互 (の)	そうご (の)	mutual
	総合銀行	そうごう ぎんこう	universal bank
	総合口座	そうごう こうざ	general [overall] account
	総合する	そうごうする	to synthesize; to put together
	総合的 (な)	そうごうてき (な)	synthetic; overall
	相互銀行[相銀]	そうご ぎんこう[そうぎん]	mutual loan and savings bank
	相互理解	そうご りかい	mutual understanding
	総裁	そうさい	president; governor
	相殺する	そうさいする	offset; counterbalance; cancel out
	操作する	そうさする	to operate; to manipulate; to handle
	増産	ぞうさん	increase in production
	増資	ぞうし	increase of capital stock
17E1	そうした		such
	総資産	そうしさん	total assets
	総辞職	そうじしょく	general resignation; resignation of a body
	総資本	そうしほん	total liabilities and net worth [shareholder's funds]; gross capital
	増収	ぞうしゅう	increase of revenue [income]
	造出する	ぞうしゅつする	to create; to produce
	蔵相[大蔵大臣]	ぞうしょう[おおくら だいじん]	the Minister of Finance
	送信する	そうしんする	to transmit [dispatch] a message
	増勢	ぞうせい	increase in power
	増税	ぞうぜい	tax increase
	創設する	そうせつする	to establish; to found; to organize
	造船	ぞうせん	shipbuilding
	総選挙	そうせんきょ	general election
	創造的	そうぞうてき	creative
	相続する	そうぞくする	to succeed to (the estate of a person); to inherit
	相続税	そうぞくぜい	inheritance [succession] tax
	増大する	ぞうだいする	to increase; to enlarge; to grow
	相対的に	そうたいてきに	relatively
	装置	そうち	apparatus; device; equipment
	争点	そうてん	a point at issue [in dispute]
	総動員する	そうどういんする	to mobilize the entire army; to organize the people for a certain object
	相当額	そうとうがく	sizable sum; fairly large amount
	相当する	そうとうする	be equivalent to; to correspond to
	相当の	そうとうの	fair; tolerable
	相場	そうば	market price

	装備する	そうびする	to equip (oneself with); to furnish
	送付する	そうふする	to send; to forward; to remit
	双方	そうほう	both parties; both sides
	総理大臣[総理]	そうり だいじん[そうり]	the Prime Minister; the Premier
	創立する	そうりつする	to establish; to found; to organize
	総力	そうりょく	all one's energy [strength]
	総論	そうろん	general remarks; outline
	贈賄	ぞうわい	bribery
	即時	そくじ	immediately; instantly; promptly; at once
17A23	~に即した[即して]	~に そくした[そくして]	in conformity with; be adapted to
	続出する	ぞくしゅつする	appear [occur] in succession
	続伸	ぞくしん	continued advance; continuous rise
	促進する	そくしんする	to promote; to accelerate
	速度	そくど	speed; velocity; pace
	即答	そくとう	ready [prompt] answer
	続騰	ぞくとう	continuous appreciation; further rise
	速報	そくほう	quick report; news flash
	続落	ぞくらく	continuous drop; continued fall
	底	そこ	the bottom
9C2	底入れ	そこいれ	touching bottom; hitting bottom
	粗鋼	そこう	crude steel
	底値	そこね	bottom price; floor price
9C2	底を打つ	そこを うつ	to hit [reach] the bottom
	素材	そざい	material
	素地	そじ	foundation; groundwork; inclination
	組織	そしき	organization
	阻止する	そしする	to obstruct; to check; to hinder
	措置	そち	measure; step; action; move
	即効薬	そっこうやく	quick remedy; something (e. g. a medicine) having immediate effect
	率直 (な)	そっちょく (な)	straightforward; frank
17A23	~に沿って[沿い]	~に そって[そい]	along; in accordance with; be adapted to
	備え (つけ) る	そなえ (つけ) る	to furnish; to equip; to fix
	損益	そんえき	profit and loss
	損益計算書	そんえき けいさんしょ	profit and loss statement
	損害	そんがい	damage; loss
	損害保険会社	そんがい ほけん がいしゃ	non-life insurance company
	存在する	そんざいする	to exist
	損失	そんしつ	loss
	損得	そんとく	loss and gain; profit and loss; advantage and disadvantage
	損保[損害保険]	そんぽ[そんがい ほけん]	non-life insurance

	存亡	そんぼう	life or death; existence
	存立する	そんりつする	to exist; to subsist
た	他	た	another; the other; others
	対〜	たい〜	to〜; between 〜; toward 〜; against 〜
10A1	第〜	だい〜	prefix for ordinal number
9B4	〜台	〜だい	level
	第一次産業	だいいちじ さんぎょう	primary industry
	退院する	たいいんする	to leave the hospital
	対応する	たいおうする	to correspond to; to cope with
	対価	たいか	countervalue; equivalent; price
	大学院	だいがくいん	graduate school; postgraduate course
	待機	たいき	stand-by
	大気汚染	たいき おせん	air pollution
	待機する	たいきする	to stand ready (for, to do)
	大規模 (な)	だいきぼ (な)	large-scale; mass-; massive
	耐久財	たいきゅうざい	durable [hard] goods; durables
	代金	だいきん	price; money
	待遇	たいぐう	treatment; dealing; reception
	対空ミサイル	たいくう ミサイル	anti-aircraft missile
	体系	たいけい	system; organization; scheme
	大綱	たいこう	general rules [principles]; outline
	第〜項	だい〜こう	Clause 〜
	対抗する	たいこうする	to oppose; to confront; to counteract
	代行する	だいこうする	to carry out as proxy; to act for (another)
	大黒柱	だいこくばしら	central pillar (of a house); principal post
	対策	たいさく	measure; step; countermeasure
	第三次産業	だいさんじ さんぎょう	tertiary industry
	第三者	だいさんしゃ	third party (person)
	大使	たいし	ambassador
11B5/ 14B9	〜に対し (て)	〜に たいし (て)	towards 〜; against 〜; as compared with
	大使館	たいしかん	embassy
	体質	たいしつ	physical constitution
	貸借対照表	たいしゃく たいしょうひょう	balance sheet
	大衆	たいしゅう	the masses; people in general
	体重	たいじゅう	the weight (of one's body)
14B10	対象	たいしょう	object; subject; target
	対照	たいしょう	contrast; comparison
	第〜条	だい〜じょう	Article 〜
11B4	対照的 (な)	たいしょうてき (な)	contrastive; comparative
	退職金	たいしょくきん	retirement allowance

退職する	たいしょくする	to retire from work
対処する	たいしょする	to cope with; to deal with
退陣	たいじん	retirement
対人関係	たいじん　かんけい	personal relation(s)
大豆	だいず	soybean
体制	たいせい	system; structure; organization; regime
態勢	たいせい	attitude; preparedness; condition
大勢	たいせい	general trend [situation] (of times); general tendency (of the world)
大切（な）	たいせつ（な）	important; valuable
代替（の）	だいたい（の）	substitute; alternative
対談	たいだん	(face-to-face) talk
態度	たいど	attitude; posture; manner
台頭する	たいとうする	to raise one's head; to come to the fore; to gain power
大統領	だいとうりょう	President; Chief Executive
第二次産業	だいにじ　さんぎょう	secondary industry
第二条	だいにじょう	Article 2
退任	たいにん	retirement
耐熱ガラス	たいねつ　ガラス	heat-resistant glass
大半	たいはん	the greater part; the majority
11A2 対～比	たい～ひ	as compared with ~
代表（者）	だいひょう（しゃ）	representative; delegate; delegation
代表団	だいひょうだん	delegation
代表的（な）	だいひょうてき（な）	representative; typical; model
台風	たいふう	typhoon
太陽	たいよう	the sun
耐用年数	たいよう　ねんすう	durable years; the life (of a machine)
代理	だいり	deputy; proxy; agent
大陸	たいりく	continent
対立する	たいりつする	to be opposed to; to be set up in opposition
代理店	だいりてん	agency, agent
大量	たいりょう	a large quantity; enormous volume
体力	たいりょく	physical strength
台湾	たいわん	Taiwan
ダウ平均株価	ダウ　へいきん　かぶか	Dow-Jones average
絶える	たえる	to become extinct; to cease to exist
17D2 だが		but
打開する	だかいする	to achieve a breakthrough
多額	たがく	a large sum [amount]
多角化	たかくか	diversification
多角的	たかくてき	diversified; multilateral
高値	たかね	high price

18A12	高値をつける	たかねを　つける	to fetch a high price
8A4	高まる	たかまる	to rise; to be raised
8A4	高める	たかめる	to raise; to promote; to enhance
	宝くじ	たからくじ	public lottery; raffle
	妥協する	だきょうする	to compromise
	宅地	たくち	land for housing; housing [building] site
	宅配 (便)	たくはい (びん)	parcel delivery
9C9/ 14B19	～だけ (しか)		only; as many as; at least
	打撃	だげき	blow; shock; damage
17A13	～だけでなく～も		not only ～ but ～; ～ as well
12A7	～だけに		as may be expected from the fact that
	多国籍企業	たこくせき　きぎょう	multinational enterprise
	多少	たしょう	many or few; more or less; somewhat
	打診する	だしんする	to feel out; to approach a person to feel out
17B5	ただ[ただし]		but; however; provided (that)
13B2	直ちに	ただちに	immediately; promptly
	立ち合い	たちあい	session; call
	立ち直る	たちなおる	to recover (oneself); to regain one's footing
	立場	たちば	standpoint; ground; position
	立ち寄る	たちよる	to drop in (on a person, at a place)
	絶つ	たつ	to sever; to break off; to cut off
	脱脂粉乳	だっし　ふんにゅう	skim [nonfat] powdered milk
9C5	達する	たっする	to reach; to achieve; to accomplish
	脱する	だっする	to escape from; to get rid of; to get out of; to free oneself of
	達成する	たっせいする	to accomplish; to achieve
	～建て	～だて	quotation in ～; ～ basis
	建て直し	たてなおし	rebuilding; reconstruction; reorganization; reshuffle
	建値	たてね	quotation; current [market] quotation; exchange rate
	建て前	たてまえ	principle; official stance
16A3	たとえ		even if; (even) though
10B2	たとえば		for example; for instance
	たどる		to trace; to pursue; to follow
	棚卸し	たなおろし	inventory
	他人	たにん	others; another person
	他人資本	たにん　しほん	borrowed capital
7A7/ 12A5	～ため (に)		for; for the purpose of; in order to; because of; for the reason of

	多様化	たようか	diversification
	多様性	たようせい	multiplicity; numerousness
	頼る	たよる	to rely [depend] on
16A2	～たら		when; after then; suppose; if
	足りない	たりない	to be insufficient; to be short of
	単位	たんい	unit
	単一 (の・な)	たんいつ (の・な)	single; simple; sole
	単価	たんか	unit cost [price]
	段階	だんかい	step; stage
	短期	たんき	short term
	団結する	だんけつする	to be united; to be banded together
	断言する	だんげんする	to assert; to affirm
	単語	たんご	word
	炭鉱	たんこう	coal mine; colliery
8B3	短縮する	たんしゅくする	to shorten; to reduce; to curtail
	単純 (な)	たんじゅん (な)	simple; uncomplicated; plain
	誕生する	たんじょうする	to be born; to come into the world
	団体	だんたい	party; company; group; body
	団地	だんち	housing [apartment] complex; public housing compound
	団長	だんちょう	the leader (of a party)
	担当する	たんとうする	to be in charge of
	単独	たんどく	independence; singleness; separateness
	段取り	だんどり	step; course of one's action; arrangement
	単に	たんに	simply; merely
	断念する	だんねんする	to give up; abandon
	担保	たんぽ	collateral; mortgage; security; warranty
	担保権	たんぽけん	security interest; security right
	担保付社債	たんぽつき　しゃさい	secured debenture; collateral trust bonds
	端末機	たんまつき	terminal unit (of a computer)
ち	地位	ちい	position
	地域	ちいき	area; zone; region
	知恵	ちえ	wisdom; sense; wits
	地価	ちか	value [price] of land
	誓う	ちかう	to swear; to pledge
11B2	違う	ちがう	to be different
9A1/ 13B1	近く	ちかく	nearly; neighboring; nearby; shortly; in the near future
5C8	力を入れる	ちからを　いれる	to place importance (on)
	地球	ちきゅう	the earth; the globe
	畜産	ちくさん	livestock farming; stockbreeding
	知識	ちしき	knowledge; acquaintance; knowhow
	地対空ミサイル	ちたいくう　ミサイル	surface [ground]-to-air missile

8B3	縮まる	ちぢまる	to be shortened; to be reduced
	秩序	ちつじょ	(public) order; discipline; system
	知的所有権	ちてき　しょゆうけん	intellectual property
	地方	ちほう	locality; district; region; provinces
	地方銀行[地銀]	ちほう　ぎんこう[ちぎん]	regional [local] bank
	地方公共団体	ちほう　こうきょう　だんたい	municipal corporation; local public body
	地方債	ちほうさい	municipal bonds; local bonds
	地方自治体	ちほう　じちたい	local self-governing body
5C4	着手する	ちゃくしゅする	to start; to set about; to undertake
	着陸	ちゃくりく	landing (of aircraft)
	着工する	ちゃっこうする	to start (construction) work
2B8	～中	～ちゅう	in; within; among; during; through; in (the course of); under ～; in process of
	中欧	ちゅうおう	Central Europe
	中央銀行	ちゅうおう　ぎんこう	central bank
	仲介する	ちゅうかいする	to mediate (between two parties)
	中核	ちゅうかく	kernel; core
	中間	ちゅうかん	middle; intermediate; midway
	中堅企業	ちゅうけん　きぎょう	medium-sized enterprise
	中古（品）	ちゅうこ（ひん）	used article; secondhand goods
	中古車	ちゅうこしゃ	used car
	駐在員事務所	ちゅうざいいん　じむしょ	the office of a representative
	駐在する	ちゅうざいする	to be stationed (at, in)
	中止する	ちゅうしする	to discontinue; to stop
	注視する	ちゅうしする	to gaze; to observe closely
	中小企業	ちゅうしょう　きぎょう	small and medium sized enterprises
	中小企業金融機関	ちゅうしょう　きぎょう　きんゆう　きかん	Small Business Finance Corporation
	抽象的（な）	ちゅうしょうてき（な）	abstract
	中旬	ちゅうじゅん	the middle [second] ten days of month
14A4	中心	ちゅうしん	center
	中断する	ちゅうだんする	to interrupt; to break (off)
	中途	ちゅうと	halfway; midway
	中東	ちゅうとう	Middle East
	中南米	ちゅうなんべい	Central and South America
18A11	宙に浮く	ちゅうに　うく	to float in the air; to be suspended
	注目する	ちゅうもくする	to pay attention to; to watch
	注文する	ちゅうもんする	to order; to place an order
	中立	ちゅうりつ	neutrality; neutralization
	超～	ちょう～	super ～; ultra ～
	超音速	ちょう　おんそく	supersonic speed
	超過する	ちょうかする	to exceed; to be above [more than]

	長官	ちょうかん	director; president; administrator; head; chief; governor
	長期	ちょうき	long term
	長期信用銀行[長銀]	ちょうき しんよう ぎんこう [ちょうぎん]	long-term credit bank
4B2	兆候	ちょうこう	sign; indication; symptom
	調査する	ちょうさする	to investigate; to examine
	聴取する	ちょうしゅする	to listen to; to hear
	調整する	ちょうせいする	to adjust; to regulate; to co-ordinate
	調節する	ちょうせつする	to adjust; to modulate
	挑戦	ちょうせん	challenge
	調達する	ちょうたつする	to raise (money); to make available
	調停する	ちょうていする	to mediate (between two parties)
	超伝導体	ちょう でんどうたい	superconductor
	帳簿	ちょうぼ	[account] book
	調和	ちょうわ	harmony; accord
	直後	ちょくご	right after; immediately after
	直接 (の)	ちょくせつ (の)	direct
	直接税	ちょくせつ ぜい	direct tax
	直接投資	ちょくせつ とうし	direct [equity] investment
	直線	ちょくせん	straight [direct] line
	直前	ちょくぜん	just [immediately] before
	直通	ちょくつう	direct service [communication]; through traffic
	直面する	ちょくめんする	to face; to confront; to be confronted with
	著作権	ちょさくけん	copyright
	貯水池	ちょすいち	(storing) reservoir
	貯蓄	ちょちく	savings
	直角	ちょっかく	right angle
	直径	ちょっけい	diameter; distance across
	地理的	ちりてき	geographical
	賃上げ	ちんあげ	wage increase
	賃金	ちんぎん	wages; pay
	賃貸住宅	ちんたい じゅうたく	house to let; rental house
	賃貸料	ちんたいりょう	rent; leasing charge
	陳列する	ちんれつする	to exhibit; to display
	追加予算	ついか よさん	supplementary budget
	追求する	ついきゅうする	to pursue; to seek after
	追随する	ついずいする	to follow (in the wake of)
14B1	~について[~につき]	~に ついて[~につき]	about ~
10A10	次いで	ついで	next to; following next
	ついに	ついに	at last; finally; in the end; after all
	墜落	ついらく	(accidental) fall; crash

つ

通貨	つうか	currency
通貨供給量	つうか きょうきゅうりょう	money supply
通過する	つうかする	to pass through; to go [get] through
通貨単位	つうか たんい	currency unit; monetary unit
通勤する	つうきんする	to attend (one's) office; to commute
通告する	つうこくする	to notify; to give notice
通産省[通商産業省]	つうさんしょう[つうしょう さんぎょうしょう]	the Ministry of Trade and Industry; MITI

12B10	～を通じ（て）	～を つうじ（て）	through ～
	通商	つうしょう	commerce; trade
	通常	つうじょう	usually; generally
	通常国会	つうじょう こっかい	ordinary session of the Diet
	通常兵器	つうじょう へいき	conventional arms [weapons]
	通信	つうしん	communication; intelligence; correspondence
	通信衛星	つうしん えいせい	communication satellite
	通信回線	つうしん かいせん	telecommunication circuit
	通信販売	つうしん はんばい	mail order; mail order sale
	通信網	つうしんもう	news-gathering organization; communications network
	通達	つうたつ	notification; circular notice
	通知する	つうちする	to notify; to inform
	通帳	つうちょう	bankbook; passbook
	通知預金	つうち よきん	deposit at notice; deposit at call
	通用する	つうようする	to pass for; to be current; to hold good
	通例	つうれい	usually; ordinarily; generally
10A10	次に	つぎに	in the next place; after; next
	～に次ぐ	～に つぐ	to be next [second] to; to come after [next]
	ツケ[付け]	つけ	bill; (credit) account
	都合	つごう	convenience
	伝える	つたえる	to convey; to report; to communicate
17A18	～つつ（ある）		to be ～ing; while ～; as ～
10A11/ 13B12/ 17A22	続いて[続き]	つづいて[つづき]	following; continuously; subsequently
	続ける	つづける	to continue; to keep up; to go on
17D7	～つつも		though ～; although ～; notwithstanding
	努める	つとめる	to make an effort
	つながり		connection; link; relationship
7B8	～につながる	～に つながる	to be connected with ～; to be related to ～; to be led to ～; to lead to ～
	つなぎ		hedging
	つなぐ		to fasten; to chain; to connect; to link
	常に	つねに	always; constantly

17B1	つまり		that is to say; in short; in other words
	積金	つみきん	money installment; installment savings
	積立金	つみたてきん	surplus reserve; reserve fund
	積荷保険	つみに ほけん	cargo insurance
	積む	つむ	to accumulate; to store up
18B10	詰め	つめ	end
18B10	詰める	つめる	to stuff; to fill; to pack; to attend (office); to go on with; to make (a plan) final
	梅雨	つゆ[ばいう]	rainy [wet] season
8A2	強い	つよい	strong
	強気筋	つよきすじ	bull [long] account [interest]
	強含み	つよふくみ	strengthening; strong tone; strong feeling
8A2	強まる	つよまる	to be strengthend; to be stiffened
8A2	強める	つよめる	to strengthen; to stiffen; to intensify
	~づらい		hard [difficult] to do ~
	~につられる	~に つられる	to be pulled by ~; to be effected by ~
17A20	~につれ（て）	~に つれ（て）	as ~ ; with ~; in proportion to ~
て 14B6	~で		in; at; on; for; because of; by means of; in respect of
	手当て	てあて	allowance; cover; provision; procurement
	提案する	ていあんする	to propose; to suggest
	定価	ていか	fixed price
	低価（格）	ていか（かく）	low cost [price]
	定額貯金	ていがく ちょきん	fixed amount savings; fixed deposit
	定額法	ていがくほう	straight-line method
8B4	低下する	ていかする	to lower; to fall; to drop; to decline
	低価法	ていかほう	valuation on lowest of original cost or current market value principle
	定期	てい	fixed time [term]
	定義	ていぎ	definition
	提起する	ていきする	to bring forward (a proposition); to raise (a question)
	提供する	ていきょうする	to offer
	定期預金	てい よきん	fixed term deposit; time deposit
	提携	ていけい	cooperation; affiliation; tie-up
	提携会社	ていけい がいしゃ	affiliated company
	締結する	ていけつする	to conclude (a treaty); to contract
5A4	提言する	ていげんする	to propose; to suggest; to recommend
5B8	抵抗	ていこう	resistance
	停止する	ていしする	to stop; to suspend; to prohibit
	提示する	ていじする	to present; to exhibit
	提出する	ていしゅつする	to present; to introduce; to submit

	抵触する	ていしょくする	to conflict; to be contradictory to
	定説	ていせつ	established theory
	停戦	ていせん	cease-fire
	低速	ていそく	low speed
	提訴する	ていそする	to bring [present] a case before (a court)
	停滞	ていたい	stagnation
	低調（な）	ていちょう（な）	inactive; dull
	程度	ていど	degree; extent; level
9A2	～程度	～ていど	not much more than ～
	抵当	ていとう	mortgage
	抵当証券	ていとう　しょうけん	mortgage certificate
	停電	ていでん	(electric) power failure
	定年	ていねん	retirement age; age limit
	低迷する	ていめいする	to hang low; to remain sluggish
	定率法	ていりつほう	fixed rate method
	定例会議	ていれい　かいぎ	ordinary [regular] meeting [conference]
5C5	手がける	てがける	to handle; to manage; to deal with
	手形	てがた	bill; note
	出方	でかた	one's attitude; move
	手形割引	てがた　わりびき	discount of bills
2B12	～的（な）	～てき（な）	～ic; ～ical (pertaining to; characteristic of)
	敵	てき	enemy; foe
	適応する	てきおうする	to be adapted to; to be suitable
	適格（な・の）	てきかく（な・の）	qualified; competent
	的確（な）	てきかく（な）	precise; accurate; exact
	適材適所	てきざい　てきしょ	the right man in the right place
	適正（な）	てきせい（な）	proper; appropriate; right
	適切（な）	てきせつ（な）	proper; fitting
	出来高	できだか	turnover; trading volume
	適度（の）	てきど（の）	moderate; temperate; proper amount of
	適当な	てきとうな	suitable; proper; appropriate
	適用する	てきようする	to apply
	手口	てぐち	way of doing; method; trick
2C3	テコ[梃子]	てこ	lever (leverage); springboard
	出先	でさき	one's destination; where a person has gone
	手順	てじゅん	process; procedure; order; arrangement
	手数料	てすうりょう	commission; charge
	撤回する	てっかいする	to withdraw; to revoke; to recall; to retract
	鉄管	てっかん	iron tube; iron pipe
	撤去する	てっきょする	to remove; to withdraw; to evacuate

	鉄鋼	てっこう	steel
	撤退する	てったいする	to withdraw; to evacuate; to pull back
	徹底的 (な)	てっていてき (な)	thorough; exhaustive; complete
	鉄道	てつどう	railway; railroad
	撤廃する	てっぱいする	to abolish; to remove; to do away with
	手続き	てつづき	process; procedure
	徹夜	てつや	all-night vigil [sitting]
	手取り	てどり	net receipts; clear gain; net income
	手直し	てなおし	later adjustment; readjustment
	手に入れる	てに いれる	to obtain; to get; to receive
10A9	手始めに	てはじめに	as a first step; beginning with
5C9	手控える	てびかえる	to hold off; to refrain (from)
	手引 (き) 書	てびきしょ	introduction; manual; handbook
	手間がかかる	てまが かかる	to take time; to cost much labor
14A8	点	てん	point; dot; mark; marks; score; respect
	展開する	てんかいする	to develop
	転換社債	てんかん しゃさい	convertible bond [CB]
	転換する	てんかんする	to convert; to switch (from ～ to ～)
	電気器具	でんき きぐ	electric device [appliance, apparatus]
	天気図	てんきず	weather map [chart]
	電気製品	でんき せいひん	electric(al) appliance [apparatus]
	転勤する	てんきんする	to be transferred (to another office)
	典型的 (な)	てんけいてき (な)	typical
	天候	てんこう	weather; elements
	電光掲示板	でんこう けいじばん	electric notice board
	伝言	でんごん	(verbal) message
	電算機[電子計算機]	でんさんき[でんし けいさんき]	computer
	電子	でんし	electron; corpuscle
	電子工学	でんし こうがく	electronics
	展示する	てんじする	to exhibit; to put a (thing) on display
9C1	天井	てんじょう	ceiling; the ceiling [price]
	転職する	てんしょくする	to change one's occupation [employment]
	転じる	てんじる	to turn round; to turn; to shift; to change
	伝説	でんせつ	legend; folklore; folk tale
	転送する	てんそうする	to transmit; to forward; to send on
	電鉄	でんてつ	electric railway
	店頭	てんとう	storefront; shop window; counter
	店頭株	てんとうかぶ	over-the-counter stock
	伝統的	でんとうてき	traditional
	店頭販売	てんとう はんばい	over-the-counter transaction
	天然資源	てんねん しげん	natural resources
	電波	でんぱ	electric wave; radio wave

	転売する	てんばいする	to resell
	店舗	てんぽ	shop; store
	展望	てんぼう	view; prospect
	電報	でんぽう	telegram; wire
	転落する	てんらくする	to fall; to degrade; to slump; to drop
	電力	でんりょく	electric(al) power
と	～と		and; and then; as ～; soon as
	度合い	どあい	degree; extent
	当～	とう～	this; that; in question; at issue
	問う	とう	to ask; to question; to inquire; to care; to accuse; to charge
2A1	同～	どう～	the same; equal
	銅	どう	copper
5B1	同意する	どういする	to agree with; to approve; to consent to
	同一 (の)	どういつ (の)	the same; identical
	統一する	とういつする	to unify; to consolidate; to standardize
	東欧	とうおう	Eastern Europe
	東欧圏	とうおうけん	Eastern (Europe) bloc
	当該～	とうがい～	concerned; proper
	投機	とうき	speculation
	登記	とうき	registration; registry
	投棄する	とうきする	to abandon; to throw away
	討議する	とうぎする	to discuss; to deliberate over; to debate about
	東京証券取引所[東証]	とうきょう しょうけん とりひきじょ [とうしょう]	Tokyo Stock Exchange
	東京湾	とうきょうわん	Tokyo Bay
	当局	とうきょく	the authorities concerned
	統計	とうけい	statistics
	凍結する	とうけつする	to freeze (up); to be frozen
	動向	どうこう	trend; tendency
	統合する	とうごうする	to integrate; to unify; to unite
	動作	どうさ	action; movement(s); behavior; manners
	当座	とうざ	for the time being
	当座貸越	とうざ かしこし	overdraft; overdrawn account
	当座勘定	とうざ かんじょう	current account; open account
	当座預金	とうざ よきん	current deposit
	倒産する	とうさんする	to go bankrupt
	当時	とうじ	at that time; in those days; then
	～同士	～どうし	fellow ～
	投資家	とうしか	investor
	当事者	とうじしゃ	the person concerned
	投資顧問	とうし こもん	investment advisor

	投資する	とうしする	to invest
	投資信託[投信]	とうし しんたく[とうしん]	investment trust
	同時通訳	どうじ つうやく	simultaneous interpretation [translation]
17A16	同時に	どうじに	at the same time; simultaneously
13B5	当初	とうしょ	initial; at the beginning; first; at first
	東証[東京証券取引所]	とうしょう[とうきょう しょうけん とりひきじょ]	Tokyo Stock Exchange
	登場する	とうじょうする	to appear on the stage
	答申	とうしん	report; reply
	統制	とうせい	control; regulation
	当然	とうぜん	naturally; as a matter of course
	当選する	とうせんする	to be elected; to win an election
	闘争	とうそう	fight; combat; struggle; conflict
	同調する	どうちょうする	to align oneself (with); to act in concert
	同等の	どうとうの	equal; to follow suit
	道徳教育	どうとく きょういく	moral education
	頭取	とうどり	president of a bank
	投入する	とうにゅうする	to throw into; to invest (money) in
	導入する	どうにゅうする	to introduce; to bring in
	投票する	とうひょうする	to vote; to cast a vote
	当分	とうぶん	for the time being; for some time (to come); for a while
13A8	当分の間	とうぶんの あいだ	for a while; temporarily
	答弁する	とうべんする	to answer; to make a reply
13A7	当面（の）	とうめん（の）	present; urgent; immediate
	同様（な・の）	どうよう（な・の）	the same; identical; similar
17A17	同様に	どうように	as well as; also; too
	登録する	とうろくする	to register
	～通り	～どおり	just as ～
	得意（先）	とくい（さき）	customer; client
	得策	とくさく	good policy; the best plan
	独自（の）	どくじ（の）	of one's own; unique; original; individual
	特色	とくしょく	(specific) feature; characteristic
	毒性	どくせい	toxicity
	独占する	どくせんする	to monopolize
	独占禁止法[独禁法]	どくせん きんしほう[どっきんほう]	the Antimonopoly [Antitrust] Act
	独断（の）	どくだん（の）	arbitrary
	特徴	とくちょう	characteristic; feature
	特定金銭信託	とくてい きんせん しんたく	designated money in trust
	特定引当金	とくてい ひきあてきん	specific reserve
	独特（な・の）	どくとく（な・の）	special; original; of one's own; unique
14B16	特に[とくに]	とくに	especially; above all

特別 (の・な)	とくべつ (の・な)	special
匿名	とくめい	anonymity
特約店	とくやくてん	specified agent
独立	どくりつ	independence; self-help; self-reliance

	13B11	～ところ	～ところ	when ～; on the point of ～

17D4 ～ところが ～ところが nevertheless; as matter of fact

閉ざす	とざす	to shut; to close; to fasten; to lock
都市化	としか	urbanization
都市銀行［都銀］	とし ぎんこう［とぎん］	city bank

14B7 ～として ～として as ～ 《cf. 12B12》

都心	としん	the heart [center] of the Metropolis
土地	とち	land; estate
途中	とちゅう	on the way; in the course of
途中下車	とちゅう げしゃ	stopover; layover
特許	とっきょ	patent
特効薬	とっこうやく	specific medicine; something having special curative effect
突然	とつぜん	suddenly; unexpectedly; all at once

14B8 ～にとって ～に とって to ～; for ～

突入する とつにゅうする to rush into

9C4 突破する とっぱする to break through; to rise above

10A3 トップ top; leading; the top management

届け出る	とどけでる	to submit [file] notice
整う	ととのう	to be prepared; to be arranged; to be in (good) order

9C7 とどまる to be confined to

9C7 とどめる to stop; to confine

唱える となえる to recite; to repeat; to advocate

17D8 ～とはいえ ～とは いえ though ～

土俵	どひょう	the (*sumo* wrestling) ring
土木業	どぼくぎょう	civil engineering and construction industry

17A19 伴う ともなう to accompany; to involve; to result from

17A19 ～に伴って ～に ともなって accompanied by ～; in accordance with ～; keeping pace with ～

17A10 ～とともに ～と ともに together with ～; as well as ～

13B6 とりあえず first of all; as a first step; for the time being

取り扱い	とりあつかい	handling; treatment; transaction
取り扱う	とりあつかう	to deal with; to treat; to manage; to trade
取り組み	とりくみ	technical [buying and selling] position; drawing (a bill); open interest

5C6 取り組む とりくむ to tackle; to engage in; to undertake

取り消す とりけす to cancel; to withdraw; to retract

	取締役会	とりしまりやくかい	the board of directors
	取り締まる	とりしまる	to manage; to control; to supervise
	取り引き	とりひき	transaction; dealings
	取引先	とりひきさき	customer; client; business connection
	取引所	とりひきじょ	exchange; stock exchange [market]
	取り戻す	とりもどす	to take back; to recover; to restore
	取り止め	とりやめ	cancellation
	努力する	どりょくする	to do one's best; to make an effort
14B16	とりわけ		especially; above all
	ドル建て	ドル だて	quotation in dollars; dollar denominated
14B14	～を問わず	～を とわず	irrespective of; regardless of; no matter (how, what, which, when, where)
8B7	鈍化する	どんかする	to become dull; to slow down
な 13A5	～内	～ない	within ～
	内外 (の)	ないがい (の)	internal and external; inside and outside of the country
16A5	～ない限り	～ない かぎり	unless; except for ～
	内閣	ないかく	cabinet; ministry
	内需	ないじゅ	domestic demand [requirements]
	内政	ないせい	domestic [internal] affairs [politics]
	内定する	ないていする	to decide informally [unofficially]; to be informally arranged
	内部	ないぶ	interior; inner part; inside
	内容	ないよう	contents; substance
5D3	～ないわけではない	～ない わけでは ない	there are some possibilities
	苗	なえ	seedling; sapling; young plant
9B7/ 17A6	なお		more; further; still [much] more
13B25	～中 (で)	～なか (で)	within; among; in the midst of
	長い目で見る	ながい めで みる	to take a long view (of)
	仲がいい	なかが いい	to be good friends (with)
	仲立ち	なかだち	mediation; agency
14B17	中でも	なかでも	among the rest; above all; especially
	長年	ながねん	long time; many years
13A4	半ば (に)	なかば (に)	in the middle of; in the midst of; in the course of
	長引く	ながびく	to be prolonged; to be protracted
	仲間	なかま	fellow; mate; comrade; colleague
17A18	～ながら		while ～; as ～
17D7	～ながら (も)		notwithstanding; though; in spite of
	流れ	ながれ	stream; flow
	なくてはならない	なくては ならない	indispensable; essential
	投げかける	なげかける	to throw at; to cast
	投げ出す	なげだす	to throw out; to give up

	成す	なす	to make; to form
	納得する	なっとくする	to assent; to consent; to understand
	名乗りをあげる	なのりを あげる	to give one's name (as)
9B5	並み (の)	なみ (の)	common; ordinary; usual; medium; average
	滑かに	なめらかに	smoothly
	悩む	なやむ	to be troubled (with); to be worried
16A2	〜なら		in the case that; suppose; provided; on condition that
17A9	並び[並んで]	ならび[ならんで]	alike; in parallel with
9B5	並ぶ	ならぶ	to stand in (a) line; to line up
12A8	〜となる	〜と なる	to result in 〜; to turn out 〜
14B13	〜となると	〜と なると	speaking of 〜; concerning 〜
	南ア[南アフリカ]	なん ア[みなみ アフリカ]	South Africa; the Republic of South Africa
	軟化する	なんかする	to become soft; to soften; to tone down
	難航する	なんこうする	to have difficult [hard] sailing; to have rough going
5B9	難色を示す	なんしょくを しめす	to be reluctant; to show disapproval
	軟調	なんちょう	weak tone; weakness
	難点	なんてん	difficult point; a hard point to settle
14B18	何と言っても	なんと いっても	after all
	難民	なんみん	refugee(s)
に	〜に (は)		to 〜; for 〜ing
	ニーズ		needs
	荷受人	にうけにん	consignee
	荷送人	におくりにん	shipper
	荷為替手形	にかわせ てがた	(documentary) bill of exchange
	握る	にぎる	to grasp; to hold
	濁る	にごる	to become muddy [impure, cloudy]
	二者択一	にしゃ たくいつ	alternative judgment
	日常	にちじょう	daily; usually
	日程	にってい	day's program [schedule]
	担う	になう	to carry (a load) on one's shoulder; to bear a burden
	鈍い	にぶい	dull; slow; thick; dense; sluggish; blunt
8B7	鈍る	にぶる	to become dull
	日本銀行[日銀]	にほん ぎんこう[にちぎん]	the Bank of Japan
	日本商工会議所	にほん しょうこう かいぎしょ	Japan Chamber of Commerce and Industry
	入院	にゅういん	admission to a hospital
	入居する	にゅうきょする	to move into (a house)
	入札	にゅうさつ	tender; bid; bidding
	入試[入学試験]	にゅうし[にゅうがく しけん]	admission [entrance] examination
	乳製品	にゅうせいひん	dairy products
	入門	にゅうもん	being taken on as an apprentice

7A4	にらむ		to stare; to watch; to keep an eye on
	任意 (の)	にんい (の)	optional; voluntary; discretionary
	任意積立金	にんい つみたてきん	voluntary reserve
	認可する	にんかする	to approve; to authorize; to permit
	人気	にんき	populuarity
	任期	にんき	one's term [period] of office [service]
	認識する	にんしきする	to recognize; to perceive
	人情	にんじょう	human feelings; human nature; humanity
	認定する	にんていする	to admit; to recognize; to authorize
	任務	にんむ	duty; task; mission
	任命	にんめい	appointment; nomination; designation
ぬ	抜く	ぬく	to pull [draw] out; to leave out; to omit; to overtake; to get ahead of
	盗む	ぬすむ	to steal
ね	値	ね	price; cost; figure
	値上がり	ねあがり	rise in price; rising price
	値上げ	ねあげ	rise in price; rising price
	値動き	ねうごき	fluctuation [movement] in prices
	値がさ株	ねがさ かぶ	high-priced stocks
	値くずれ	ねくずれ	(sudden, sharp) drop in price (caused by oversupply)
	値ごろ	ねごろ	reasonable [moderate] price
	値下げ	ねさげ	reduction in price
12B1	根ざす	ねざす	to take root; to originate in; to stem (from)
	値ざや	ねざや	margin; spread
	値段	ねだん	price; cost; figure
	根強い	ねづよい	deep-rooted; firmly-rooted
	値引き	ねびき	reduction in price; discount
	根回し	ねまわし	to lay the groundwork (for obtaining one's objective)
7A3	狙い	ねらい	what one aims at; aim; target; object
7A3	狙う	ねらう	to aim; to take aim
	練る	ねる	to ponder over (a plan); to hammer [work] out (a scheme)
	音を上げる	ねを あげる	to admit defeat; to give in[up]
18A12	値を崩す	ねを くずす	to lower the price (caused by oversupply)
	年賀状	ねんがじょう	New Year's card
	年限	ねんげん	term; period; length of time
	年功序列	ねんこう じょれつ	seniority
	～年度	～ねんど	the ~fiscal year
	年内	ねんない	within the year; before the New Year
	年配	ねんぱい	age; years
	年末	ねんまつ	the year-end; the end of the year

の	脳	のう	brain(s)
	農家	のうか	farmhouse; farmer
	納期	のうき	the time for payment; appointed date [time limit] of delivery
	農協[農業協同組合]	のうきょう[のうぎょう きょうどう くみあい]	agricultural cooperative [association]
	農業	のうぎょう	agriculture
	農漁協	のうぎょきょう	agricultural and fishery cooperative
	濃厚 (な)	のうこう (な)	thick; dense; heavy; rich
	農産物	のうさんぶつ	agricultural products; farm produce
	農相[農林水産大臣]	のうしょう[のうりん すいさん だいじん]	the Minister of Agriculture, Forestry and Fisheries
	納税	のうぜい	payment of taxes
	納税準備預金	のうぜい じゅんび よきん	deposit for tax; deposit earmarked for tax payment
	能動的 (な)	のうどうてき (な)	active; lively
	納入する	のうにゅうする	to pay (a tax); to deliver (goods); to supply (goods)
	能力	のうりょく	ability; capacity; capability; power(s)
	農林水産省[農水省]	のうりん すいさんしょう [のうすいしょう]	the Ministry of Agriculture, Forestry and Fisheries
9B5	軒並み	のきなみ	a row of houses; all-round
	残す	のこす	to leave (behind); to keep back [in]
	残る	のこる	to be left; to be left over [behind]; to remain
	乗せる	のせる	to put; to take on board; to load
	除く	のぞく	to take away; to exclude
6B3	望ましい	のぞましい	be desirable; be preferred
6B2	望む	のぞむ	to wish; to hope; to desire
	臨む	のぞむ	to look out on; to face
	乗っ取る	のっとる	to capture (a fort); to take over (a firm); to high-jack [hijack]
12A3	～ので	～ので	because; as
8A9	伸ばす	のばす	to lengthen; to extend; to increase
8A9	伸び	のび	stretch; growth
	伸び悩む	のびなやむ	to be held in check; to level off
8A9	伸びる	のびる	to increase; to grow
	延べ払い	のべばらい	deferred payment
	述べる	のべる	to state; to speak; to mention; to express
9C5	～にのぼる	～に のぼる	to reach; to amount to; to mount up to
14B19	～のみ	～のみ	only ～
	乗り入れる	のりいれる	to ride into; to drive into
	乗り切る	のりきる	to ride through; to get over (difficulties)
5C3	乗り出す	のりだす	to start out; to set [launch] about
	のんきな		easy-going; carefree; optimistic

	場	ば	place; spot; site; ground; field
13B21/ 16A4	場合（に）	ばあい（に）	in case of; on the occasion of
	～倍	～ばい	～ times as many [large, much]
	廃案	はいあん	rejected bill [proposal]
	配管	はいかん	pipe arrangement; piping
	排気ガス	はいき ガス	waste gas; exhaust fumes
	廃棄物	はいきぶつ	waste (matter)
	売却する	ばいきゃくする	to sell; to sell off
	配給する	はいきゅうする	to distribute; to supply; to ration
	俳句	はいく	*Haiku* (a seventeen-syllabled poem)
	配偶者	はいぐうしゃ	spouse; life partner
12B9	背景	はいけい	background; backdrop; backing
	背後	はいご	the back; the rear
	廃止する	はいしする	to abolish; to discontinue
	買収	ばいしゅう	acquisition
	賠償する	ばいしょうする	to indemnify; to compensate
	排除する	はいじょする	to exclude; to remove; to eliminate
	排水	はいすい	draining; drainage; pumping out
	敗戦	はいせん	lost battle; defeat; reverse
	倍増する	ばいぞうする	to double; to redouble
	配置する	はいちする	to arrange; to distribute; to station
	配当	はいとう	dividend
	売買	ばいばい	sale; buying and selling
	配付する	はいふする	to distribute; to give out
	配分する	ばいぶんする	to distribute
	倍率	ばいりつ	magnification
	破壊する	はかいする	to destroy; to break; to ruin
	端株	はかぶ	odd-lot [broken-lot] stocks
17A13	～ばかりか		not only ～but; ～as well
17A13	～ばかりでなく	～ばかりで なく	not only ～but; ～as well
	～を図る	～を はかる	to seek to; to intend to
	波及する	はきゅうする	to extend (to); to spread (to); to influence
	歯切れの悪い	はぎれの わるい	inarticulate; not crisp
	白紙	はくし	blank sheet of paper
	拍車	はくしゃ	spur
1D2	拍車をかける	はくしゃを かける	to spur on; to accelerate; to urge
	白書	はくしょ	white paper; white book
	莫大（な）	ばくだい（な）	vast; huge; immense; enormous
	幕府	ばくふ	Japan's feudal government; the shogunate
	博覧会	はくらんかい	exhibition; exposition
	激しい	はげしい	violent; strong; intense

	~にはげむ	~に はげむ	to strive (for/to do); to make an effort
	派遣する	はけんする	to dispatch; to send
	はさむ		to put [hold] between; to contain
	破産	はさん	bankruptcy; bankrupt
	はじく		to snap; to operate an abacus; to calculate
10A4	~(を) はじめ		including ~; as well as ~
14A1	柱	はしら	pillar; column; post; pole; support; basis
	~はず		ought to; should (do); must (be)
	派生する	はせいする	to be derived (from); to stem (from)
	~を果たす	~を はたす	to fulfill; to perform; to accomplish
6C1	働きかける	はたらきかける	to work upon; to approach; to appeal to
	発揮する	はっきする	to display; to exhibit; to show
	罰金	ばっきん	fine; (monetary) penalty
	発掘する	はっくつする	to dig (up); to excavate
	発券	はっけん	issue of bank notes [securities]
	発言する	はつげんする	to speak; to utter
	発行する	はっこうする	to issue
	伐採する	ばっさいする	to cut down; to lumber; to log
	発射	はっしゃ	discharge; firing; shooting; launching
	発信する	はっしんする	to send (a letter, telegram)
	発生する	はっせいする	to occur; to happen; to be generated
	発想	はっそう	conception
	罰則	ばっそく	penal regulations
	発達する	はったつする	to make progress; to develop
	発注する	はっちゅうする	to give an order; to place an order
	発電所	はつでんしょ	power plant; generating plant [station]
	発展する	はってんする	to develop; to grow; to extend
	発展途上国	はってん とじょうこく	developing countries
	発動する	はつどうする	to move; to put in motion; to exercise
	発売する	はつばいする	to put on the market [on sale]
5A1	発表する	はっぴょうする	to announce; to make public
	抜本的 (な)	ばっぽんてき (な)	radical; drastic
1D3	歯止めをかける	はどめを かける	to brake; to stop (before it gets worse)
	花道	はなみち	flower way, elevated passageway running through the audience from the stage to the rear of the *Kabuki* theater
	離れる	はなれる	to separate; to part from; to leave
	はね返る	はねかえる	to rebound; to spring back
9B2	~幅[巾]	~はば	scale; margin; latitude; range
	派閥	はばつ	faction; clique
18A13	波紋を投げかける	はもんを なげかける	to create a stir; to cause a ripple; to cause repercussions

13B3	早くても	はやくても	at the earliest
13B3	早ければ	はやければ	if things go well
	払い込む	はらいこむ	to pay in; to pay up
	払い戻し	はらいもどし	refund; repayment
	反〜	はん〜	anti〜
	範囲	はんい	scope; range; limit
	繁栄	はんえい	prosperity
	反映する	はんえいする	to reflect; to be reflected
	反響	はんきょう	echo; response; reaction
	反共	はんきょう	anti-Communist
	半径	はんけい	radius
	犯行	はんこう	crime; offense
	半製品	はんせいひん	unfinished goods
	反対（の）	はんたい（の）	opposite; contrary
5B5	反対する	はんたいする	to oppose
	反対売買	はんたい　ばいばい	cross trade
	判断	はんだん	judgment; conclusion; opinion
	反騰	はんとう	reactionary rise; rebound; rally
	半導体	はんどうたい	semiconductor
	反応	はんのう	reaction; response; effect
	販売	はんばい	sale; selling
5B5	反発する	はんぱつする	to repel; to repulse; to oppose
	半面	はんめん	one side; the other side; the contrary
11B7	反面	はんめん	the other side; the reverse
	汎用	はんよう	wide use
	反落	はんらく	reactionary fall (in stock price)
	販路	はんろ	market (for goods); outlet
5B6	反論する	はんろんする	to bring a counterargument
ひ	非	ひ	mistake; error; fault; misdeed; wrong
	非〜	ひ〜	not 〜; non 〜
11A2	〜比	〜ひ	ratio of〜
	微〜	び〜	minute 〜; light 〜
	冷える	ひえる	to grow cold; to get chilly; to cool down
	被害	ひがい	damage
13A2	〜を控えて（て）	〜を　ひかえて（て）	having 〜 near at hand; before 〜
	控える	ひかえる	to refrain (from); to restrain oneself (from); to wait
11B1	比較	ひかく	comparison
11B1	比較する	ひかくする	to compare (with)
	比較的	ひかくてき	comparative(ly); relative(ly)
	非課税	ひかぜい	free of taxation; tax-free
	光ディスク	ひかり　ディスク	optical disc

	光ファイバー	ひかり ファイバー	optical fiber
	光メモリー	ひかり メモリー	optoelectronic memory
	悲観的 (な)	ひかんてき (な)	pessimistic
	引き合い	ひきあい	inquiry; deal
	引き上げ	ひきあげ	pulling up; raise [rise]; increase
	引当金	ひきあてきん	allowance
	引き受け	ひきうけ	underwriting
	引受会社	ひきうけ がいしゃ	accepting corporation; underwriter
	引き受ける	ひきうける	to hold oneself responsible for
	引き落とし	ひきおとし	pulling down
	引き締め	ひきしめ	tightening
	引き出す	ひきだす	to draw out
	引き継ぐ	ひきつぐ	to take over; to hand [pass] over
	引き続き	ひきつづき	continuously; uninterruptedly
	引く	ひく	to draw; to pull; to subtract; to deduct
8B4	低い	ひくい	low
	引け	ひけ	the close
	非現実的	ひげんじつてき	unrealistic; impractical
	非行	ひこう	misconduct
	非公開 (の)	ひこうかい (の)	exclusive; not open to the public
	被告 (人)	ひこく (にん)	the accused; defendant
	比重	ひじゅう	specific gravity; relative importance
	美術	びじゅつ	art; fine arts
	非常口	ひじょうぐち	emergency exit [door]
	非常に	ひじょうに	extremely; unusually; greatly
	ひずみ		strain; deformation; distortion
	火種	ひだね	live charcoal to make [kindle] a fire
	備蓄	びちく	saving for emergency; storing
	必至 (の)	ひっし (の)	inevitable; necessary
	必需品	ひつじゅひん	necessities; necessary article
10A5	筆頭	ひっとう	the head [the first] on the list [in a roll]
	匹敵する	ひってきする	to be a match for; to compete with
	逼迫する	ひっぱくする	to be tight; to be stringent
	必要性	ひつようせい	necessity
5B7	否定する	ひていする	to deny; to negate
	否定的 (な)	ひていてき (な)	negative; contradictory
	非鉄金属	ひてつ きんぞく	nonferrous metals
	人手	ひとで	hand; help; assistance; another's hand
	ひとまず		for a while; for the present
	非難する	ひなんする	to criticize unfavorably
	非難場所	ひなん ばしょ	place of refuge [safety]; shelter
5B10	批判する	ひはんする	to criticize

	備品	びひん	fixtures; furnishings; fittings
	秘宝	ひほう	(hidden) treasure; treasured article
	秘密	ひみつ	secret; secrecy
	費用	ひよう	expenses; cost
	微妙 (な)	びみょう (な)	delicate; subtle
	百貨店	ひゃっかてん	department store
	冷やか (な)	ひややか (な)	cold; coldhearted
	冷やす	ひやす	to cool; to keep (something) on ice
	票	ひょう	vote
	評価する	ひょうかする	to estimate; to evaluate
	表現	ひょうげん	expression; presentation; manifestation
	標語	ひょうご	catchword; slogan; motto
	表示	ひょうじ	indication; expression; manifestation
	標準	ひょうじゅん	standard
	標準語	ひょうじゅんご	standard language
	標的	ひょうてき	target; mark
	平等 (な)	びょうどう (な)	equal
5A3	表明する	ひょうめいする	to express; to manifest
	表面的 (な)	ひょうめんてき (な)	outward; superficial
	評論家	ひょうろんか	critic
	比率	ひりつ	percentage; rate; ratio
8A3	広がる	ひろがる	to spread; to extend; to expand; to widen; to get broad
8A3	広げる	ひろげる	to extend; to expand; to enlarge; to widen
	品質	ひんしつ	quality
	品質管理	ひんしつ　かんり	quality control
	貧富	ひんぷ	wealth and poverty; rich and poor
	品目	ひんもく	list of articles
ふ	不～	ふ～	un～; in～
	歩合	ぶあい	rate; ratio; percentage
	ファーム・バンキング		firm banking
	不安 (な)	ふあん (な)	uneasy; restless; anxious
	不安定 (な)	ふあんてい (な)	unstable; uncertain
	風力	ふうりょく	velocity [force] of the wind
	不運	ふうん	misfortune; adverse fortune [circumstances]
8A1	増える	ふえる	to increase; to grow
	不快	ふかい	displeasure; discomfort; unpleasantness
	付加価値	ふか　かち	value-added
18B6	不可欠 (な)	ふかけつ (な)	indispensable; vital; essential
	不可能 (な)	ふかのう (な)	impossible; unattainable; impractical
	不可避 (な・の)	ふかひ (な・の)	inescapable; inevitable; unavoidable

8A5	深まる	ふかまる	to become deeper
8A5	深める	ふかめる	to deepen
	普及する	ふきゅうする	to spread; to diffuse; to extend
	不況	ふきょう	depression; recession; slump
	付近	ふきん	neighborhood; vicinity; environs; district
	不均衡	ふきんこう	imbalance; unbalance
	副〜	ふく〜	assistant; associate; deputy
	復元する	ふくげんする	to restore [be restored] to the original state; reconstruct
	複合	ふくごう	composition; complex
	複雑 (な)	ふくざつ (な)	complicated; complex
	副作用	ふくさよう	side [secondary] effect
	副産物	ふくさんぶつ	by-product
	福祉	ふくし	welfare
	複写	ふくしゃ	reproduction; duplication
	副社長	ふくしゃちょう	vice-president
	復習する	ふくしゅうする	to review (lessons)
	複数	ふくすう	the plural (number)
	服装	ふくそう	(the style of) dress; costume
4A10	含み	ふくみ	implication; hidden [implied] meaning
	含み益	ふくみ えき	hidden [off-record] profit
	含み資産	ふくみ しさん	hidden assets; off-record assets
	含み損	ふくみ ぞん	hidden [off-record] loss
	含む	ふくむ	to contain; to hold; to include
	含める	ふくめる	to include
	膨らませる	ふくらませる	to swell (out); to fill out; to expand
8A10	膨らむ	ふくらむ	to get big; to become inflated; to expand
8A10	膨れ上がる	ふくれあがる	to swell up [out]
	不公正 (な)	ふこうせい (な)	unjust; unfair; inequitable
	不公平 (な)	ふこうへい (な)	unfair; unjust; inequitable; partial
	負債	ふさい	liabilities; debt
	不作	ふさく	bad [poor] harvest [crop]
	不首尾	ふしゅび	failure; poor [negative, unfavorable] result
	負傷者	ふしょうしゃ	wounded [injured] person; casualties
	負傷する	ふしょうする	to be injured [wounded]
1D8	浮上する	ふじょうする	to appear on the surface; to come up
	不振	ふしん	dull; inactive
	婦人	ふじん	lady; woman; female
	不信感	ふしんかん	distrust; suspicion
	部数	ぶすう	the number of copies; circulation
	付随業務	ふずい ぎょうむ	appended business

	付随する	ふずいする	to accompany; to be annexed to
	防ぐ	ふせぐ	to prevent (something, somebody from); to protect; to defend; to guard against
	武装化	ぶそうか	militarization
	不足する	ふそくする	to be short of; to lack
	舞台	ぶたい	stage
	双子	ふたご	twins
	再び	ふたたび	again; once more [again]
	負担	ふたん	burden; load; charge
	不断 (の)	ふだん (の)	constant; continual; persistent; perpetual
	不調	ふちょう	bad condition; disorder; slump
	不通	ふつう	impassability; suspension; interruption
	普通銀行 [普銀]	ふつう ぎんこう [ふぎん]	ordinary bank
	普通預金	ふつう よきん	ordinary deposit
	物価	ぶっか	prices (of commodities)
	復活祭	ふっかつさい	Easter
	復活する	ふっかつする	to revive; to come to life again; to be restored (to the original state)
	物資	ぶっし	goods; materials; commodities
	物品	ぶっぴん	article, goods
	物流	ぶつりゅう	distribution [circulation] of goods
	不定 (の・な)	ふてい (の・な)	unsettled; uncertain; indefinite; unfixed
	不動産	ふどうさん	real estate; realty
	不透明 (な)	ふとうめい (な)	opaque; not transparent
	不評	ふひょう	bad reputation; unpopularity
	部品	ぶひん	(machine) parts; spare parts
	不変 (の)	ふへん (の)	unchangeable; invariable; inalterable
12B6	～を踏まえて	～を ふまえて	in due consideration of
	踏まえる	ふまえる	to stand on; to be based on
	不満	ふまん	dissatisfaction; discontent; displeasure
5C2	踏み切る	ふみきる	to take off; to step out; to venture; to finally take action
	不明 (な)	ふめい (な)	indistinct; obscure; unclear; unknown
	部門	ぶもん	department; section; division
8A1	増やす	ふやす	to increase; to add to
	不要 (な)	ふよう (な)	disused; waste; useless; unnecessary
	扶養控除	ふよう こうじょ	allowance [(tax) exemption] for dependents
	プラザ合意	プラザ ごうい	Plaza accord
13B15	～ぶり (に)	～ぶり (に)	after an interval of ～
	振り込む	ふりこむ	to pay into another's bank account; to transfer to another's bank account
	振り出す	ふりだす	to draw; to issue; to remit
	振り向ける	ふりむける	to turn; to apply

不良債権	ふりょう さいけん	bad debts
武力	ぶりょく	military force [power]
振るう	ふるう	to be enlivened; to exercise; to exhibit; to display
ブルー・チップ		blue chip
振れ	ふれ	deflection; deviation
触れる	ふれる	to touch; to touch on; to mention; to refer to; to comment upon
不渡り手形	ふわたり てがた	dishonored notes [bills]
(～の) 分	(～の) ぶん	part; portion
分割	ぶんかつ	division; partition; apportionment
分業	ぶんぎょう	division of work; specialization
分散する	ぶんさんする	to break up; to scatter; to decentralize
文書	ぶんしょ	document; letters; record
粉飾決算	ふんしょく けっさん	window dressing settlement
分析する	ぶんせきする	to analyze
分担する	ぶんたんする	to bear [take] one's share of; to take partial charge of; to bear part of
分配する	ぶんぱいする	to divide; to share (out); to distribute; to apportion; to portion (out)
分布	ぶんぷ	distribution
分野	ぶんや	field; sphere; division
分離する	ぶんりする	to separate; to disconnect
分類する	ぶんるいする	to classify
分裂する	ぶんれつする	to be disunited; to be dismembered; to be torn; to break up; to split

	米価	べいか	price of rice
	平均	へいきん	average
17A9	並行して	へいこうして	in parallel with; as well as
	並行する	へいこうする	to go side by side; to keep pace (with)
	併合する	へいごうする	to annex; to amalgamate; to absorb; to unite
	閉鎖する	へいさする	to close; to shut; to lock
	閉山	へいざん	closing a mine; ending the climbing season
	平日	へいじつ	weekday; workday
	平静 (な)	へいせい (な)	calm; serene; tranquil; peaceful
	閉店する	へいてんする	to close (a) shop
	閉幕	へいまく	the falling of the curtain
	兵力	へいりょく	military force; the strength of an army; troop strength
	平和	へいわ	peace; harmony
6C3	～べき		should; ought to
	隔たる	へだたる	to be distant (from); to be apart [separated] (from)
2B9	～別	～べつ	classified by ～

	別荘	べっそう	villa; vacation [holiday] home
	別として	べつと して	to be apart from; independent(ly) of
	別に～ない	べつに～ない	not especially; not particularly
	～を経て	～を へて	through ～; by way of ～; via ～
	減らす	へらす	to reduce; to decrease; to diminish
8B1	減る	へる	to decrease; to be reduced; to fall to
	変化	へんか	change; variation; transition; alteration
	変化する	へんかする	to change; to shift; to alter; to vary
	変換する	へんかんする	to change; to convert; to transform
	返還する	へんかんする	to return; to replace; to repay
	返金する	へんきんする	to pay back; to repay; to refund
	変形	へんけい	deformation; transformation; modification; variation
	偏見	へんけん	prejudice
	変更する	へんこうする	to alter; to change; to modify; to shift
	弁護士	べんごし	lawyer; attorney
	返済	へんさい	repayment; refund
	返済する	へんさいする	to pay back; to return
	返事	へんじ	reply; answer; response
	変質する	へんしつする	to change in quality; to degenerate
	編集する	へんしゅうする	to edit; to compile
	返信する	へんしんする	to reply to a letter; to send a reply
	編成する	へんせいする	to form; to organize; to compose; to compile
	変調	へんちょう	change of tone; irregularity; abnormality
	変動	へんどう	variability; floating; fluctuation
	変動金利	へんどう きんり	variable interest
	変動相場	へんどう そうば	floating exchange rate
5A7	弁明する	べんめいする	to explain oneself; to clear oneself (from a charge)
	弁論大会	べんろん たいかい	speech contest
ほ 14A9	ポイント		the point; the important point; priority
	訪～	ほう～	visit to～
	某～	ぼう～	a certain ～; one ～
	法案	ほうあん	bill; measure
	防衛	ぼうえい	defense; safeguard
	防衛庁	ぼうえいちょう	the Defense Agency
	貿易	ぼうえき	foreign trade
	貿易摩擦	ぼうえき まさつ	trade friction
	防火	ぼうか	fire prevention [fighting]
	崩壊	ほうかい	collapse; breakdown; disruption; fall
	包括主義	ほうかつ しゅぎ	all-inclusive theory
	包括的（な）	ほうかつてき（な）	inclusive; comprehensive; general

	法規	ほうき	laws and regulations; legislation
	邦銀	ほうぎん	Japanese commercial banks
	方向	ほうこう	direction; course; line
	方向づける	ほうこうづける	to direct one's course
	報告	ほうこく	report; briefing; information; statement
	報告書	ほうこくしょ	(written) report
	豊作	ほうさく	good [rich, abundant] harvest [crop]
	方式	ほうしき	formula; form; mode
	防止する	ぼうしする	to prevent; to check; to hold in check
	放射光	ほうしゃこう	orbit radiation
	放射性物質	ほうしゃせい ぶっしつ	radioactive substance; radiation material
	放射能	ほうしゃのう	radioactivity
	報酬	ほうしゅう	remuneration; compensation
	放出する	ほうしゅつする	to release; to discharge; to give off; to radiate
7A5	方針	ほうしん	policy; course
	法人	ほうじん	legal entity; body corporate
	法人税	ほうじんぜい	corporate income tax
	方針を固める	ほうしんを かためる	to decide on one's policy
	防水	ぼうすい	waterproof
	訪ソ	ほう ソ	visit to the Soviet Union
	放送する	ほうそうする	to broadcast; to put on the air
	膨大（な）	ぼうだい（な）	bulky; massive; vast; enormous; gigantic
	放置する	ほうちする	to leave (things) alone; to leave (a matter) as it is
	訪中	ほう ちゅう	visit to China
	膨張する	ぼうちょうする	to expand; to swell
	法定準備金	ほうてい じゅんびきん	legal reserve
	報道	ほうどう	information; news; report
8A8	暴騰	ぼうとう	sudden rise; sharp rise; skyrocketing
	訪独	ほう どく	visit to Germany
	防風林	ぼうふうりん	windbreak of trees
	報復	ほうふく	retaliation
	方法	ほうほう	way; method; means
	法務省	ほうむしょう	the Ministry of Justice
	亡命	ぼうめい	exile; flight from one's country
	訪問する	ほうもんする	to visit; to call on
	暴落	ぼうらく	heavy decline; crash; plummet
	法律	ほうりつ	law; legislation
	暴力	ぼうりょく	violence; force
	暴力団	ぼうりょくだん	(violent) gangster organization
17A12	～ほか		except ～; besides ～
	簿価	ぼか	book value

保管する	ほかんする	to have custody of; to keep in a safe
簿記	ぼき	book keeping
補給する	ほきゅうする	to resupply; to replenish
募金する	ぼきんする	to raise money; to collect contributions
補欠選挙	ほけつ せんきょ	by-election
保険会社	ほけん がいしゃ	insurance company
保険金	ほけんきん	insurance money
保護預り	ほご あずかり	safety deposit
歩行者	ほこうしゃ	walker; pedestrian
母国語	ぼこくご	native language
ホコ[鉾]先	ほこさき	the point of a spear; spearhead
18A20 ホコ先をかわす	ほこさきを かわす	to dodge (to avoid a spearhead)
保護主義	ほご しゅぎ	protectionism
保護する	ほごする	to protect; to safeguard; to shelter
誇る	ほこる	to be proud of
保持する	ほじする	to maintain; to reserve; to keep; to hold
(債券の) 募集	(さいけんの) ぼしゅう	flotation; subscription
募集する	ぼしゅうする	to enlist; to enroll; to raise; to collect
保守的 (な)	ほしゅてき (な)	conservative
保証する	ほしょうする	to guarantee; to warrant; to assure
保障する	ほしょうする	to guarantee; to secure; to ensure
補償する	ほしょうする	to compensate; to indemnify; to make reparation
補助金	ほじょきん	subsidy; grant-in-aid; grant of money
補正予算	ほせい よさん	revised budget
補足する	ほそくする	to supplement; to complement
細る	ほそる	to become thin [thinner]; to dwindle; to be reduced
保存する	ほぞんする	to preserve; to conserve; to keep
歩調	ほちょう	pace; step
発足する	ほっそくする	to start; to make a start; to start functioning
9A3 ～ほど		as～; about; some
骨組	ほねぐみ	(body) frame; skeleton; framework; structure
9A4 ほぼ		almost; nearly; for the most part
保有する	ほゆうする	to hold; to possess
本格化	ほんかくか	to become serious; to hit one's stride
本業	ほんぎょう	principal business
本音	ほんね	one's real [true] intention [motive]
ほんの		mere; slight; just; (nothing) but; only
本番	ほんばん	acting for the audience
本部	ほんぶ	head office; headquarters
翻訳する	ほんやくする	to translate

	本来	ほんらい	originally; primarily; essentially
ま	7B6	~まい	may not ~; will not ~; not likely to ~; probably not
	13A2	~前	まえ	before
	前受金	まえうけきん	advances received
	前払費用	まえばらい　ひよう	prepaid expenses
	前渡金	まえわたしきん	advance payment
	任せる	まかせる	to entrust (a matter) to (a person); to entrust (a person) with (a task)
	賄う	まかなう	to finance; to cover (pay) expenses
	摩擦	まさつ	friction; discord; feud; trouble
	11B3	勝る[まさる]	まさる	to surpass; to exceed; to be better than; to have an advantage
	8A1	増す	ます	to increase; to grow; to gain; to rise
	10A8	まず		first of all; in the first place
	貧しい	まずしい	poor; needy
	ますます		more and more; increasingly; still more
	17A2	また		again; and; besides
	町並み	まちなみ	a row of stores and houses on a street
	窓口	まどぐち	window
	窓口規制	まどくち　きせい	window control [guidance]
	窓口販売[窓販]	まどぐち　はんばい[まどはん]	over-the-counter sale [selling]
	9B8	~まで		even ~; to the extent of ~; up to ~; so far as
	14A10	的	まと	mark; target; focus; point
	まとめる		to settle; to conclude; to complete; to collect; to put in order; to arrange
	学ぶ	まなぶ	to learn; to be taught; to take lessons
	招く	まねく	to call; to invite; to incur; to cause
	守る	まもる	to obey; to keep (the rules)
	麻薬	まやく	(narcotic) drug
	迷う	まよう	to be bewildered; to be at a loss; to hesitate
	回す	まわす	to pass around; to turn round
	満員	まんいん	full (of people); crowded
	満期	まんき	maturity
	満期日	まんきじつ[まんきび]	due date; date of maturity
	満足する	まんぞくする	to be satisfied; to be contented
み	未~	み~	not yet ~
	見合う	みあう	to look at each other; to correspond (to); to counterbalance (each other); to offset
	見当たる	みあたる	to find; to come across [upon]; to be found
	5C10	見送る	みおくる	to see off; to let (it) go; to leave over

	見返り	みかえり	incentive goods; collateral export goods; collateral funds
	味覚	みかく	(sense of) taste
4A4	見方	みかた	view; viewpoint; outlook
	味方	みかた	ally; supporter; one's side
	未完成 (の)	みかんせい (の)	incomplete; unfinished; imperfect
	未完成工事	みかんせい こうじ	long-term construction in progress
	未決 (の)	みけつ (の)	pending
7B2	見込み	みこみ	prospect; anticipation; expectation
7B2	見込む	みこむ	to foresee; to anticipate; to expect
	未実現損益	みじつげん そんえき	unrealized profit and loss
	未収収益	みしゅう しゅうえき	accrued revenue (income)
	未収入金	みしゅうにゅうきん	uncollected balance
	水を差す	みずを さす	to throw cold water; to alienate (a person) from (another); to put up a barrier
	未然に	みぜんに	before (something happens); beforehand; previously
	見出し	みだし	index; caption; headline
	満たす	みたす	to fill; to supply; to satisfy; to meet
	乱れる	みだれる	to go out of order; to be confused
	見違える	みちがえる	to fail to recognize; to be unrecognized
	見つかる	みつかる	to be found (out); to be discovered; to be detected; to be sought out; to be caught
	見つけ出す	みつけだす	to find out; to discover; to detect
	密接な	みっせつな	close; intimate; near
	密度	みつど	density
	見積 (り)	みつもり	estimate
	見積書	みつもりしょ	written estimate
	密輸 (入)	みつゆ (にゅう)	smuggling; contraband trade
7B1	見通し	みとおし	outlook; perspective; prospect; forecast
	認める	みとめる	to admit; to recognize
	見直し	みなおし	to look at again
	身の回り品	みの まわりひん	one's personal effects [belongings, property]
	未発表	みはっぴょう	unpublished; not yet made public
	未払い金	みはらいきん	account payable
	未払い費用	みはらい ひよう	accrued expenses
	見本市	みほんいち	(sample) trade fair
9B3	未満	みまん	less than ～; under; below
	未来	みらい	future; time [days] to come
	魅力	みりょく	charm; fascination; appeal
	民営化	みんえいか	privatization
	民活[民間活力]	みんかつ[みんかん かつりょく]	vitality of private industry
	民間 (の)	みんかん (の)	private; nonofficial; nongovernmental

	民間企業	みんかん きぎょう	private enterprise
	民主主義	みんしゅ しゅぎ	democracy
	民主党	みんしゅとう	the Democratic Party; the Democrats
	民法	みんぽう	civil law
む	無益 (な)	むえき (な)	useless; futile
	迎える	むかえる	to meet; to receive; to greet; to invite
	昔	むかし	old days; former years [days]
4A8	向き	むき	direction; tendency; those who have the same tendency; some people
14B11	～向け	～むけ	for ～; bound for ～; headed for～
7A6/ 13B14	～に向け (て)	～に むけ (て)	for ～; toward～
	無形 (の)	むけい (の)	intangible; formless
	無形固定資産	むけい こていしさん	intangible fixed assets
	無形財産	むけい ざいさん	intangible property
13B14	向こう (～年/～日)	むこう (～ねん/～にち)	next (～ years/～ days)
	向こう岸	むこうぎし	the opposite bank; farther shore
	無作為	むさくい	random
	無視する	むしする	to ignore; to disregard
	無職	むしょく	having no occupation; unemployed
17C4	むしろ		rather; rather than
	結ぶ	むすぶ	to tie (up); to fasten
	旨	むね	effect; purport; principle
	無名 (の)	むめい (の)	anonymous; unsigned; unnamed; unidentified
	無理	むり	unreasonable; impossible
	無料	むりょう	no charge
め	名案	めいあん	good [splendid] plan; well-devised scheme
	銘柄	めいがら	brand; name
	名義	めいぎ	name
	明記する	めいきする	to write expressly; to write clearly
	明治時代	めいじ じだい	the Meiji era
	明示する	めいじする	to state clearly; to specify
	名称	めいしょう	name; title; term; designation
	名目賃金	めいもく ちんぎん	nominal wages
	命令	めいれい	order; command; dictation; instruction
18A14	目が離せない	めが はなせない	cannot take one's eye off
14B4	～をめぐって[めぐり]	～を めぐって[めぐり]	concerning ～; regarding ～
7A2	目指す	めざす	to aim at; to have (something) in view
	めざましい		striking; spectacular; remarkable
18A15	メス		surgical knife
18A15	メスをいれる	メスを いれる	to take a drastic measure; to make a searching inquiry

1D5	目立つ	めだつ	to stand out; to be prominent
14A12	目玉	めだま	eyeball; striking point; loss leader
	目玉商品	めだま しょうひん	leader; loss leader
2C1	メド		aim; goal; prospect; outlook
	目減り	めべり	loss of [in] weight
	目安	めやす	standard; criterion; aim
14A11	～面	～めん	aspect; phase; side
	免許	めんきょ	permission; license
	免許証	めんきょしょう	license; certificate; permit; charter
	免除	めんじょ	exemption; immunity; discharge
	免税	めんぜい	exemption [immunity] from taxation
	面積	めんせき	area; surface area; size (of land)
も	猛威	もうい	fierceness; fury; ferocity; violence
	儲かる	もうかる	to be profitable
	設ける	もうける	to prepare; to provide; to establish
	申し合わせ	もうしあわせ	agreement; arrangement
6A2	申し入れる	もうしいれる	to request; to make a proposal
	申し込み	もうしこみ	proposal; application; subscription
	猛反対	もうはんたい	strong objection
	木材	もくざい	wood; timber; lumber
7A1	目的	もくてき	purpose; aim; object; goal
7A1	目標	もくひょう	mark; target; aim; goal; object; objective
	目論見書	もくろみしょ	prospectus
	模索する	もさくする	to grope for
16A2	もし		if; in case; provided; supposing
17C2	もしくは		or; either ～ or ～
	文字通り	もじどおり	literally
12A10	もたらす		to bring about; to cause
	用いる	もちいる	to use
	持ち株会社	もちかぶ がいしゃ	holding company
	持ち分法	もちぶんほう	equity method
17A5	もちろん～も［でも］		～ not to mention [let alone]～
	最も	もっとも	most
17B6	もっとも		however; though; but
	専ら	もっぱら	entirely; exclusively
	元～	もと～	former ～; past ～; ex-
	もと		origin; source
	(石油)元売り［元卸し］	(せきゆ) もとうり［もとおろし］	petroleum company
	戻す	もどす	to return; to give back; to restore
	元帳	もとちょう	ledger
12B4	～に基づいて	～に もとづいて	be based on; on the basis of

12B4	基づく	もとづく	to be based
12B3	～をもとに	～を もとに	on the basis of
6A2	求める	もとめる	to ask for; to request; to make a proposal
	もとより		of course
	～はもとより	～は もとより	to say nothing of ～
	戻る	もどる	to come back; to return
17D5	～ものの		although ～
	物別れ	ものわかれ	reaching no agreement; being broken off
13B17	もはや		already; now
	もみ合う	もみあう	to jostle one another; to hover; to waver
4B8	模様	もよう	pattern; signs; looks; condition; state of affairs; trend
	最寄り	もより	the nearest
1D7	盛り込む	もりこむ	to incorporate; to include; to comprehend
	門戸	もんこ	the door

や

	野外	やがい	fields; open air
	夜間	やかん	night; nighttime
	野球	やきゅう	baseball
	役	やく	role; post; appointment; duty; function; part
9A1	約～	やく～	about; approximately; nearly
	役員	やくいん	director
	役員賞与	やくいん しょうよ	bonus for directors and auditors
	約定	やくじょう	agreement
	約束する	やくそくする	to promise
	約束手形	やくそく てがた	promissory note
	役割（り）	やくわ（り）	part; role
	役割りを果たす	やくわりを はたす	to play a role
	安値	やすね	low price [rate, figure]; low level
18A12	安値をつける	やすねを つける	to fetch a low price
	安らぎ	やすらぎ	peace of mind; serenity; calmness
	家賃	やちん	(house) rent
18A16	躍起になる[～となる]	やっきに なる[～と なる]	to be [become] excited; to become [get] eager
	野党	やとう	non-government party; opposition party
	山積み	やまづみ	big [high, tall] pile
5D2	やむを得ない	やむを えない	can't be helped; beyond one's control; unavoidable
9A5	やや		a little; slightly
18A22	やりくりする		to manage; to contrive to get along
18A17	ヤリ玉にあげる	やりだまに あげる	to make (a person, a thing) the object to attack
	やわらげる		to soften; to moderate; to ease

優位	ゆうい	predominance; superiority
有益 (な)	ゆうえき (な)	beneficial; useful; instructive
有価証券	ゆうか しょうけん	negotiable [marketable] securities
遊休 (の)	ゆうきゅう (の)	idle; unused
有給休暇	ゆうきゅう きゅうか	paid vacation [holiday]
優遇措置	ゆうぐう そち	preferential treatment
有形 (の)	ゆうけい (の)	tangible
有形固定資産	ゆうけい こてい しさん	tangible (fixed) assets
有形財産	ゆうけい ざいさん	tangible property [assets]
有効 (な)	ゆうこう (な)	valid; effective; available
有効求人倍数	ゆうこう きゅうじん ばいすう	ratio of effective labor demand to effective supply
融合	ゆうごう	fusion; merger; harmony
融資する	ゆうしする	to finance
優秀 (な)	ゆうしゅう (な)	superior; excellent; admirable
優勢	ゆうせい	(pre)dominance; superior power; superiority
郵政省	ゆうせいしょう	the Ministry of Posts and Telecommunications
優先株	ゆうせんかぶ	preferred stock
優先する	ゆうせんする	to be prior (to); to have priority
誘致する	ゆうちする	to lure; to attract; to invite; to cause
融通する	ゆうづうする	to finance (an enterprise)
融通手形	ゆうづう てがた	accommodation bill
誘導する	ゆうどうする	to induce (a person to do); to guide; to lead
有能 (な)	ゆうのう (な)	able; capable; competent; talented
有望 (な)	ゆうぼう (な)	promising; hopeful; favorable
猶予	ゆうよ	postponement; deferment
猶予期間	ゆうよ きかん	grace period
有利 (な)	ゆうり (な)	profitable; favorable
有料	ゆうりょう	charged (not free); fee-charging
優良 (な)	ゆうりょう (な)	superior; excellent; able; capable
優良株	ゆうりょう かぶ	blue chip; blue-chip stock
有力 (な)	ゆうりょく (な)	powerful; influential
ユーロ債	ユーロ さい	Euro-bond; Euro-market loan; Euro-currency loan
床	ゆか	floor; platform; deck
行き過ぎ	ゆきすぎ[いきすぎ]	excesses
行方	ゆくえ	one's traces; one's destination
輸出する	ゆしゅつする	to export
輸出入銀行[輸銀]	ゆしゅつにゅう ぎんこう[ゆぎん]	export-import bank
輸送機	ゆそうき	transport plane
輸送する	ゆそうする	to convey; to transport; to carry

	輸送力	ゆそうりょく	transport [load] capacity
	ゆだねる		to entrust [charge] (a person) with a matter; to devote oneself (to one's work)
	輸入する	ゆにゅうする	to import
	許す	ゆるす	to allow; to permit; to approve; to grant; to admit
	緩む	ゆるむ	to loosen
	緩やか (な)	ゆるやか (な)	loose; slack; easy; gentle; slow
よ 7A9	～よう (に)		so as to ～
	用意する	よういする	to prepare; to get ready; to arrange
	容易に	よういに	easily; readily; without difficulty
	要因	よういん	primary factor; main [chief] cause
	容器	ようき	container; vessel
	陽気 (な)	ようき (な)	cheerful; merry; jovial
	容疑者	ようぎしゃ	suspect; a person under suspicion
	要求する	ようきゅうする	to demand; to claim; to request
	要求払い	ようきゅう ばらい	payable on demand
	要件	ようけん	essential condition
	用件	ようけん	matter (of business); things to be done
	要綱	ようこう	the outline; the gist; the general idea
	要旨	ようし	the gist; the point
	用紙	ようし	blank [printed] form; stationery
	要する	ようする	to require; to need
	要請する	ようせいする	to demand; to request
	溶接	ようせつ	welding
	用立てる	ようだてる	to lend; to oblige (a person) with (a sum)
	用地	ようち	(grazing) land; (building) lot; site
	容認する	ようにんする	to admit; to approve of; to accept
	要望する	ようぼうする	to demand; to request; to cry (for)
	容量	ようりょう	(the measure of) capacity; volume
	余暇	よか	leisure; leisure time
	予期する	よきする	to expect; to anticipate; to have in prospect
	余儀なく	よぎなく	unavoidably; inevitably; necessarily
18A18	余儀なくされる	よぎなく される	to be compelled
	預金	よきん	deposit
	預金証書	よきん しょうしょ	certificate of deposit
	預金通帳	よきん つうちょう	deposit passbook; bankbook
	翌月	よくげつ	the next [following] month
	抑止力	よくしりょく	deterrent potential [force]
	抑制する	よくせいする	to control; to repress; to suppress; to restrain
	予告する	よこくする	to notify beforehand

9B6	横ばい	よこばい	remaining on the same level; showing no fluctuations
	予算	よさん	budget; estimate
	予算案	よさん あん	draft budget; bill of budget
	与信業務	よしん ぎょうむ	credit business
7B3	予想する	よそうする	to anticipate; to forecast
7B3	予測する	よそくする	to predict; to forecast; to estimate
	予断	よだん	prediction; prophecy; presupposition
	予断を許さない	よだんを ゆるさない	to admit of no prediction [presupposition]
	余地	よち	room; margin; scope; place; blank
18A19	余地がある/ない	よちが ある/ない	there is room/no room
	予兆	よちょう	omen; foreboding
12B2	〜によって[より]	〜に よって[より]	because of; due to; on the grounds of; according to; by means of; as a result of
	予定	よてい	schedule; previous arrangement
	与党	よとう	the Government; the Administration; Ministerial party
	呼び起こす	よびおこす	to wake (up); to awake; to arouse
	予備会議	よび かいぎ	preliminary negotiation
	呼びかける	よびかける	to call (out, over) to; to hail
	予防	よぼう	prevention; protection; precaution
	よほど		very; greatly; much; highly; considerably
	予約する	よやくする	to reserve; to subscribe
	余裕	よゆう	surplus; margin; room; time (to spare)
17C5	〜より（も）		rather; rather than
	寄り付き	よりつき	the opening of the session [market]
12B2	〜によると	〜に よると	according to 〜
	世論調査	よろん ちょうさ	public opinion poll
8B2	弱まる	よわまる	to become weak [weaker]; to weaken
8B2	弱める	よわめる	to weaken; to lessen
ら	雷雨	らいう	thunderstorm; thundershower
	来日	らいにち	visit to Japan; arrival in Japan
	来訪者	らいほうしゃ	visiter; caller
	落下する	らっかする	to fall (down); to come down; to drop
	楽観的	らっかんてき	optimistic
	落札	らくさつ	successful bid
	落着する	らくちゃくする	to be settled; to come to a settlement
8B9	乱高下	らんこうげ	violent fluctuations; wild ups and downs; jumps and slumps
り	利上げ	りあげ	increase [rise] of [in] the interest rate
	利益	りえき	profit; gain(s); returns
	利害	りがい	advantages and disadvantages; interests

	理解	りかいする	to understand; to comprehend; to grasp
	利食い	りぐい	profit taking [cashing]; realizing; reselling [resale] at a profit
	陸軍	りくぐん	army; military service
	離婚	りこん	divorce
	利ざや	りざや	margin of profit
	理事会	りじかい	board of directors; directorate
	利潤	りじゅん	profit
	理性	りせい	reason; reasoning power
	利息	りそく	interest (on a loan [deposit])
	離着陸	り ちゃくりく	taking off and landing
11A1	率	りつ	rate; proportion; percentage
	立候補	りっこうほ	candidacy
	立法	りっぽう	(the enactment of) legislation; lawmaking
	利点	りてん	advantage
	利払い	りばらい	interest payment
	利回り	りまわり	yield
	略語	りゃくご	abbreviation; abbreviated word
	略図	りゃくず	rough sketch; route map
12A1	理由	りゆう	reason; cause; ground(s)
	留学生	りゅうがくせい	student studying abroad
	流行する	りゅうこうする	to be in fashion [vogue]; to become popular; to prevail; to be prevalent
	流出する	りゅうしゅつする	to flow [run] out
	流暢に	りゅうちょうに	fluently; smoothly
	流通機構	りゅうつう きこう	distribution system; marketing system
	流通市場	りゅうつう しじょう	secondary market; trading market
	流通する	りゅうつうする	to circulate; to ventilate; to flow
	流動	りゅうどう	flowing; liquid
	流動資産	りゅうどう しさん	current (liquid) assets
	流動負債	りゅうどう ふさい	current (liquid) liabilities
	流入する	りゅうにゅうする	to flow [come, stream] in [into]
	量	りょう	quantity; amount
2A2	両～	りょう～	the two ～; both ～
	料金	りょうきん	charge; fee
	良好（な）	りょうこう（な）	good; fine; excellent; favorable
	利用者	りようしゃ	user
	両者	りょうしゃ	both parties
	領収書	りょうしゅうしょ	receipt; voucher
	良心	りょうしん	conscience; the inner voice
	利用する	りようする	to utilize; to make use of; to take advantage of
	旅客船	りょかくせん	passenger boat

利率	りりつ	the rate of interest
理論	りろん	theory
稟議（書）	りんぎ（しょ）	consultation (for internal approval by circular)
林業	りんぎょう	forestry
臨時	りんじ	temporary
臨時国会	りんじ こっかい	extraordinary session of the Diet
類似する	るいじする	to be similar to; to resemble
類推する	るいすいする	to show analogy between
累積債務	るいせき さいむ	accumulated debt
累積する	るいせきする	to accumulate
例外	れいがい	exception
零細企業	れいさい きぎょう	small business
歴史	れきし	history
列挙する	れっきょする	to enumerate; to list
劣後株	れつご かぶ	deferred stock
列車	れっしゃ	(railway) train
連休	れんきゅう	consecutive holidays
連銀［連邦銀行］	れんぎん［れんぽう ぎんこう］	Federal Bank; Central Bank
連結決算	れんけつ けっさん	consolidation; consolidated settlement (of accounts)
連結財務諸表	れんけつ ざいむ しょひょう	consolidated financial statements
連合	れんごう	combination; union
練習する	れんしゅうする	to practice; to train
連続する	れんぞくする	to continue; to be continuous
連邦	れんぽう	federation; confederation; union; commonwealth; federal state
連邦準備銀行	れんぽう じゅんび ぎんこう	the Federal Reserve Bank
連絡する	れんらくする	to contact; to inform
老化	ろうか	aging
老後	ろうご	one's old age
労働組合［労組］	ろうどう くみあい ［ろうくみ, ろうそ］	labor union
労働者	ろうどうしゃ	laborer
労働集約的［型］産業	ろうどう しゅうやくてき［がた］ さんぎょう	labor-intensive industry
老若男女	ろうにゃく なんにょ ［ろうじゃく だんじょ］	people of all ages and both sexes
労務費	ろうむひ	labor cost
路線	ろせん	line
論説	ろんせつ	discourse; editorial; leading article
論争	ろんそう	dispute; controversy; argument
論評	ろんぴょう	comment; review
論文	ろんぶん	essay; thesis
論理的（な）	ろんりてき（な）	logical

わ	我が〜	わが〜	my 〜; our 〜
	和解	わかい	amicable; [friendly; peaceful] settlement; reconcilement; reconciliation
	枠	わく	frame; framework; limit
	〜に沸く	〜に わく	to be excited over 〜
5D4	〜わけにはいかない	〜わけには いかない	can't afford to; cannot help 〜ing; it's impossible to
	わざわざ		on purpose: purposely; especially
9A5	わずか		no more than; few; small number
	話題	わだい	topic [subject] (of conversation)
13A9	〜にわたり[わたって]	〜に わたり[わたって]	extending; covering
	〜にわたる	〜に わたる	to range (from 〜 to 〜)
	和平	わへい	peace
	〜割	〜わり	rate; proportion; ratio: percentage
11A1	割合	わりあい	proportion; ratio
	割り当て	わりあて	allotment; allocation
	割高	わりだか	comparatively high price [cost]
	割り引き	わりびき	discount
	割引手形	わりびき てがた	discounted notes
	割引料	わりびきりょう	discount charge
	割安	わりやす	comparatively low [good] price [cost]
9C3	割る	わる	to divide; to cut; to separate; to part; to break [drop below]
9C3	〜割れ	〜われ	below the level

Appendixes

1. 内閣閣僚

総理大臣	そうり だいじん	Prime Minister
法務大臣	ほうむ だいじん	Minister of Justice
外務大臣	がいむ だいじん	Minister of Foreign Affairs
大蔵大臣	おおくら だいじん	Minister of Finance
文部大臣	もんぶ だいじん	Minister of Education
厚生大臣	こうせい だいじん	Minister of Health and Welfare
農林水産大臣	のうりん すいさん だいじん	Minister of Agriculture, Forestry and Fisheries
通商産業大臣	つうしょう さんぎょう だいじん	Minister of International Trade and Industry
運輸大臣	うんゆ だいじん	Minister of Transport
郵政大臣	ゆうせい だいじん	Minister of Posts and Telecommunications
労働大臣	ろうどう だいじん	Minister of Labor
建設大臣	けんせつ だいじん	Minister of Construction
自治大臣	じち だいじん	Minister of Home Affairs
国務大臣	こくむ だいじん	Minister of State
内閣官房長官	ないかく かんぼう ちょうかん	Chief Cabinet Secretary
経済企画庁長官	けいざい きかくちょう ちょうかん	Director General of Economic Planning Agency
総理府総務長官	そうりふ そうむ ちょうかん	Director General of Prime Minister's Office
北海道開発庁長官	ほっかいどう かいはつちょう ちょうかん	Director General of Hokkaido Development Agency
科学技術庁長官	かがく ぎじゅつちょう ちょうかん	Director General of Science and Technology Agency
環境庁長官	かんきょうちょう ちょうかん	Director General of Environment Agency
国土庁長官	こくどちょう ちょうかん	Director General of National Land Agency
沖縄開発庁長官	おきなわ かいはつちょう ちょうかん	Director General of Okinawa Development Agency
防衛庁長官	ぼうえいちょう ちょうかん	Director General of Defense Agency
国家公安委員長	こっか こうあん いいんちょう	Chairman of National Public Safety Commission

[資産の部]	しさんの　ぶ	ASSETS SECTION
流動資産	りゅうどう　しさん	**Current Assets**
当座資産	とうざ　しさん	Liquid assets
現金及び預金	げんきん　および　よきん	cash on hand and in banks
受取手形	うけとり　てがた	notes receivable-trade
売掛金	うりかけきん	accounts receivable-trade
有価証券	ゆうか　しょうけん	marketable securities
前渡金	まえわたしきん	advance payments
その他の当座資産	そのたの　とうざしさん	other liquid assets
貸倒引当金	かしだおれ　ひきあてきん	less allowance for doubtful accounts
棚卸資産	たなおろし　しさん	Inventories
製品	せいひん	finished goods
半製品	はん　せいひん	semi finished goods
仕掛品	しかかり　ひん	works [goods] in process
原材料	げん　ざいりょう	raw materials
固定資産	こてい　しさん	**Fixed Assets**
有形固定資産	ゆうけい　こていしさん	Tangible fixed assets
建物	たてもの	buildings
構築物	こうちくぶつ	structures (facilities)
機械及び装置	きかい　および　そうち	machinery and equipment
車輌および運搬具	しゃりょう　および　うんぱんぐ	cars and other land delivery equipment
工具器具および備品	こうぐ　きぐ　および　びひん	tools, furniture and fixtures
土地	とち	land
建設仮勘定	けんせつ　かりかんじょう	construction in process
無形固定資産	むけい　こていしさん	Intangible fixed assets
特許権	とっきょけん	patent rights
施設利用権	しせつ　りようけん	rights of utilization
その他の無形固定資産	そのたの　むけい　こていしさん	other intangible fixed assets
投資等	とうし　とう	Investments, etc.
子会社株式	こがいしゃ　かぶしき	stocks of subsidiary corporations
投資有価証券	とうし　ゆうか　しょうけん	investments in securities
長期貸付金	ちょうき　かしつけきん	long-term loans
その他の投資等	その　たの　とうし　とう	other investments
資産合計	しさん　ごうけい	**Total Assets**

[負債の部]	ふさいの　ぶ	LIABILITIES SECTION
流動負債	りゅうどう　ふさい	Current Liabilities
支払手形	しはらい　てがた	notes payable-trade
買掛金	かいかけきん	accounts payable-trade
短期借入金	たんき　かりいれきん	short-term loans repayable
一年内償還の社債	いちねんない　しょうかんの　しゃさい	current portion of bonds
未払金	みはらいきん	accounts payable-other
法人税等未払金	ほうじんぜい　とう　みはらいきん	accrued corporation tax, etc.
未払費用	みはらい　ひよう	accrued expenses
前受金	まえうけきん	advances received
預り金	あずかりきん	deposits received
前受収益	まえうけ　しゅうえき	deferred income
引当金	ひきあてきん	reserves
その他	そのた	others
固定負債	こてい　ふさい	Fixed Liabilities
社債	しゃさい	bonds
長期借入金	ちょうき　かりいれきん	long-term loans repayable
長期未払金	ちょうき　みはらいきん	long-term accounts payable
退職手当引当金	たいしょく　てあて　ひきあてきん	reserve for retirement allowances
その他	そのた	others
負債合計	ふさい　ごうけい	Total Liabilities
[資本の部]	しほんの　ぶ	STOCKHOLDERS' EQUITY SECTION
資本金	しほんきん	Capital Stock
法定準備金	ほうてい　じゅんびきん	Legal Reserve
資本準備金	しほん　じゅんびきん	legal capital surplus
利益準備金	りえき　じゅんびきん	legal retained earnings
その他剰余金	そのた　じょうよきん	Other Surplus
特別積立金	とくべつ　つみたてきん	special retained earnings
当期未処分利益	とうき　みしょぶん　りえき	unappropriated retained earnings
（当期利益）	とうき　りえき	net income
資本合計	しほん　ごうけい	Total Stockholders' Equity
負債・資本合計	ふさい・しほん　ごうけい	Total Liabilities and Stockholders' Equity

損益計算書 [Income Statements]

[経常損益の部]	けいじょう そんえきの ぶ	RECURRING [ORDINARY] INCOME SECTION
営業損益の部	えいぎょう そんえきの ぶ	**Operating Income Section**
営業収益	えいぎょう しゅうえき	operating income
売上高	うりあげだか	sales
営業費用	えいぎょう ひよう	operating expenses
売上原価	うりあげ げんか	cost of sales
販売費及び一般管理費	はんばいひ および いっぱん かんりひ	selling and general administrative expenses
営業利益	えいぎょう りえき	operating imcome
営業外損益の部	えいぎょうがい そんえきの ぶ	**Non-Operating Income Section**
営業外収益	えいぎょうがい しゅうえき	non-operating revenues
受取利息・割引料	うけとり りそく・わりびきりょう	interest and discounts earned
受取配当金	うけとり はいとうきん	dividends earned
営業外費用	えいぎょうがい ひよう	non-operating expenses
支払利息・割引料	しはらい りそく・わりびきりょう	interest and discount expenses
経常利益	けいじょう りえき	**Ordinary Income**
[特別損益の部]	とくべつ そんえきの ぶ	EXTRAORDINARY INCOME SECTION
特別利益	とくべつ りえき	Extraordinary profits
固定資産売却益	こてい しさん ばいきゃく えき	profits on disposal of fixed assets
特別損失	とくべつ そんしつ	Extraordinary losses
固定資産売却損	こていしさん ばいきゃく ぞん	losses on disposal of fixed assets
前期損益修正	ぜんき そんえき しゅうせい	prior period adjustments
税引前当期利益	ぜいびき まえ とうき りえき	Income before taxes
法人税及び住民税	ほうじんぜい および じゅうみんぜい	Corporate tax and inhabitant [resident] taxes
当期利益	とうき りえき	Net income
前期繰越利益金	ぜんき くりこし りえききん	Retained earnings brought forward
中間配当額	ちゅうかん はいとうがく	Interim dividends
利益準備金積立額	りえき じゅんびきん つみたてがく	Provision of legal retained surplus
当期未処分利益	とうき みしょぶん りえき	Unappropriated retained earnings

あ	相対売買	あいたい　ばいばい	negotiated transaction
	青空市場	あおぞら　しじょう	open air market
	青天井	あお　てんじょう	skyrocketing
	あおる	あおる	to bull (market)
	商い	あきない	trade; business
	甘い	あまい	dull; easy
	アヤ	あや	technical change
い	委託売買	いたく　ばいばい	brokerage; agency transaction
	一般事業債	いっぱん　じぎょうさい	general corporate bonds
	嫌気する	いやきする[いやけする]	to get tired of; to lose interest (in)
う	受け渡し	うけわたし	delivery
	薄商い	うす　あきない	light trading
	裏書き	うらがき	endorsement
	売り気配	うりけはい	ask(ed) quotation
	売り越し	うりこし	selling on balance
	売り出し	うりだし	secondary offering
	売りたたく	うりたたく	to bear the market
	売りつなぎ	うりつなぎ	hedge-selling; short selling
	売り場	うりば	chance to sell
	上ザヤ	うわざや	higher in quotation
	上値	うわね	higher price
	上乗せ	うわのせ	higher price; rise in price
	上放れ	うわばなれ	up gap
え	縁故募集	えんこ　ぼしゅう	private subscription
	円建て外債	えんだて　がいさい	yen dominated foreign-bond
お	追い証	おいしょう	re-margin; additional cover [margin]
	応募者利回り	おうぼしゃ　りまわり	subscriber's yield
	大底	おおぞこ	major bottom
	大台乗せ	おおだい　のせ	reaching [hitting] a mark
	大台割れ	おおだい　われ	falling [dropping] below a mark
	大幅	おおはば	full width
	大引け	おおびけ	close; closing
	押し目	おしめ	dip; reaction
	押し目買い	おしめ　がい	buying in reaction
	思惑買	おもわく　がい	speculative buying
	終値	おわりね	closing price

か	買い気配	かい　きはい[けはい]	bid [bidding] quotation
	買い越し	かいこし	buying on balance; on-balance buying
	買い支え[ささえ]	かいささえ	buying support
	買い占め	かいしめ	corner
	会社更生法	かいしゃ　こうせいほう	Corporate Reorganization Law
	買いつなぎ	かいつなぎ	hedge-buying
	買い場	かいば	buying opportunity
	買い戻し	かいもどし	short covering
	解約	かいやく	partial redemption
	格付け	かくづけ	bond rating
	格付け機関	かくづけ　きかん	bond rating agency; rating agency
	確定利付き証券	かくてい　りつき　しょうけん	fixed interest bearing securities
	額面	がくめん	par value
	額面割れ	がくめんわれ	drop below par
	加重平均利回り	かじゅう　へいきん　りまわり	compound yield based on weighted average
	株式償却	かぶしき　しょうきゃく	retirement [cancellation] of shares
	株式配当	かぶしき　はいとう	stock dividend
	株式分割	かぶしき　ぶんかつ	stock split; split-ups
	株式分布	かぶしき　ぶんぷ	distribution of stocks
	株主総会	かぶぬし　そうかい	shareholder's meeting
	ガラ	がら	crash; collapse
	ガラ売り	がらうり	short sale [selling]
	カラ買い	からがい	margin buying; buying on margin
	換金売り	かんきんうり	realization sales
	監査法人	かんさ　ほうじん	audit corporation
	閑散	かんさん	slack; inactive; narrow
	間接発行	かんせつ　はっこう	offer for sale
	管理費	かんりひ	maintenance fee
き	機関投資家	きかん　とうしか	institutional investor; institutions
	議決権	ぎけつけん	voting right
	起債市場	きさい　しじょう	bond issuing market
	期日	きじつ	settlement date
	気乗り薄	きのりうす	dull; inactive
	気配	きはい[けはい]	quotes; quotation
	既発債	きはつさい	outstanding bond
	気迷い	きまよい	mixed
	逆ザヤ	ぎゃく　ざや	negative spread
	客注	きゃくちゅう	customer's order
	逆日歩	ぎゃく　ひぶ	negative interest per diem
	急騰	きゅうとう	sudden rise; jump

急落	きゅうらく	sudden [sharp] drop [fall]
競争売買[競売]	きょうそう ばいばい[きょうばい]	auction
玉	ぎょく	engagement
金融債	きんゆうさい	bank debenture
金利裁定取引	きんり さいてい とりひき	interest arbitrage
く 食い合い	くいあい	crossing orders
崩れる	くずれる	to slip
繰り上げ償還	くりあげ しょうかん	pre-maturity redemption
くろうと相場	くろうと そうば	professional's market
け 経常利益	けいじょう りえき	operating income after depreciation
限月	げんげつ	delivery month
減資	げんし	reduction of capital
堅調	けんちょう	firm; steady
権利落ち	けんり おち	ex new; ex rights; ex warrants
現渡し	げんわたし	actual delivery of stock sold
こ 公開価格	こうかい かかく	price of introduced stock
公開株	こうかいかぶ	introduced stock
好材料	こうざいりょう	good news; fvorable factor
後配株	こうはいかぶ	deferred stock
公募	こうぼ	public offering [subscription]
公募債	こうぼさい	public issue
個人株主	こじん かぶぬし	individual stockholder [owner]
後場	ごば	afternoon session
小幅	こはば	narrow range
小幅往来	こはば おうらい	narrow movement
さ 財形貯蓄	ざいけい ちょちく	worker's property accumulation savings
採算買い	さいさん がい	buying on yield basis
採算割れ	さいさん われ	below (prime) cost
裁定取引	さいてい とりひき	arbitrage transaction; arbitrage
才取り会員	さいとり かいいん	two-dollar broker
さえない		dull
先物	さきもの	future
先物買い	さきものがい	future purchase
差金決済	さきん けっさい	making up differences
下げ足	さげあし	downward trend
指し値(注文)	さしね(ちゅうもん)	limit order
サヤ	さや	spread
サヤ取り	さやとり	arbitrage
サヤ寄せ	さやよせ	narrowing the spread
三市場	さんしじょう	the three major Japanese stock exchanges: Tokyo, Osaka, and Nagoya

し	地合	じあい	undertone; sentiment
	時価総額	じか そうがく	aggregate market value
	時価発行	じか はっこう	issue at market price
	直物市場	じきもの しじょう	spot market
	事業債	じぎょうさい	industrial bond
	仕切り	しきり	transaction on dealer's basis
	資産再評価	しさん さいひょうか	assets revaluation
	市場性	しじょうせい	marketability
	下支え［ささえ］	したささえ	support
	下ザヤ	したざや	lower (in a quotation)
	下値	したね	lower price
	下放れ	したばなれ	down gap
	シ団［シンジケート団］	シ だん［シンジケート だん］	syndicate bankers
	しっかり		firm; steady
	実物取引	じつぶつ とりひき	cash transaction
	仕手	して	speculator
	仕手株	してかぶ	speculative leaders
	品薄株	しなうすかぶ	rare stock
	地場	じば	professionals
	私募(債)	しぼ(さい)	private placement
	締まる	しまる	harden; stiffen
	集中投資	しゅうちゅう とうし	concentrated investment
	純投資	じゅん とうし	portfolio investment
	償還	しょうかん	redemption
	証券取引所	しょうけん とりひきじょ	securities exchange; stock exchange
	上場株	じょうじょう かぶ	listed stock
	上場基準	じょうじょう きじゅん	initial listing requirement
	譲渡制限	じょうと せいげん	restriction of transfer
	じり高	じりだか	rising tendency
	新株引受権証書	しんかぶ ひきうけけん しょうしょ	warrant
	信用買い	しんようがい	margin buying
	信用取引	しんよう とりひき	margin transaction [trading]
す	捨値	すてね	sacrifice [sacrificial] price
せ	成長株	せいちょうかぶ	growth stock
	政府保証債	せいふ ほしょうさい	government-guaranteed bond
	セリ売買	せり ばいばい	auction
	先駆株	せんくかぶ	forerunner
	先行投資	せんこう とうし	prior investment
	前場	ぜんば	morning session
	前引け	ぜんびけ	closing of the morning session
	選別買い	せんべつがい	selective buying

そ	総合課税	そうごう かぜい	taxation on aggregate income
	増資	ぞうし	increase of capital
	続伸	ぞくしん	continuous rise
	続騰	ぞくとう	further rise; continuous appreciation
	底	そこ	bottom
	底入れ	そこいれ	touching the bottom
	底堅い	そこがたい	steady
	底を打つ	そこを うつ	hitting the bottom
た	大衆相場	たいしゅう そうば	public market
	大勢	たいせい	major trend
	大納会	だいのうかい	the final session of the year
	大発会	だいはっかい	the first session of the year
	ダウ平均株価	ダウ へいきん かぶか	Dow-Jones average
	高値引け	たかねびけ	closed higher
	タコ配	たこはい	bogus dividend
	立ち合い	たちあい	session
	建て玉	たて ぎょく	commitment; outstanding account
	建て値	たてね	market price
	ダレる	だれる	weaken
ち	地方取引所	ちほう とりひきじょ	regional stock exchange
	中間決済	ちゅうかん けっさい	semi-annual settlement
	中間配当	ちゅうかん はいとう	interim dividend
	中堅株	ちゅうけんかぶ	middle-priced stock
つ	つなぎ		hedging
	強気	つよき	bull
	強含み	つよぶくみ	strong [firmer] tone
て	出合い	であい	come to terms
	手当て	てあて	cover; purchase
	低位株	ていいかぶ	low-priced stock
	抵抗線	ていこうせん	resistance level
	出来高	できだか	volume; turnover
	出来値	できね	actual price
	テコ入れ	てこいれ	support
	手じまい	てじまい	evening up
	出直り	でなおり	recovery
	手控え	てびかえ	holding off
	店頭株	てんとうかぶ	over-the-counter stock; counter share
	店頭取引	てんとう とりひき	over-the-counter transaction
	転売	てんばい	resell; resale
と	投機	とうき	speculation
	凍結株	とうけつかぶ	"frozen" stock

	投資顧問業	とうし　こもんぎょう	investment advisor
	当日取引	とうじつ　とりひき	cash delivery
	同族会社	どうぞく　がいしゃ	family company
	特定銘柄	とくてい　めいがら	specified stock
	特約取引	とくやく　とりひき	seller's option
	解け合い	とけあい	liquidation by compromise
	取り崩し	とりくずし	disposition; drawing (down); liquidation
	取り組み	とりくみ	drawing of bill; technical position
な	投げ	なげ	sacrifice; shaking out
	成り行き(注文)	なりゆき　（ちゅうもん）	market order; at the market
	なれあい売買	なれあい　ばいばい	matched order
	軟調	なんちょう	weak tone; weakness
に	入札	にゅうさつ	tender; bid
	人気株	にんきかぶ	active stock
ぬ	抜く	ぬく	to rise [go] above
ね	値がさ株	ねがさかぶ	high-priced stock
	値くずれ	ねくずれ	sharp drop (in price)
	値ざや	ねざや	margin; spread
	値幅制限	ねはば　せいげん	restriction of price range
の	乗っ取り	のっとり	buy-out; take-over
	のび悩み	のび　なやみ	sluggish rise; slower growth; leveling-off
	のみ行為	のみ　こうい	bucketting
は	配当率	はいとうりつ	dividend rate
	端株	はかぶ	odd lot
	場立ち	ばたち	floor representative
	発行者利回り	はっこうしゃ　りまわり	issuer's cost
	早耳	はやみみ	tip
	反対売買	はんたい　ばいばい	closed trade; round turn
	反騰	はんとう	sharp rally
	反発	はんぱつ	rally; rebound
	反落	はんらく	reaction; reactionary fall
ひ	冷え込み	ひえこみ	cool(ing)-off; cool(ing)-down
	引け	ひけ	close; closing
	日計り	ひばかり	day-trading
ふ	物色買い	ぶっしょくがい	selective buying
	浮動株	ふどうかぶ	floating stock
	踏み	ふみ	short covering at a loss
	踏み押し	ふみおし	big push in the downward move
	分散投資	ぶんさん　とうし	diversified investment
	粉飾決算	ふんしょく　けっさん	window-dressing settlement

ほ	棒上げ・棒下げ	ぼうあげ・ぼうさげ	straight climb; straight fall
	法人株主	ほうじん　かぶぬし	institutional stockholder
	暴騰	ぼうとう	sharp rise; skyrocketing
	暴落	ぼうらく	break; crash
	保険つなぎ	ほけん　つなぎ	short sale against the box
	募集	ぼしゅう	offering
ま	曲がる	まがる	to fail
み	見送り	みおくり	wait and see
む	無償交付	むしょう　こうふ	free distribution; stock dividend
め	銘柄	めいがら	name; issue
	名義書き換え	めいぎ　かきかえ	stock transfer
	目先	めさき	near future
	目先筋	めさきすじ	day-to-day trader
	目玉	めだま	eyeball; striking point
	免許制	めんきょせい	licensing system
も	もちあい		no change
	持ち株会社	もちかぶ　がいしゃ	holding company
	持ち分法	もちぶんほう	equity method
	戻す	もどす	to rally
	もみ合い	もみあい	hovering; wavering
	模様ながめ	もよう　ながめ	wait and see; watch and wait
や	約定	やくじょう	contract
	ヤリ気配	やりけはい	ask(ed) quotation
ゆ	優先株	ゆうせんかぶ	preferred stock
	優良株	ゆうりょうかぶ	blue chip
	ゆるむ		ease off; relax
よ	横ばい	よこばい	leveling-out; leveling-off
	呼び値	よびね	bid and asked
	寄り付き	よりつき	open; opening price
	弱含み	よわぶくみ	weak tone
ら	乱高下	らんこうげ	violent fluctuation
り	利食い	りぐい	profit taking
	利ざや	りざや	margin (of profit)
	利付き債	りつきさい	coupon bond
	利回り	りまわり	yield
	流通市場	りゅうつう　しじょう	secondary market; trading market
れ	劣後株	れつごかぶ	deferred stock
	連結決算	れんけつ　けっさん	consolidated financial statement
わ	割引債	わりびきさい	discount bond
	～割れ	～われ	below the level
	腕力相場	わんりょく　そうば	forced market

A	ABM	anti-ballistic-missile	弾道弾迎撃ミサイル	だんどうだん げいげき ミサイル
	ADB	Asian Development Bank	アジア開発銀行	アジア かいはつ ぎんこう
	ADP	automatic data processing	自動データ処理	じどう データ しょり
	AG	Aktiengesellschaft	株式会社（独）	かぶしき がいしゃ（ドイツ）
	AI	artificial intelligence	人工知能	じんこう ちのう
	AIM	air-launched intercept missile	空対空迎撃ミサイル	くうたいくう げいげき ミサイル
	ALM	asset and liability management	資産負債総合管理	しさん ふさい そうごう かんり
	ALS	automatic landing system	自動着陸装置	じどう ちゃくりく そうち
	AMEX	American Stock Exchange	アメリカン証券取引所	アメリカン しょうけん とりひきじょ
	ANSER	automatic answer network system for electronic request	音声照会通知システム	おんせい しょうかい つうち システム
	A/P	advise & pay	通知払い	つうち ばらい
	ASEAN	Association of Southeast Asian Nations	東南アジア諸国連合	とうなん アジア しょこく れんごう
	ASM	air-to-surface missile	空対地ミサイル	くうたいち ミサイル
	AT	automatic transmission	自動変速（車）	じどう へんそく（しゃ）
	ATM	automated teller machine	現金自動預入支払機	げんきん じどう あずけいれ しはらいき
	ATC	automatic train control	自動列車制御装置	じどう れっしゃ せいぎょ そうち
	ATS	automatic train stop	自動列車停止装置	じどう れっしゃ ていし そうち
B	BA	banker's acceptance	銀行引受手形	ぎんこう ひきうけ てがた
	BDR	bearer depositary receipts	持参人払い	じさんにん ばらい
	BIS	Bank for International Settlements	国際決済銀行	こくさい けっさい ぎんこう
	BL	bank loans	銀行借入金	ぎんこう かりいれきん
	B/L	bill of lading	船荷証券	ふなに しょうけん
	BS	balance sheet	貸借対照表；バランスシート	たいしゃく たいしょう ひょう
	BS	broadcasting satellite	放送衛星	ほうそう えいせい
C	CAD	computer-aided design	コンピューター援用設計	コンピューター えんよう せっけい
	CAM	computer-aided manufacturing	コンピューター援用生産	コンピューター えんよう せいさん
	CATV	cable TV	有線テレビ	ゆうせん テレビ
	CB	convertible bonds	転換社債	てんかん しゃさい
	CD	(negotiable) certificate of deposit	譲渡性預金	じょうとせい よきん
	CD	cash dispenser	現金自動支払い機	げんきん じどう しはらいき
	CD	compact disc	コンパクトディスク	
	CI	corporate identity	コーポレート・アイデンティティー	
	CIF	cost, insurance and freight	運賃・保険料込み	うんちん・ほけんりょうこみ

	CMA	cash management accounts	金融資産総合口座	きんゆう　しさん　そうごう　こうざ
	CMS	cash management service	キャシュ・マネジメント・サービス	
	COCOM	Co-ordinating Committee for Export to Communist Areas (Countries)	対共産圏輸出統制委員会	たい　きょうさんけん　ゆしゅつ　とうせい　いいんかい
	COMECON	Council for Mutual Economic Assistance; Communist Economic Conference	経済相互援助会議; 社会主義諸国経済 協力機構	けいざい　そうご　えんじょ　かいぎ; しゃかいしゅぎ　しょこく　けいざい　きょうりょく　きこう
	CP	commercial paper	商業手形	しょうぎょう　てがた
	CPI	consumer price index	消費者物価指数	しょうひしゃ　ぶっか　しすう
D	DA	documents against acceptance	引受け渡し	ひきうけ　わたし
	DAT	digital audio taperecorder	デジタル・オーディオ・テープ レコーダー	
	D/D	demand draft	送金小切手［為替手形］	そうきん　こぎって［かわせ　てがた］
	DI	diffusion index	景気動向指数	けいきき　どうこう　しすう
	DNA	deoxyribonucleic acid	デオキシリボ核酸	デオキシリボ　かくさん
	DNC	direct numerical control	直接数値制御	ちょくせつ　すうち　せいぎょ
	DP	documents against payment	支払渡し	しはらい　わたし
	DRAM	dynamic random access memory	動的［ダイナミック］RAM;	どうてき［ダイナミック］ラム
	DSS	decision support system	意志決定支援システム	いし　けってい　しえん　システム
E	EC	European Community	欧州共同体	おうしゅう　きょうどうたい
	ECU	European Currency Unit	欧州通貨単位	おうしゅう　つうか　たんい
	EFT	electronic fund transfer (system)	電子資金振替	でんし　しきん　ふりかえ
	EIB	European Investment Bank	欧州投資銀行	おうしゅう　とうし　ぎんこう
	EMS	European Monetary System	欧州通貨制度	おうしゅう　つうか　せいど
	EMS	exchange mail service	国際ビジネス郵便	こくさい　ビジネス　ゆうびん
	ESA	European Space Agency	欧州宇宙機関	おうしゅう　うちゅう　きかん
	ESCAP	Economic and Social Commission for Asia and the Pacific	エスカップ	
	EXIM	Export-Import Bank of Japan	日本輸出入銀行	にほん　ゆしゅつにゅう　ぎんこう
F	FA	factory automation	ファクトリー・オートメーション	
	FAS	free alongside ship	船側渡し	ふながわ　わたし
	FASB	Financial Accounting Standards Board	財務会計基準審議会	ざいむ　かいけい　きじゅん　しんぎかい
	FB	Finance Bill	政府短期債券	せいふ　たんき　さいけん
	FB	firm banking	ファーム・バンキング	
	Fifo	first-in first-out method	先入れ先出し法	さきいれ　さきだし　ほう
	FOB	free on board	本船渡し	ほんせん　わたし
	FRB	Federal Reserve Board	（米）連邦準備制度理事会	（べい）れんぽう　じゅんび　せいど　りじかい
	FRN	floating rate note	変動利付債	へんどう　りつきさい
	FRS	Federal Reserve System	（米）連邦準備制度	（べい）れんぽう　じゅんび　せいど
	FSX	fighter support-X	次期支援戦闘機	じき　しえん　せんとうき
	FTA	Fair Trade Act	公正取引法	こうせい　とりひきほう

G	GAB	General Agreement to Borrow	一般借入協定	いっぱん かりいれ きょうてい
	GATT	General Agreement on Tariffs and Trade	関税貿易一般協定	かんぜい ぼうえき いっぱん きょうてい
	GNE	Gross National Expenditure	国民総支出	こくみん そうししゅつ
	GNP	Gross National Product	国民総生産	こくみん そうせいさん
	G7	Conference of Ministers and Governors of the Group of Seven Countries	G7	ジー・セブン
I	IAEA	International Atomic Energy Agency	国際原子力機関	こくさい げんしりょく きかん
	IC	integrated circuit	集積回路	しゅうせき かいろ
	ID card	identification card	身分証明書	みぶん しょうめいしょ
	IEA	International Energy Agency	国際エネルギー機関	こくさい エネルギー きかん
	IMF	International Monetary Fund	国際通貨基金	こくさい つうか ききん
	INF	intermediate-range nuclear force	中距離核戦力	ちゅうきょり かく せんりょく
	IOC	International Olympic Committee	国際オリンピック委員会	こくさい オリンピック いいんかい
	IRM	information resource management	情報資源管理	じょうほう しげん かんり
	ISDN	integrated services digital network	通信サービス網	つうしん サービスもう
	IT	information technology	情報技術［情報科学］	じょうほう ぎじゅつ ［じょうほう かがく］
	ITC	integrated traffic control	集中列車制御システム	しゅうちゅう れっしゃ せいぎょ システム
	ITF	International Trade Fair	国際見本市	こくさい みほん いち
	ITU	International Telecommunication Union	国際電気通信連合	こくさい でんき つうしん れんごう
J	JCCI	Japan Chamber of Commerce and Industry	日本商工会議所	にほん しょうこう かいぎしょ
	JETRO	Japan External Trade Organization	日本貿易振興会	にほん ぼうえき しんこうかい
	JIS	Japan Industrial Standard	日本工業規格	にほん こうぎょう きかく
	JOM	Japan Offshore Market	東京オフショア市場	とうきょう オフショア しじょう
	JR	Japan Railways	JR	ジェー・アール
K	KDD	Kokusai Denshin Denwa Co. Ltd.	国際電信電話株式会社	こくさい でんしん でんわ かぶしきがいしゃ
L	LBO	leveraged buy out	レバレジド・バイ・アウト	エル・ビー・オー
	L/C	letter of credit	信用状	しんようじょう
	L/G	letter of guarantee	荷物引き取り保証書	にもつ ひきとり ほしょうしょ
	LIBOR	London Interbank Offered Rate	ロンドン　銀行間取引金利	ロンドン ぎんこうかん とりひききんり
	Lifo	last-in first-out method	後入れ先出し法	あといれ さきだし ほう
	LNG	liquefied natural gas	液化天然ガス	えきか てんねん ガス
	LSI	large scale integration	大規模集積回路	だいきぼ しゅうせき かいろ
M	M&A	merger and acquisition	合併・買収	がっぺい・ばいしゅう
	MMC	money market certificate	市場金利連動預金	しじょう きんり れんどう よきん

	MNC	multi-national corporation	多国籍企業	たこくせき きぎょう
	MMDA	money market deposit account	短期金利市場預金勘定	たんき きんり しじょう よきん かんじょう
	MOF	Minister of Finance	大蔵大臣	おおくら だいじん
	MOF(A.)	Minister of Finance Account	政府保有外貨預金勘定; 大蔵大臣勘定	せいふ ほゆう がいか よきん かんじょう；おおくら だいじん かんじょう
	M/T	mail transfer	郵便送金 [支払い指図]	ゆうびん そうきん [しはらい さしず]
N	NASA	National Aeronautics and Space Administration	米国航空宇宙局	べいこく こうくう うちゅう きょく
	NATO	North Atlantic Treaty Organization	北大西洋条約機構	きたたいせいよう じょうやく きこう
	NC	numerical control	数値制御	すうち せいぎょ
	NICS	newly industrializing countries	新興工業国	しんこう こうぎょうこく
	NIES	newly industrializing economies	新興工業経済群	しんこう こうぎょう けいざいぐん
	NIF	note issuance facilities	債券発行保証枠	さいけん はっこう ほしょう わく
	NNP	Net National Product	国民純生産	こくみん じゅんせいさん
	NOC	National Olympic Committee	国内オリンピック委員会	こくない オリンピック いいんかい
	NTB	non tariff barrier	非関税障壁	ひかんぜい しょうへき
	NTT	Nippon Telegraph and Telephone Corporation	日本電信電話株式会社	にほん でんしん でんわ かぶしき がいしゃ
O	OA	office automation		オー・エー
	ODA	official development assistance	政府開発援助	せいふ かいはつ えんじょ
	OECD	Organization for Economic Co-operation and Development	経済協力開発機構	けいざい きょうりょく かいはつ きこう
	OJT	on the-job training	職業（実地）訓練	しょくぎょう（じっち）くんれん
	OPEC	Organization of Petroleum Exporting Countries	石油輸出国機構	せきゆ ゆしゅつこく きこう
P	P/A	pay on application	請求払い	せいきゅう ばらい
	PBR	price book-value ratio	株価純資産倍率	かぶか じゅんしさん ばいりつ
	PER	price earnings ratio	株価収益率	かぶか しゅうえきりつ
	PL	profit and loss statement	損益計算書	そんえき けいさんしょ
	PLO	Palestine Liberation Organization	パレスチナ開放機構	パレスチナ かいほう きこう
	PO	private offering	私募	しぼ
	P/O	payment order	支払い指図書	しはらい さしずしょ
	POS	point of sales system	販売時点情報管理システム	はんばい じてん じょうほう かんり システム
	PPM	product portfolio management	プロダクト・ポートフォリオ・マネジメント	
Q	QC	quality control	品質管理	ひんしつ かんり
R	RAM	random access memory	任意記憶装置	にんい きおく そうち
	RMA	Rice Millers Association	全米精米業者協会	ぜんべい せいまい ぎょうしゃ きょうかい

	ROM	read only memory	読取り専用記憶装置	よみとり せんよう きおく そうち
S	SB	straight bond	普通社債 [債券]	ふつう しゃさい[さいけん]
	SDI	Strategic Defence Initiative	戦略防衛構想	せんりゃく ぼうえい こうそう
	SDR	special drawing rights	特別引き出し権	とくべつ ひきだしけん
	SLBM	submarine-launched ballistic missile	潜水艦発射弾道ミサイル	せんすいかん はっしゃ だんどう ミサイル
	SLCM	submarine-launched cruise missile; sea-launched cruise missile	海洋発射巡航ミサイル	かいよう はっしゃ じゅんこう ミサイル
	SOR	synchrotron orbit radiation	シンクロトロン放射光	シンクロトロン ほうしゃこう
	SMF	stationary meteorological satellite	気象静止衛星	きしょう せいし えいせい
	SRAM	static random access memory	静的 [スタティック] RAM	せいてき[スタティック]RAM
	SWIFT	Society for Worldwide Interbank Financial Telecommunication	国際銀行間通信協会	こくさい ぎんこうかん つうしん きょうかい
T	TB	treasury bill	(米) 財務省証券; (英) 大蔵省証券; [短期国際]	(べい) ざいむしょう しょうけん; (えい) おおくらしょう しょうけん; [たんき こくさい]
	T/C	traveler's cheque	旅行小切手	りょこう こぎって
	T/L/O	total loss only	全損のみ担保	ぜんそん のみ たんぽ
	TOB	takeover bid	株式公開買い付け	かぶしき こうかい かいつけ
	TOPIX	Tokyo stock price index and average	東証株価指数	とうしょう かぶか しすう
	TQC	total quality control	総合的品質管理	そうごうてき ひんしつ かんり
	T/R	trust receipt	荷物貸渡し	にもつ かしわたし
	TTB	telegraphic transfer buying rate	電信買い相場	でんしん かい そうば
	TTS	telegraphic transfer selling rate	電信売り相場	でんしん うり そうば
U	UN	the United Nations	国連 [国際連合]	こくれん[こくさい れんごう]
	UNCTAD	United Nations Conference on Trade and Development	国連貿易開発会議	こくれん ぼうえき かいはつ かいぎ
	UNESCO	UN Educational Scientific and Cultural Organization	国連教育科学文化機関 [ユネスコ]	こくれん きょういく かがく ぶんか きかん
V	VAN	value added network	付加価値通信網	ふかかち つうしんもう
	VAT	value added tax	付加価値税	ふかかち ぜい
	VTR	video tape recorder	ヴィデオ・テープ・レコーダー	ヴィー・ティー・アール
W	WB	warrant bonds	新株引受権付き社債	しんかぶ ひきうけん つき しゃさい
	WHO	World Health Organization	世界保健機構	せかい ほけん きこう
	WPI	wholesale price index	卸売物価指数	おろしうり ぶっか しすう
	WTO	Warsaw Treaty Organization	ワルシャワ条約機構	ワルシャワ じょうやく きこう
	4WD	four wheel drive	四輪駆動	よんりん くどう; よん ダブリュー・ディー

5. 漢字国名・地域名—漢字省略・片かな表記

アイウエオ順

漢字表記	省略		片かな表記	準拠	英語国名
亜 米 利 加	米(国)	べい(こく)	アメリカ	*America*	United States of America
英 吉 利	英(国)	えい(こく)	イギリス	*Inglez*	United Kingdom of Great Britain and Northern Ireland [U.K.; England]
伊 太 利	伊	い	イタリア	*Italia*	Republic of Italy
印 度	印	いん	インド	*India*	India
豪 太 剌 利	豪(州)	ごう(しゅう)	オーストラリア	*Australia*	Australia
墺 太 利	墺	おう	オーストリア	*Austria*	Republic of Austria
和 蘭 [阿 蘭 陀]	蘭	らん	オランダ	*Olanda*	Kingdom of the Netherlands
加 奈 陀	加	か	カナダ	*Canada*	Canada
大 韓 民 国	韓(国)	かん(こく)			Republic of Korea
北 朝 鮮	北鮮	ほくせん			Democratic People's Republic of Korea (North Korea)
希 臘	希	ぎ	ギリシア	*Graecia*	Hellenic Republic [Greece]
西 班 牙	西	せい	スペイン	*Spain*	Spain
台 湾	台	たい		*Taiwan*	
中華人民共和国	中(国)	ちゅう(ごく)			People's Republic of China
独 [獨] 逸	独	どく	ドイツ	*Duits*	Federal Republic of Germany
	西独	せいどく	西[にし]ドイツ		(1990年10月、統一により消滅)
	東独	とうどく	東[ひがし]ドイツ		(1990年10月、統一により消滅)
土 耳 古	土	と	トルコ	*Turco*	Republic of Turkey
日 本 (国)	日	にち		*Riebengs Cipangu*	Japan
比 律 賓	比	ひ	フィリピン	*Philippine*	Republic of the Philippines
伯 剌 西 爾	伯	はく	ブラジル	*Brazil*	Federative Republic of Brazil
仏 [佛] 蘭 西	仏	ふつ	フランス	*France*	French Republic
越 南	越	えつ	ベトナム	*Vietnam*	Socialist Republic of Vietnam
葡 萄 牙	葡	ほ	ポルトガル	*Portugal*	Portuguese Republic
香 港			ホンコン	*Hong Kong*	Hong Kong
墨 西 哥	墨	ぼく	メキシコ	*Mexico*	United Mexican States
蒙 古	蒙	もう	モンゴル	*Mongol*	Mongolian People's Republic
露 西 亜	露	ろ	ロシア	*Rossiya*	Russia; the Soviet Union

漢字表記	省　　略		片かな表記	準　拠	英語国名
亜　細　亜	亜	あ	アジア		Asia
亜　弗　利　加		あふりか	アフリカ		Africa
北　亜　米　利　加	北米	ほくべい	北アメリカ		North America
南　亜　米　利　加	南米	なんべい	南アメリカ		South America
欧　羅　巴	欧(州)	おう(しゅう)	ヨーロッパ		Europe
	西欧	せいおう	西ヨーロッパ		West Europe
	東欧	とうおう	東ヨーロッパ		East Europe

北　　極		ほっきょく			the North Pole
南　　極		なんきょく			the South Pole
赤　　道		せきどう			the equator
大　西　洋		たいせいよう			the Atlantic (Ocean)
太　平　洋		たいへいよう			the Pacific (Ocean)
紅　　海		こうかい			the Red Sea
黄　　海		こうかい			the Yellow Sea
黒　　海		こっかい			the Black Sea;the Euxine Sea
地　中　海		ちちゅうかい			the Mediterranean (Sea)
北　　海		ほっかい			the North Sea

0	零
1	一
2	二
3	三
4	四
5	五
6	六
7	七
8	八
9	九
10	十

Number	Kanji	English	Power
0	零	zero	
1	一	one	
1 0	十	ten	10^1
1 0 0	百	hundred	10^2
1,0 0 0	千	thousand	10^3
1 0,0 0 0	万	ten thousand	10^4
1 0 0,0 0 0	十万	hundred thousand	10^5
1,0 0 0,0 0 0	百万	million	10^6
1 0,0 0 0,0 0 0	千万	ten million	10^7
1 0 0,0 0 0,0 0 0	億	hundred million	10^8
1,0 0 0,0 0 0,0 0 0	十億	billion[thousand million*]	10^9
1 0,0 0 0,0 0 0,0 0 0	百億	ten billion	10^{10}
1 0 0,0 0 0,0 0 0,0 0 0	千億	hundred billion	10^{11}
1,0 0 0,0 0 0,0 0 0,0 0 0	兆	trillion[billion*]	10^{12}
1 0,0 0 0,0 0 0,0 0 0,0 0 0	十兆	ten trillion	10^{13}
1 0 0,0 0 0,0 0 0,0 0 0,0 0 0	百兆	hundred trillion	10^{14}
1,0 0 0,0 0 0,0 0 0,0 0 0,0 0 0	千兆	quadrillon	10^{15}
1 0,0 0 0,0 0 0,0 0 0,0 0 0,0 0 0	京	ten quadrillion	10^{16}

* =British Usage

京	千兆	百兆	十兆	兆	千億	百億	十億	億	千万	百万	十万	万	千	百	十	一
けい	せん・ちょう	ひゃく・ちょう	じゅっ・ちょう	ちょう	せん・おく	ひゃく・おく	じゅう・おく	おく	せん・まん	ひゃく・まん	じゅう・まん	まん	せん	ひゃく	じゅう	いち

- ●数字で見る日本の百年　(財)矢野恒太郎記年会編　(国勢社)　1986
- ●最新世界現勢（平凡社）　1989
- ●日本のすがた―表とグラフで見る社会科資料集　(財)矢野恒太郎記年会編　(国勢社)　1986
- ●日本―その姿と心　新日本製鉄能力開発部著　(学生社)　1982
- ●日経手帖　特集：きょうのことば―やさしい経済用語の解説　(日本経済新聞社)
- ●日経文庫―金融用語辞典、株式用語辞典、会計用語辞典、貿易為替用語辞典、金融・証券基本英語辞典、
　　　経済データ'88　(日本経済新聞社)
- ●現代用語の基礎知識（自由国民社）　1989
- ●imidas（集英社）　1989
- ●ひとめでわかる最新ビジネスの知識百科　桔梗泉編　〈主婦と生活―生活シリーズ63〉　主婦と生活社　1986
- ●経済辞典　仲山伊知郎ほか編　(有斐閣)　1971
- ●金融証券用語辞典　武田昌輔ほか編　(銀行研修社)　1983
- ●経済新語辞典　日本経済新聞社編　(日本経済新聞社)　1983
- ●和英対照簿記会計実務ハンドブック―日本図書館協会選定図書（中央経済社）　1985
- ●新ビジネス英語大辞典　英和―和英　［改訂版］　グローバル・マネジメント・グループ編　(PMC出版)
　1987
- ●和英・金融用語辞典　花田　實編　(ジャパン・タイムズ)　1987